BEST OF AUSTRIA

Architektur Architecture 2022_23

 Architekturzentrum Wien

Eine Initiative des An initiative of the

≡ Bundesministerium
Kunst, Kultur,
öffentlicher Dienst und Sport

Inhalt Contents

5	**Vorwort** Foreword
	Andrea Mayer, Staatssekretärin für Kunst und Kultur
7	**Editorial Best of Austria. Architektur 2022_23** Best of Austria. Architecture 2022_23
	Barbara Feller, Angelika Fitz
9	**Architektur ist die Antwort. Was war noch mal die Frage?** Architecture Is the Answer. But What Was the Question Again?
	Oliver Elser

Kategorien Categories

16	**Wohnen** Living
48	**Tourismus, Freizeit** Tourism, Leisure
70	**Kultur** Culture
90	**Einfamilienhaus** Single-Family House
114	**Industrie, Handel, Gewerbe** Industry, Trade, Commerce
128	**Stadtraum, Infrastruktur** Public Space, Infrastructure
138	**Bildung** Education
166	**Öffentliche Bauten** Public Buildings
184	**Büro, Verwaltung** Office, Administration
198	**Akteur*innen** Actors

212	**Index** Architekturpreise Architecture Awards 2022_2023
238	Architekt*innen Architects
241	Abbildungsnachweis Credits
242	Autor*innen Authors
244	Impressum Imprint

Vorwort
Foreword

Best of Austria ist weit mehr als eine Publikation – es ist ein eindrucksvolles Zeugnis hochqualitativer österreichischer Architektur. Diese biennale Schau bietet einen tiefen Einblick in die Vielfalt und Exzellenz zeitgenössischer Baukunst und vereint rund 150 herausragende Projekte sowie rund zehn prägende Persönlichkeiten. Mit seiner sorgfältigen Aufbereitung preisgekrönter Best-Practice-Beispiele fungiert das Buch nicht nur als Dokumentation und Handbuch, sondern auch als visionäres Nachschlagewerk für Architekturinteressierte.
Best of Austria reflektiert die Bedeutung der Architektur in unserem täglichen Leben und zeigt Wege auf, wie nachhaltige Ressourcennutzung und der Umgang mit bestehenden Strukturen gelingen können.

Viel Vergnügen beim Durchblättern, Lesen und Nachschlagen!

Mag.ª Andrea Mayer
Staatssekretärin für Kunst und Kultur

Best of Austria is far more than a publication—it is an impressive testimony to the high standard of Austrian architecture. By presenting some 150 outstanding projects and ten leading personalities, the biennale review offers profound insight into the diversity and expertise of the contemporary art of building. Thanks to its careful exposition of award-winning design and "best practice", it functions not only as a chronicle and professional handbook, but also as a visionary resource for architecture devotees.
Best of Austria reflects on the significance of architecture in our day-to-day lives and demonstrates different paths to sustainable use of natural resources and integration of existing structures.

Enjoy leafing through, reading, and perusing *Best of Austria*!

Andrea Mayer
Secretary of State for Arts and Culture

Barbara Feller, Angelika Fitz

Editorial
Best of Austria. Architektur 2022_23

Mit der neunten Ausgabe der Publikation **Best of Austria. Architektur** werden jene Projekte und Personen vorgestellt, die in den Jahren 2022 und 2023 mit nationalen und internationalen Architekturpreisen ausgezeichnet wurden und damit einen bedeutenden Ausschnitt des architektonischen Schaffens in und aus Österreich präsentieren. Einmal mehr werden damit jene Leistungen sichtbar, die von Planenden und Ausführenden sowie von engagierten Bauherr*innen für eine klug und schön gestaltete Lebenswelt erbracht werden. Erfreulich in der aktuellen Edition ist wieder die große Zahl an Bildungsbauten, von Kindergärten über Schulen unterschiedlicher Typen bis zu Universitätsbauten. Sie verdeutlichen die Wertschätzung, welche dieser für unsere Zukunft so zentralen Bauaufgabe entgegengebracht wird. Neue pädagogische Modelle bilden sich in den Gebäuden ab, die den Kindern und Jugendlichen, aber auch ihren Lehrerinnen und Lehrern viel Platz zur Entfaltung bieten. Auch die vielfältigen Wohnbauten, die im Buch zu finden sind, präsentieren ermutigende Wege für diese elementare Bauaufgabe.
Da das Bauwesen erheblich zum globalen Ressourcen- und Energieverbrauch und den daraus resultierenden Emissionen beiträgt, ist es ein wichtiger Akteur bei der Bewältigung beziehungsweise Milderung der Klimakrise. Für die aktuellen Herausforderungen – wie einen sorgsamen Umgang mit Grund und Boden, einen verantwortungsvollen Einsatz und die Wiederverwendung von Ressourcen, eine stärkere Fokussierung auf die Nutzung des Gebäudebestands, die steigende Relevanz von Freiräumen sowie für neue Formen von Zusammenleben und Co-Creation – zeigen viele Projekte zukunftsweisende Strategien.
Es ist zu hoffen, dass trotz der aktuellen Krisen, die auch in der Bauwirtschaft ihren Niederschlag finden, auch zukünftig so viele preiswürdige und mutmachende Projekte entstehen, die wir in **Best of Austria. Architektur** sammeln und präsentieren können. Das Architekturzentrum Wien tut dies auf Initiative des Bundesministeriums für Kunst, Kultur, öffentlicher Dienst und Sport, um die kreativen und ökonomischen Leistungen der österreichischen Architektur und Baukultur vor den Vorhang zu holen. Wir wünschen Ihnen eine anregende Lektüre!

In this ninth edition of **Best of Austria. Architecture**, we present the projects and people awarded national and international architecture prizes in 2022 and 2023—representing a significant portion of architectural creativity in and from Austria. Once again, this highlights the outstanding dedication of planners, contractors, and committed clients to creating intelligently and beautifully designed living environments.
In the current edition, we are pleased to see so many educational buildings, from daycares and schools of various types, all the way to university buildings. They demonstrate the special appreciation given to these design problems, which are crucial to our future. The buildings reflect new educational models and give children, youth, and their teachers plenty of space to develop. The diverse residential buildings featured in this book likewise display encouraging approaches to a fundamental design problem.
The construction industry is a significant consumer of global resources and energy, contributing to environmental emissions and, as such, plays an important role in dealing with and mitigating the climate crisis. Many projects demonstrate forward-looking strategies for today's challenges, including the careful allotment of land, responsible use and reuse of resources, a stronger focus on revitalizing existing buildings, the increasing relevance of outdoor spaces, and new forms of co-living and co-creation.
It is hoped that, despite the current crises, which are affecting construction and other industries, an equal number of award-worthy and encouraging projects will continue to be created in the future, which we can gather and present in the next installment of **Best of Austria. Architecture**. The Architekturzentrum Wien fulfills this task at the initiative of the Ministry of Arts, Culture, Civil Service, and Sport, aiming to shine a light on the creative and economic achievements of Austrian architecture and baukultur. We wish you a pleasant and stimulating read!

Oliver Elser

Architektur ist die Antwort.
Was war noch mal die Frage?

Architecture Is the Answer.
But What Was the Question Again?

Von dem Schweizer Soziologen Lucius Burckhardt stammt die Beobachtung, dass Architekten auf alle Fragen stets mit Architektur antworten. Egal welche Aufgabe – die Lösung ist, als sei dies das Selbstverständlichste der Welt, immer ein Gebäude. Problemen würde auf diese Weise durchweg mit vermeintlich endgültigen Lösungen begegnet, so Burckhardt. Er gibt ein Beispiel: Was müsste getan werden, um trockenen Fußes von Gebäude A nach Gebäude B zu kommen? Architekten, schreibt Burckhardt, antworten darauf immer mit einem überdachten Verbindungsgang. Es sei völlig außerhalb ihrer Logik und auch völlig abwegig aus der Perspektive dessen, der eine trockene Verbindung zweier Gebäude wünsche und als Auftraggeber zu bezahlen gewillt sei, sich vorzustellen, dass das Problem mithilfe von kostenlos bereitgestellten Regenschirmen viel schneller und bei Weitem günstiger aus der Welt geschafft werden könnte.

Natürlich kann nicht jede Schwierigkeit durch ein paar Regenschirme beseitigt werden. Trotzdem ist der Perspektivwechsel, den Lucius Burckhardt in vielen seiner Schriften einfordert, in der heutigen Zeit noch sehr viel notwendiger als in den 1960er- und 1970er-Jahren, als diese Gedanken formuliert wurden. Damals rebellierte Burckhardt gegen die Ideologie des unbegrenzten Wirtschaftswachstums und gegen den Machbarkeitswahn, der die gesamte Baubranche befallen hatte. Heute stehen wir vor dem Abgrund der ökologischen Katastrophe, die uns die Boomjahrzehnte der industriellen Revolution und des Kapitalismus beschert haben. Der Rand bröckelt, die Menschheit rutscht hinunter.

Das ist gewiss durch mehr Regenschirmlösungen nicht aufzuhalten und auch nicht, indem ein Zelt statt einem Bootshaus aufgebaut wird. Oder ein Haus irgendwo in Österreich nicht abgerissen, sondern umgebaut werden kann oder eine Wohnanlage gar nicht erst entsteht, weil in der Nähe mehrere große Häuser seit Jahren nur noch von wenigen alten Menschen bewohnt werden, die sich gerne verkleinern würden, wenn ihnen jemand ein attraktives Angebot machen würde. Die gewaltigen weltbewegenden Probleme werden nicht kleiner, wenn im lokalen Umfeld kleine Erfolge gefeiert werden, weil, hurra!, das Prinzip des „weiter so wie immer" mit viel Herzblut außer Kraft gesetzt wird. Trotz der vielen guten Beispiele vernünftigen Handelns, von denen dieses Jahrbuch eindrucksvoll berichtet, bleibt die Lage düster. Was auf der Ebene einzelner Gemeinden falsch läuft, das summiert sich. Beispiel Versiegelung: Architektinnen und Architekten sind alleine nicht in der Lage, aus dem „weiter so" von Flächenfraß und Ressourcenverbrauch auszusteigen, zählen am Ende womöglich sogar zu den Nutznießenden der ökologisch fatalen Widmungspolitik.

Swiss sociologist Lucius Burckhardt observed that architects answer every question with architecture. No matter the task, the solution—as if it were the most obvious thing in the world—is always a building. In this way, problems are consistently met with what is supposed to be a final solution, says Burckhardt. He provides an example: What needs to be done to get from building A to building B without getting your feet wet? Architects, writes Burckhardt, always respond with a covered connecting corridor. It is completely beyond their frame of logic and also wholly absurd from the perspective of a client who wants a dry connection between two buildings and is willing to pay to imagine that the problem might be solved much more quickly and far more cheaply by providing free umbrellas.

Of course, not every problem can be solved with a handful of umbrellas. Nevertheless, the change of perspective that Lucius Burckhardt calls for in many of his writings is even more necessary today than it was in the 1960s and 1970s when he formulated his ideas. At the time, Burckhardt was rebelling against an ideology of unlimited economic growth and a maniacal "get things done" mentality that had infected the entire construction industry. Today, we are on the brink of an ecological catastrophe brought upon us by the boom decades of the industrial revolution and capitalism. The edges are crumbling; humanity is sliding downwards.

This certainly cannot be stopped with an umbrella or by pitching a tent instead of building a boathouse. Or by not demolishing but renovating a house somewhere in Austria, or by not building a housing complex at all because several large houses nearby have been inhabited for years by a small handful of elderly people who would be happy to downsize if someone made them a nice offer. These formidable, world-shattering problems do not shrink when small successes are celebrated locally because—hurray!—the "business as usual" principle has been overridden by passion and dedication. Despite the many impressive examples of sensible action that this yearbook reports upon, the situation remains bleak. The things going wrong within the various communities add up. Take the example of soil sealing: Architects alone are not in a position to stop the "business as usual" approach of wasting land and devouring resources, and may even end up being among the beneficiaries of ecologically disastrous zoning policies. The 2024 WWF soil report for Austria lists the numbers: Instead of the sustainability target of 2.5 hectares of land used per day (!) adopted in 2002, the current sealing rate is five times higher. Shopping centers, commercial zones, and residential areas are growing twice as fast as the population, and new roads are generating more traffic.

Oliver Elser

Der WWF-Bodenreport für Österreich von 2024 nennt Zahlen: Statt des 2002 beschlossenen Nachhaltigkeitsziels von täglich (!) 2,5 Hektar Bodenverbrauch liegt die Versiegelungsrate derzeit fünfmal so hoch. Einkaufszentren, Gewerbe- und Wohngebiete wachsen doppelt so schnell wie die Bevölkerung, neue Straßen produzieren mehr Verkehr.

Unser Wirtschaftssystem ist eine permanente Wette auf die Zukunft: jetzt Gewinne erzielen, die Konsequenzen aber auf kommende Generationen verlagern oder dorthin ausgliedern, wo die günstigen Zulieferer für Rohstoffe und Produkte ihrerseits auf Wachstum um jeden Preis setzen.

Architektinnen und Architekten haben in den vergangenen Jahrzehnten viel dafür getan, neue Themen in die Öffentlichkeit zu bringen: Der Vorrang des Umbaus vor dem Neubau setzt sich allmählich in den Köpfen fest. Antiabrissinitiativen stellen die Marktlogik von Errichtung, steuerlicher Abschreibung und schließlich der Beseitigung eines Bauwerks infrage – auch graue Energie hat einen Wert. Die „Architects for Future" haben eine „Umbauordnung" zur Ergänzung der am Neubau-Paradigma orientierten klassischen Bauordnung entwickelt. Initiativen zur Kreislaufwirtschaft, also zur Wiederverwertung von Bauteilen, übernehmen Baustellen und sichern, was wertvoll ist, bevor die Abrissbagger anrücken. Nachwachsende Rohstoffe ersetzen in immer größerem Maße Stahl und Beton. Baugenossenschaften schließen sich zusammen und entwickeln Wohnbauten jenseits von Gewinninteressen. Diese Vielzahl von Maßnahmen, aktivistischen Projekten und Trends sind Teil einer großen Bauwende, die bislang weitgehend in der „architektonischen Zivilgesellschaft" angesiedelt ist und noch keineswegs im Mainstream des täglichen Geschäfts. Es fehlt die Lobby und damit die politische Durchschlagskraft. Die auf den Agenden diverser Entscheidungsebenen stehende „Baukultur" könnte ein Schirm sein, alle Player der Bauwende darunter zusammenzubringen. Österreich verfügt über eine einzigartige Dichte an Architekturhäusern, Gestaltungsbeiräten, Fachverbänden und oppositionellen Gruppen, Architekturseiten in den Qualitätszeitungen, Hochschulen und Verwaltungsabteilungen zur Wahrung von Qualitätsstandards, wie etwa der Wettbewerbskultur. Doch der Begriff „Baukultur" riecht staatstragend-konservativ, er wird bisher zu wenig disruptiv angewendet. Vielleicht bringt die neue Professur für Baukultur in Oberösterreich, seit 2024 angesiedelt an der Kunstuniversität Linz, hier frischen Wind. Die beiden Professor*innen Michael Rieper und Heidi Pretterhofer haben zuletzt mit dem Club Hybrid in Graz bewiesen, wie sie Leute (nicht zuletzt beim Essen) zusammenbringen können.

Our economic system is a permanent wager on the future: make profits now, and shift the consequences to future generations or outsource problems to places where the suppliers of cheap raw materials and products are committed to growth at any price.

Architects have done much over the last few decades to make the public aware of new topics: The importance of converting instead of constructing new buildings is gradually becoming established in people's minds. Anti-demolition initiatives question the market logic of new construction, tax depreciation, and ultimately building removal—grey energy is indeed also valuable. Architects for Future has developed "conversion regulations" that round out the classic building regulations based on the paradigm of building new structures. Initiatives supporting a circular economy, i.e. recycling building components, move onto construction sites and secure valuable materials before demolition excavators arrive. Renewable raw materials are increasingly replacing steel and concrete. Building cooperatives are coming together to construct residential developments that go beyond the interests of profit. These numerous measures, activist projects, and changing trends are part of a major construction revolution that has so far primarily been anchored in "architectural civil society" and by no means present in the mainstream of everyday business. There is a lack of lobbying and therefore political clout. The "building culture" on the agendas of various decision makers could be used as an umbrella to bring together the different players in the construction revolution. Austria has a unique density of architectural houses, design advisory boards, professional associations, opposition groups, architecture columns in quality newspapers, universities, and administrative departments in place to maintain quality standards, for example in competition procedures. But the term "building culture", or baukultur, has the stigma of being conservative and state-focused and has not yet been used in enough disruptive ways. Perhaps the new professorship for baukultur in Upper Austria at the University of Art and Design Linz founded in 2024 will bring a breath of fresh air. Professors Michael Rieper and Heidi Pretterhofer recently demonstrated together with the Club Hybrid in Graz how people can be brought together (not least over food).

So if the bouquet of measures intended to reorient the construction industry has long since taken shape and it "only" needs politically effective vehicles in order to finally be implemented—then what else is there to do but overcome the tremendous resistance (keyword: profit interests) present in the Austrian architecture scene, which can indeed be proud of producing so many remarkable buildings for **Best of Austria** year after year?

Architektur ist die Antwort.
Was war noch mal die Frage?

Architecture Is the Answer.
But What Was the Question Again?

Wenn also der Strauß von Maßnahmen zur Neuausrichtung der Baubranche längst Gestalt angenommen hat und es „nur noch" die politisch wirksamsten Gefäße braucht, um diese endlich umzusetzen – was außer der Überwindung riesiger Widerstände (Stichwort: Profitinteressen) ist dann eigentlich überhaupt noch zu tun in dieser österreichischen Architekturszene, die doch stolz darauf sein kann, Jahr für Jahr so viele bemerkenswerte Bauten für ein **Best of Austria** hervorzubringen?

Auch dazu ein Gedankenspiel. Nun aber nicht im Burckhardt'schen Sinne, wonach jede Bauaufgabe womöglich durch Umbauen, Nichtbauen oder ein „vielleicht-später-bauen-wenn-wir-erst-etwas-anderes-ausprobiert-haben" angepackt werden kann. Sondern durch ein Gedankenspiel in einer strikt entgegengesetzten Richtung, die womöglich vielen Architekt*innen mehr entspricht, die ja schließlich irgendwann diesen Beruf ergriffen haben, weil sie gestalten und nicht bloß permanent alles hinterfragen wollen.

Stellen wir uns also vor, die Architektur würde zu einer kulturellen Leitwährung, die die Herzen der gesamten Bevölkerung erreicht. „Wie bitte?", fragen sich jetzt sicher die Leserinnen und Leser, „wie soll das gehen? War Architektur nicht immer ein Elitenthema, selbst zu den besten Zeiten des Roten Wien, als viele der modernen Architekten über die Volkswohnungspaläste gespottet haben?" Nun, es ist ja nur ein Gedankenspiel: Aber ist nicht das beliebteste der im 20. Jahrhundert errichteten Gebäude Wiens das Hundertwasserhaus? Oh Schreck!

Aus ein paar Jahrzehnten Abstand betrachtet, kann Friedensreich Hundertwassers erstes Wohnhaus im III. Wiener Gemeindebezirk eine ganze Reihe von Fragen beantworten, die an die Architektur der Gegenwart gestellt werden. Oder um es mit den Worten einer geschätzten Kollegin aus dem Deutschen Architekturmuseum zu sagen: „Ich habe im Architekturstudium drei Semester gebraucht, um die Bauten Le Corbusiers schön zu finden." Beim Hundertwasserhaus geht das schneller. Es bringt Pflanzen in die Stadt. Die Fassaden sind individualisiert, weil Hundertwasser hier das Recht aller Stadthausbewohner*innen verwirklichen wollte, eine Armlänge um jedes Fenster herum selber zu bemalen (was freilich schlussendlich nur ihm selbst vorbehalten blieb). Und schließlich dürfte seine wichtigste Botschaft darin bestehen, dass so etwas wie anarchistischer Eigensinn auch in unserer durch und durch verwalteten und von Expertentum beherrschten Welt möglich ist. Erstaunlich, dass jährlich Zigtausende sich das ansehen, aber eine Revolution der Wohnbauarchitektur nicht stattgefunden hat. Hundertwassers diverse Nachfolgeprojekte in

Another thought experiment: This time not in Burckhardt's way, which states that every building task can be addressed by a rebuilding, a not building, or a "maybe build later, once we've tried a few other things". Instead, this is a thought experiment that goes in a strictly contrary direction, perhaps corresponding more to the many architects who, after all, at some point chose this profession because of a desire to design and not just to constantly question everything.

So let us imagine that architecture has become a cultural currency that reaches into the hearts of the entire population. "Excuse me?", readers are probably asking themselves, "How is that supposed to work? Hasn't architecture always been a matter for the elites, even at the height of Red Vienna, when many modern architects scoffed at the 'housing palaces of the people'?" Well, it's just a thought experiment: But isn't the most popular twentieth-century building in Vienna the Hundertwasserhaus? Oh, how scary!

Viewed from a distance of a couple of decades, Friedensreich Hundertwasser's first apartment building in the third district of Vienna answers a whole bunch of the questions posed to contemporary architecture. Or to put it in the words of an esteemed colleague from the German Architecture Museum: "It took me three semesters of studying architecture before I could see Le Corbusier's buildings as beautiful." With the Hundertwasserhaus, the process was faster. It brings plants into the city. The façades are all personalized because Hundertwasser wanted to make the right of city residents to paint an arm's length around their own windows become reality (of course, this right was ultimately reserved for himself alone). In the end, his most important message may be that something akin to anarchist stubbornness is possible even in a thoroughly regulated and expert-dominated world. Astonishingly, tens of thousands of people look at this building every year, and there still hasn't been a revolution in residential architecture. Hundertwasser's various other projects around the world are perhaps the most effective antidote to his own achievements, as they show how fine the line can be between rebellion and professional containment.

The Hundertwasser of our day is named Thomas Heatherwick. Most architects hate him because his works are now more like large-scale sculptures surrounded by ultra-expensive real estate development projects like New York's Hudson Yards. In 2023, he published a manifesto titled *Humanise*. Why, he asks, must today's architecture look the same all around the world? His criticism is nothing new, but the strong emotions—mostly horror—that his buildings repeatedly trigger in the professional architecture scene,

Oliver Elser

aller Welt sind womöglich das wirksamste Gegengift zu seinen eigenen Errungenschaften, zeigen sie doch, wie schmal der Grat zwischen Rebellion und professioneller Einhegung sein kann.

Der Hundertwasser unserer Tage heißt Thomas Heatherwick. Die meisten Architekt*innen hassen ihn, weil seine Werke mittlerweile eher Großskulpturen in der Umgebung ultrateurer Immobilienentwicklerprojekte wie den New Yorker Hudson Yards sind. Im Jahr 2023 veröffentlichte er ein Manifest mit dem Titel „Humanise". Warum, fragt er darin, muss Architektur heute überall auf der Welt gleich aussehen? Seine Kritik ist nicht neu, aber die starken Emotionen – meist des Entsetzens –, die seine Bauten stets aufs Neue in der professionellen Architekturszene auslösen, bei gleichzeitiger Begeisterung auf der Seite der „Laien", könnten doch ähnlich wie der große Publikumserfolg Hundertwassers ein Nachdenken darüber anstoßen, welche offenbar bei den „normalen Leuten" vorhandenen Bedürfnisse nach Identifikation durch die Mehrzahl neuerer Bauten nicht befriedigt werden können.

„Den Manierismus nicht den Manieristen überlassen", auf diese Formel brachte es der Architekt Hermann Czech, dem 2024 im Wiener Kunstraum fjk3 eine längst überfällige Ausstellung zuteilwurde (in Zusammenarbeit mit dem Architekturzentrum Wien und der Österreichischen Gesellschaft für Architektur, ÖGFA). Czech legte es nie darauf an, populäre Bauten à la Hundertwasser zu schaffen, aber er steht für eine in der österreichischen Architektur einzigartige Haltung, aus dem Design-Mainstream der Gegenwart völlig auszusteigen und Werke zu schaffen, die deshalb gemocht werden, weil sie wirken, als hätte es sie immer schon gegeben.

Eine gute Prise Hundertwasser, sehr viel Hermann Czech und eine kleine Dosis Heatherwick'sche Medienstarqualitäten – es wäre den Versuch wert, diese Rezeptur ganz ohne Scheu vor dem Vorwurf von Kitsch oder Populismus an den Architekturfakultäten des Landes einfach auszuprobieren.

Absurd? Nicht, wenn der Blick einmal über die Landesgrenzen hinweg sich weitet. Eine unorthodoxe, bunte, wilde Architektur ist ringsum am Entstehen, die bisher in Österreich kaum auf Resonanz gestoßen ist. Zum Beispiel eine Schule von Andrés Jaque und seinem „Office for Political Innovation" in Madrid, die so aussieht, als hätte sich ChatGPT einen Lehmarchitektur-Palast für einen Film von Wes Anderson ausgedacht, der auf dem Mond spielt. Oder, etwas weniger spektakulär, das im Alter immer gewagtere Werk der Schweizer Architekt*innen Kaschka Knapkiewicz und Axel Fickert. Oder ganz generell die Werke junger Architektinnen und Architekten, die momentan dort die Architektur weiterdenken, wo

while at the same time eliciting enthusiasm from "amateurs", is much like Hundertwasser's great public success, and could trigger a wave of reflection on the need of "normal people" to identify with their surroundings that is currently not being satisfied by the majority of newer buildings.

"Don't leave Mannerism to the Mannerists" was the formula used by architect Hermann Czech, who was given a long overdue exhibition in the Vienna art space fjk3 in 2024 (in collaboration with the Architekturzentrum Wien and the Austrian Society for Architecture, ÖGFA). Czech never set out to create popular buildings à la Hundertwasser, but represents an approach unique in Austrian architecture: completely stepping outside of the contemporary design mainstream to create works that are well-liked because they seem to have always been there.

A good pinch of Hundertwasser, a lot of Hermann Czech, and a small dose of Heatherwick's star allure—a recipe worth trying in this country's architecture faculties without fear of being accused of kitsch or populism.

Absurd? Not if you look beyond national borders. Unorthodox, colorful, and wild architecture is emerging all around us and has so far received little attention in Austria. For example, a school in Madrid by Andrés Jaque and his Office for Political Innovation looks like ChatGPT imagined a mud-brick palace for a Wes Anderson film set on the moon. Or, somewhat less spectacular, the increasingly daring work of Swiss architects Kaschka Knapkiewicz and Axel Fickert. Or more generally, the work of many young architects who are currently rethinking architecture in a way that, in the mid-1980s, turned so-called postmodernism into a caricature of itself. In Austria, Hans Gangoly's chair at the TU Graz has recently been a fertile field of experimentation welcoming many guest lecturers. Right now in Vienna, the "Angewandte" is developing in the same direction with Sam Jacob and the appointment of Space Popular (Lara Lesmes and Fredrik Hellberg).

So instead of losing the world, and just looking at the climate crisis with concern and grudgingly taking the minimum necessary local steps to ensure that efficiency gains from successful renewable energies are not immediately wiped out by development policies solely focused on growth, a world can be gained. The signs of the times—for whatever reason—are highly favorable for the breaking of new architectural ground. It might be like dancing on a volcano, but rarely have new architectural pathways been considered with more enthusiasm than today in our era of multiple crises.

Architektur ist die Antwort.
Was war noch mal die Frage?

Mitte der 1980er-Jahre die sogenannte Postmoderne zur Karikatur ihrer selbst wurde. In Österreich war zuletzt der Lehrstuhl von Hans Gangoly an der TU Graz ein fruchtbares, von vielen Gastdozent*innen geprägtes Experimentierfeld. Aktuell entwickelt sich die Wiener „Angewandte" mit Sam Jacob und der Berufung von Space Popular (Lara Lesmes und Fredrik Hellberg) in diese Richtung.

Statt also die Welt zu verlieren, bloß voller Sorge auf die Klimakrise zu blicken und zähneknirschend wenigstens die notwendigen lokalen Schritte zu tun, damit die Effizienzgewinne durch den Erfolg der erneuerbaren Energien nicht gleich wieder von einer allein wachstumsorientierten Baupolitik zunichtegemacht werden, gibt es zugleich auch eine Welt zu gewinnen. Die Zeichen der Zeit stehen – warum auch immer – ausgesprochen günstig, architektonisches Neuland zu betreten. Es mag der Tanz auf dem Vulkan sein, aber lustvoller wurde selten über neue Wege in der Architektur nachgedacht als ausgerechnet heute, in unserer Multikrisenzeit.

Kategorien Categories

- **Akteur*innen** Actors
- **Büro, Verwaltung** Office, Administration
- **Öffentliche Bauten** Public Buildings
- **Bildung** Education
- **Stadtraum, Infrastruktur** Public Space, Infrastructure
- **Industrie, Handel, Gewerbe** Industry, Trade, Commerce
- **Einfamilienhaus** Single-Family House
- **Kultur** Culture
- **Tourismus, Freizeit** Tourism, Leisure
- **Wohnen** Living

WOHNEN
LIVING

18	**Wohnbebauung Marburgerhöfe**	Graz, Steiermark balloon architekten
20	**Haus Dorf 192**	Riefensberg, Vorarlberg Architekt Rene Bechter
21	**Neues im Dorfzentrum**	Teufenbach-Katsch, Steiermark Lendarchitektur
22	**DC Tower 3**	Wien Dietrich	Untertrifaller Architekten
23	**Wohnanlage Grava**	Blons, Vorarlberg Hammerer Architekten
24	**Wohnprojekt Gleis 21**	Wien einszueins architektur
25	**Steg am Wasser**	Berlin, Deutschland LOVE architecture and urbanism
26	**Wohnhausanlage Hochleitengasse**	Gießhübl, Niederösterreich a-plus architekten
27	**Stadthaus Lederergasse**	Linz, Oberösterreich mia2 Architektur
28	**Wohnhäuser Saalfelden**	Saalfelden, Salzburg LP Architektur und ir architektin iris reiter
29	**Ronald McDonald Kinderhaus**	Salzburg LP Architektur
30	**Holzbausiedlung Burgfried**	Hallein, Salzburg cs-architektur
31	**Stadthäuser Guntramsdorf**	Guntramsdorf, Niederösterreich X42 Architektur
32	**Wohnen am Hauptplatz**	Pinkafeld, Burgenland Architekt Dietmar Gasser
33	**Wientalterrassen**	Wien ARGE KDG – Architekt Christoph Lechner & Partner und Berger+Parkkinen Architekten
34	**RIVUS VIVERE**	Wien PPAG architects
35	**KIUBO 1.0**	Graz, Steiermark HOFRICHTER-RITTER Architekten
36	**Ernas Haus, Studentenwohnungen**	Dornbirn, Vorarlberg Ludescher + Lutz Architekten
37	**Wohnanlage Hauffgasse**	Wien GSD Gesellschaft für Stadt und Dorferneuerung
38	**Wohnanlage Friedrich-Inhauser-Straße**	Salzburg cs-architektur & stijn nagels	architecture atelier
40	**Gemeindebau Aspern H4**	Wien WUP architektur
41	**Wohnsiedlung Maierhof**	Bludenz, Vorarlberg feld72 Architekten
42	**HOF 30**	Schwarzenberg, Vorarlberg zumtobel.architektur
43	**Marchfeldterrassen**	Wien trans_city
44	**TrIIIple**	Wien Henke Schreieck Architekten
45	**Kriechere 70**	Bezau, Vorarlberg Innauer Matt Architekten
46	**Stadthaus Neubaugasse**	Wien PSLA ARCHITEKTEN

Wohnbebauung Marburgerhöfe
Graz, Steiermark

Architektur Architecture balloon architekten ZT-OG, Iris Rampula-Farrag, Andreas Gratl, Johannes Wohofsky, www.balloon-rgw.at
Mitarbeit Assistance Andreas Gratl (Projektleitung Project management), Dominik Weißenegger (Wettbewerb Competition), Birgit Schiretz, Johanna Kampits, Hubert Stöger, Martina Majcen
Bauherrschaft Client STP Wohnungserrichtungs- u. Immobiliengesellschaft m.b.H.
Tragwerksplanung und Generalplanung Structural engineering and General planning Wendl ZT GmbH
Landschaftsarchitektur Landscape architecture koala landschaftsarchitektur
Planungs- und Bauzeit Duration of design and construction 2018 – 2021
Nutzfläche Floor area 6.455 m²
Adresse Address Marburger Straße 10 – 14, 8042 Graz, Steiermark

Bauherr:innenpreis der ZV 2023

Die lange hier ansässige Schuhfabrik übersiedelte ins Grazer Umland und die Besitzer lobten einen Wettbewerb für ein Wohnquartier aus. Errichtet wurden auf dem Eckgrundstück fünf Punkthäuser, die ein Ensemble bilden, das sich über eine Reihe von unterschiedlichen Platzsituationen zur Nachbarschaft hin öffnet und zu einem kleinen Quartierszentrum geworden ist. Die Häuser selbst sind leicht versetzt angeordnet, die umlaufenden Balkone bilden einen weichen Übergang zum öffentlichen Raum. Neben der städtebaulichen Qualität ist auch die besonders gelungene Gestaltung der gemeinschaftlichen und der privaten Außenräume hervorzuheben. eg

When the shoe factory located here for so long moved to the outskirts of Graz, the owners announced a competition to build a residential area. Five point block structures went up on the corner plot, forming an ensemble that opens to the neighborhood in a series of different plaza situations, and becoming somewhat of a neighborhood center. The buildings themselves are slightly offset, with the surrounding balconies forming a smooth transition into public space. Creating an urban neighborhood that lives up to the name and possesses communal and private outdoor spaces of such high quality is a noteworthy achievement. eg

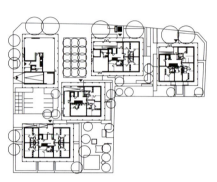

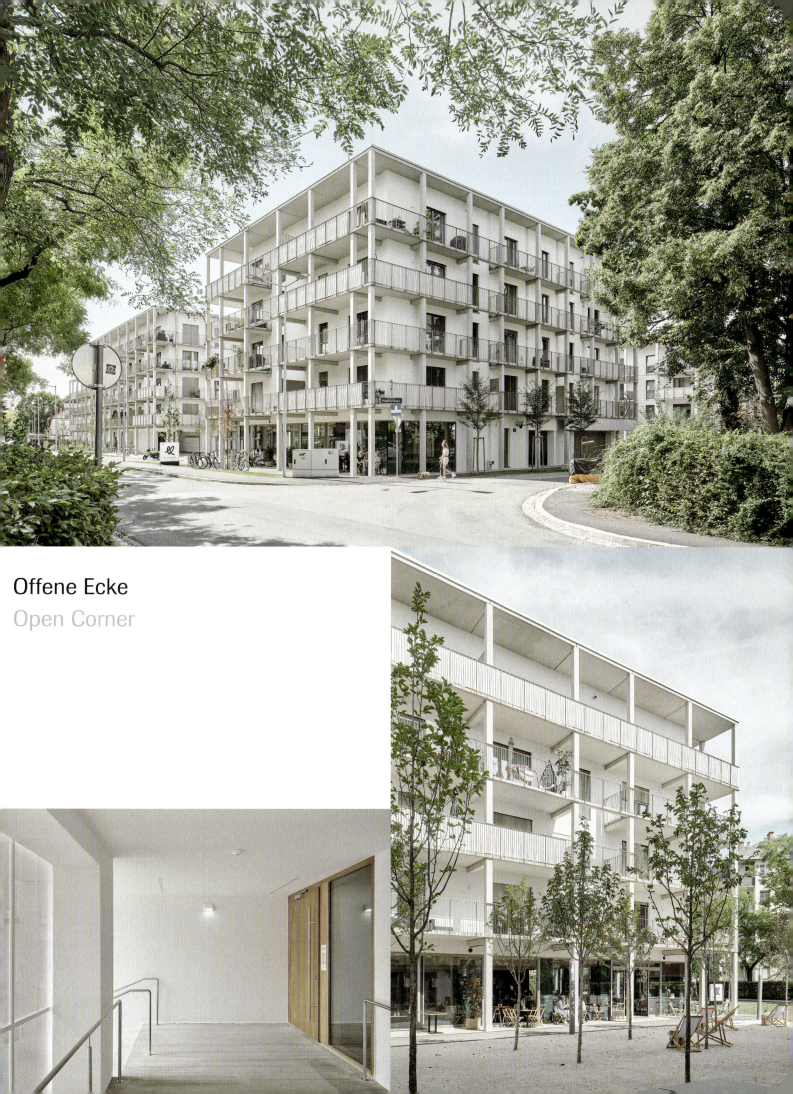

Offene Ecke
Open Corner

Haus Dorf 192
Riefensberg, Vorarlberg

Architektur Architecture Architekt Rene Bechter, www.rbzt.at
Bauherrschaft Client Bilgeri & Neyer Immobilien GmbH
Planungs- und Bauzeit Duration of design and construction
2019 – 2021
Nutzfläche Floor area 442 m²
Adresse Address Dorf 192, 6943 Riefensberg, Vorarlberg

Holzbaupreis Vorarlberg 2023

Ganz selbstverständlich werden hier aktuelle Paradigmenwechsel umgesetzt, weil die entlegene Gemeinde Riefensberg mit nachhaltigem Bauen und strukturellen Herausforderungen seit Jahren vertraut ist. Als die lokale Bankfiliale auszieht, wird ihr Gebäude mit der Auflage verkauft, leistbare Wohnungen zu schaffen. Rene Bechter plant einen Umbau, bei dem das massive Erdgeschoß innen mit Holztäfelung verkleidet und mit verleimtem Kreuzlagenholz in Sichtqualität aufgestockt wird. Ein ausgefeilter Grundriss passt für Bestand und Neubau und bietet zudem wohnliche Loggien und Terrassen. Realisiert mit regionalen Handwerkern und Holz aus der Umgebung. rf

The remote community of Riefensberg has acquainted itself with sustainable construction and structural challenges for years already, and the current paradigm shifts are being implemented here quite naturally. When the local bank moved, the building was sold with the stipulation that it be converted into affordable housing. Rene Bechter created a conversion that clads the interior of the massive ground floor with wood paneling and extends it upwards using visible cross-laminated timber. A sophisticated floor plan suits both old and new buildings while also creating cozy loggias and terraces. Built with regional craftspeople and local wood. rf

So einfach
So Simple

Wohnen am Dorfplatz
Life on the Village Square

Neues im Dorfzentrum
Teufenbach-Katsch, Steiermark

Teufenbach nahe Murau ist Industriestandort mit durchaus guter Infrastruktur, doch auch hier ist die Lebendigkeit des Ortskerns bedroht. Auf einem unbebauten Grundstück gegenüber der Kirche entstand ein neuer Kirchplatz mit Brunnen und Baum, begrenzt durch den sanierten Pfarrhof und zwei Neubauten in Holzriegelkonstruktion. Hier befinden sich eine Arztpraxis sowie elf Wohnungen für betreutes Wohnen, die über außen liegende Laubengänge erschlossen sind und sich mit Balkonen vom Platz weg nach Süden und Osten orientieren. Die sandfarbene Platzfläche, die Pflasterung und das dunkle und helle sichtbare Holz erzeugen eine einladende Atmosphäre. rt

Teufenbach near Murau is an industrial town with very good infrastructure. However, here, too, the vitality of the town center is endangered. On an undeveloped plot of land opposite the church, a new church square with a fountain and a tree has been created, bordered by the renovated rectory and two new timber frame buildings. These are home to a doctor's office and 11 apartments for assisted living, which are accessed via external arcades and have balconies facing south and east, away from the square. The sand-colored square, pavers, and visible interplay of dark and light wood create an inviting atmosphere. rt

Architektur Architecture Lendarchitektur ZT GmbH, Markus Klaura, Sebastian Horvath, www.lendarchitektur.at, in Kooperation mit in co-operation with Scheiberlammer Architekten, Yvonne Lammer, Michael Lammer, www.scheiberlammer.com
Bauherrschaft Client AMRE GmbH
Tragwerksplanung Structural engineering Lackner | Egger Bauingenieure ZT GmbH
Planungs- und Bauzeit Duration of design and construction 2020 – 2022
Nutzfläche Floor area 1.200 m²
Adresse Address Pfarrplatz 3a, 3b, 8833 Teufenbach-Katsch, Steiermark

Anerkennung Holzbaupreis Kärnten 2023
Holzbaupreis Steiermark 2023

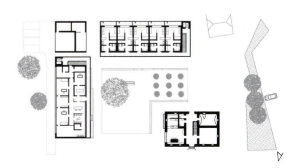

DC Tower 3
Wien

Architektur Architecture Dietrich | Untertrifaller Architekten ZT GmbH, Helmut Dietrich, Much Untertrifaller, Dominik Philipp, Patrick Stremler, www.dietrich.untertrifaller.com
Mitarbeit Assistance Vinzenz Dreher (Projektleitung Project management), Florian Xander, Anna Aichhorn
Bauherrschaft Client S+B Plan & Bau GmbH, www.sb-gruppe.at
Tragwerksplanung Structural engineering KS Ingenieure ZT GmbH
Landschaftsarchitektur Landscape architecture Kieran Fraser Landscape Design
Innenarchitektur Interior Design BEHF Architects
Planungs- und Bauzeit Duration of design and construction 2018–2022
Nutzfläche Floor area 24.000 m²
Adresse Address Donau-City-Straße 3, 1220 Wien

Alufenster-Fassaden-Preis 2023

Elegant reiht sich die Nummer drei der DC Towers in ihr bemerkenswertes Architekturumfeld auf der Donauplatte. Das Projekt vereint alles, was man sich für ein zeitgemäßes, innovatives Apartmentgebäude für Studierende nur wünschen könnte. Vorgefertigte Aluminium-Fassadenelemente verleihen dem Baukörper interessante Plastizität und bilden gleichzeitig überaus attraktive Fensternischen für die Innenräume der 832 raffiniert gelösten Kleinstwohneinheiten. Großzügige Gemeinschaftsbereiche vermitteln mit ihrer räumlichen Offenheit und geschoßübergreifenden Verbindungen sowie mit ihren unverkleideten Decken erfrischend urbanen Charakter. *mk*

Number three of the DC Towers has been elegantly inserted in the remarkable architectural surroundings of the Donau City. The project combines everything one could ever wish for in a modern and innovative student apartment building. Prefabricated aluminum façade elements give the building an interesting plasticity and form highly attractive window niches for the interiors of the 832 cleverly designed micro-apartments. Spacious common areas create a refreshingly urban character through their spatial openness, connections that reach across floors, and unclad ceilings. *mk*

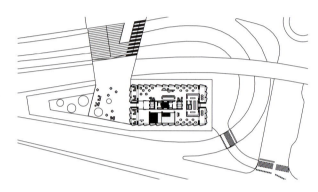

Raffiniert strukturiert
Structural Finesse

Das Dorf stärken
Strengthening the Village

Wohnanlage Grava
Blons, Vorarlberg

Architektur Architecture Hammerer Architekten GmbH / SIA, Reinhold Hammerer, www.hammerer.co
Bauherrschaft Client VOGEWOSI (Vorarlberger gemeinnützige Wohnungsbau- und Siedlungs-GmbH), www.vogewosi.at
Tragwerksplanung Structural engineering zte Leitner ZT GmbH
Planungs- und Bauzeit Duration of design and construction 2019 – 2022
Nutzfläche Floor area 833 m²
Adresse Address Blons 144, 6721 Blons, Vorarlberg

Holzbaupreis Vorarlberg 2023

Am östlichen Ortseingang von Blons steht ein Holzbau mit einem für das kleine Vorarlberger Dorf doch recht großen Volumen. Der viergeschoßige Wohnbau liegt von der Landesstraße etwas zurückversetzt und ist in den rückwärtigen Hang hineingebaut. Markant sind das auskragende Vordach und die schräg verlaufenden Holzstützen, in die Balkone eingehängt sind. In den oberen Geschoßen befinden sich insgesamt acht Wohnungen, im Erdgeschoß eine frei zu bespielende Büro- und Gewerbefläche. Der Bau wurde zu einem Großteil aus gemeindeeigenem Holz errichtet und trägt funktional und visuell zur Verdichtung des Ortes bei. *ai*

On the eastern edge of Blons stands a wooden building with a relatively large volume for this small village in Vorarlberg. The four-story apartment block is set back slightly from the main road, incised into the slope. The cantilevered canopy and oblique wooden supports with suspended balconies are striking. There are a total of eight apartments on the upper floors and a flexible-use office and commercial space on the ground floor. The building was primarily constructed using the municipality's own wood and makes a positive functional and visual contribution to the densification of the town. *ai*

Wohnprojekt Gleis 21
Wien

Gleis 21 ist eines mehrerer herausragender, im Konzeptverfahren entstandener Gebäude im Sonnwendviertel Ost nahe dem Hauptbahnhof: ein partizipativ geplantes Baugemeinschaftsprojekt, realisiert in Holzbau mit außen liegender Laubengangerschließung. Im Sockel ist Platz für Veranstaltungsraum, Gastronomie und Musikschule, am Dach befinden sich Gemeinschaftsküche, Bibliothek, Spielraum und Entspannungshaus, dazwischen 34 großteils durchgesteckte Wohnungen und fünf Einheiten, in denen Geflüchtete wohnen. Die Gruppe versteht ihr Haus als Beitrag zur Stadt und organisiert ein eigenes Kulturprogramm. *rt*

Track 21 is one of several outstanding buildings in the Sonnwendviertel Ost near the Central Station that were created as part of a concept: a project for a building cooperative, planned in a participatory process as a timber construction with external access balconies. The ground floor offers space for an events room, restaurant, and music school; on the roof is a communal kitchen, library, playroom, and relaxation cabin; in between are 34 apartments—mostly set through from wall to wall—and five units for refugees. The building cooperative organizes its own cultural events program and views its building as a contribution to the city. *rt*

Architektur *Architecture* einszueins architektur ZT GbmH, Katharina Bayer, Markus Pendlmayr, Markus Zilker, www.einszueins.at
Mitarbeit *Assistance* Annegret Haider, Francesca Bocchini, Victoria Marek
Bauherrschaft *Client* Schwarzatal – Gemeinnützige Wohnungs- & Siedlungsanlagen GmbH, www.schwarzatal.at; Verein „Wohnprojekt Gleis 21", www.gleis21.wien
Tragwerksplanung *Structural engineering* GG Ingenieure ZT GmbH und *and* DI Kurt Pock
Landschaftsarchitektur *Landscape architecture* YEWO LANDSCAPES GmbH
Baugruppenbetreuung *Support for the building cooperative* realitylab gmbh
Planungs- und Bauzeit *Duration of design and construction* 2015 – 2019
Nutzfläche *Floor area* 2.930 m²
Adresse *Address* Bloch-Bauer-Promenade 22, 1100 Wien

DETAIL Award 2022
New European Bauhaus Award 2022

Beitrag zur Stadt
Contributing to the City

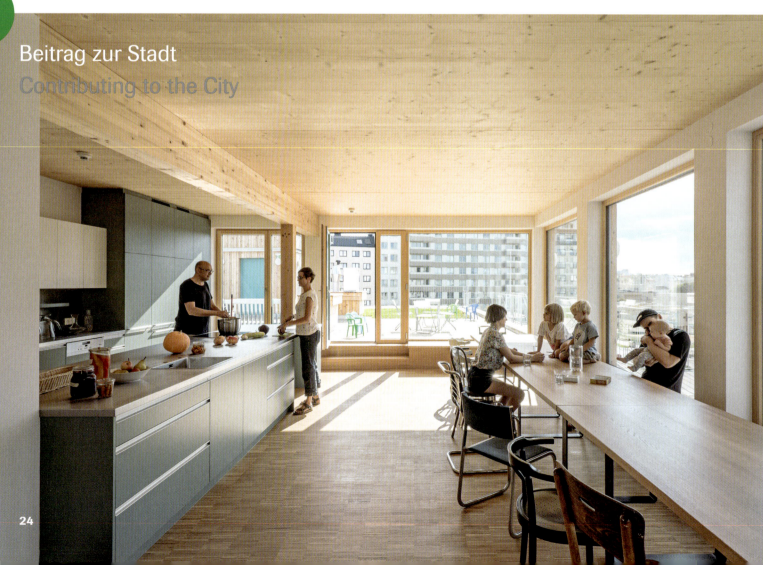

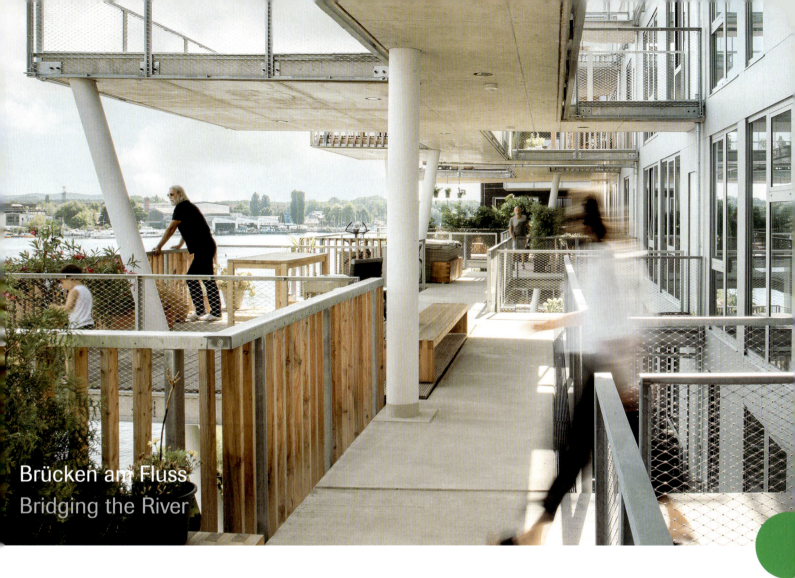

Brücken am Fluss
Bridging the River

Steg am Wasser
Berlin, Deutschland

Architektur Architecture LOVE architecture and urbanism ZT GmbH, Mark Jenewein, Herwig Kleinhapl, Bernhard Schönherr, www.love-architecture.com
Mitarbeit Assistance Ines Routil, Benedikt Zipper, Sigrid Derler
Bauherrschaft Client BUWOG Bauträger GmbH, www.buwog.de
Tragwerksplanung Structural engineering Lorenz Consult ZT GmbH
Landschaftsarchitektur Landscape architecture ManMadeLand
Planungs- und Bauzeit Duration of design and construction 2017–2021
Nutzfläche Floor area 2.596 m²
Adresse Address An der Dahme 3, 12527 Berlin, Deutschland

BIGSEE Architecture Award – Grand Prix 2022
Nominierung DAM Preis 2023

Ein Wohnhaus als Brücke zum Fluss. Metaphorisch und physisch wachsen Wasser- und Wohnlandschaft zusammen – und miteinander. Eine acht Meter tiefe Steganlage als aktive Fassade inszeniert soziale Interaktion, Freiraum, Gemeinschaft und Erschließung. Die Wohnungen selbst, direkt mit dem „Steg" verbunden, setzen das lebendige Spiel mit Raum fort und zelebrieren auf beiden Seiten die Aussicht. Großzügige Faltschiebewände öffnen die Wohnungen maximal, der gesamte Steg ist integraler Bestandteil der Wohnlandschaft. Drei Materialien prägen das Gebäude, Holz, Aluminium und Beton, und bilden die atmosphärische Brücke zwischen Hafen, Badestrand und Natur. *mh*

The aquatic and residential landscapes are growing into and with each other—metaphorically and physically. An eight-meter-wide pier-like framework creates an active façade that stages social interaction, open space, community, and accessways. The apartments are directly connected to the "piers" and continue the lively game of space by celebrating the view on both sides. Generous sliding folding walls open the apartments to the maximum, and the entire pier walkway is an integral part of the living area. Three materials characterize the building: wood, aluminum, and concrete create an atmospheric bridge between the harbor, the beach, and nature. *mh*

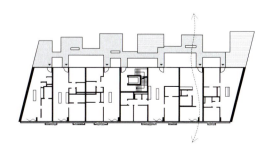

Wohnhausanlage Hochleitengasse
Gießhübl, Niederösterreich

Diese Wohnanlage im Wienerwald besteht aus vier baugleichen Stadtvillen. Die Baukörper haben einen annähernd quadratischen Grundriss, eine gemeinsame Tiefgarage und sind leicht zueinander verdreht, sodass sich in der Mitte ein Freiraum auftut, der Spielplatz und Treffpunkt zugleich ist und der Anlage eine angenehme Durchlässigkeit verleiht. Die Bauten fügen sich mit ihren dreigeschoßigen Kubaturen, ihren Holzfassaden und den vorgestellten Balkonen gut in die Umgebung ein. Sie sind bis auf die Aufzüge, Stiegenläufe und Tiefgarage in Holzbauweise errichtet. Alle Wohnungen sind übereck orientiert, haben sichtbare Holzdecken und raumhohe Fenster. *ai*

This residential complex in the Vienna Woods is made up of four identical villas. The buildings have almost perfectly square floor plans, a shared underground garage, and are slightly rotated towards each other, opening up a space at the center that acts both as a playground and a meeting point, creating a pleasant permeability. The wooden façades and projecting balconies of the three-story volumes blend in well with the surroundings. Except for the elevators, staircases, and underground car park, they are constructed wholly in timber. The apartments all have a corner room, visible wooden ceilings, and floor-to-ceiling glazing. *ai*

Architektur Architecture a-plus architekten ZT-GmbH, Günter Schnetzer, Waltraud Schnetzer-Mörk, Roland Hampl, www.a-plus.at
Mitarbeit Assistance Peter Schneider, Gabriella Botocan, Ioannis Kalfidis
Bauherrschaft Client Trompeter Family Errichtungs-GmbH, www.trompeter.family
Tragwerksplanung Holzbau Structural engineering wood KPZT Kurt Pock
Tragwerksplanung Massivbau Structural engineering solid Gschwandtl & Lindlbauer ZT GmbH
Planungs- und Bauzeit Duration of design and construction 2019–2022
Nutzfläche Floor area 2.900 m²
Adresse Address Gießhüblerstraße 121, 2372 Gießhübl, Niederösterreich

Holzbaupreis Niederösterreich 2023

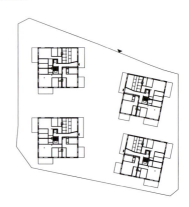

Im Quartett
A Quartet

Weiterbauen an der Stadt
Building the City Forward

Stadthaus Lederergasse
Linz, Oberösterreich

Architektur Architecture mia2 Architektur ZT GmbH, Sandra Gnigler, Gunar Wilhelm, www.mia2.at
Bauherrschaft Client Sandra Gnigler & Gunar Wilhelm
Tragwerksplanung Structural engineering Kotlabe Baustatik
Planungs- und Bauzeit Duration of design and construction 2018–2021
Nutzfläche Floor area 850 m^2
Adresse Address Lederergasse 24, 4020 Linz, Oberösterreich

Daidalos Architekturpreis Oberösterreich 2022
Holzbaupreis Oberösterreich 2022
ETHOUSE Award 2022

In seinen Ursprüngen aus dem 16. Jahrhundert stammend, trägt das dreigeschoßige Gebäude nun anstelle eines Satteldachs einen Neubau. Dieser füllt die Konturen des am Ort maximal zulässigen Volumens zwar aus, bereichert jedoch den Stadtraum, anstatt ihn, wie viele Objekte in ähnlichen Situationen, zu zerstören. Die belebte Erdgeschoßzone und ein begrünter, zu den Nachbarhäusern offener Hof werten auch das Umfeld auf. Angemessen bereinigt, behalten die unteren Geschoße ihre stimmungsvolle Kleinteiligkeit, während die beiden darauf bauenden oberen Ebenen mit ihrer klaren Architektursprache in die Zukunft weisen. rr
This three-story structure from the sixteenth century is now topped by a brand-new building instead of a gable roof. Though filling the contours of the maximum permissible volume at the location, it still manages to enrich the urban space in a way that many similar structures fail to do. Likewise, the lively ground floor zone and a greened courtyard that opens to the neighboring buildings also enhance the community. After receiving a careful cleaning, the historic lower floors retain their appealing complexity, while the two upper levels speak with an architectural vocabulary that clearly references the future. rr

Wohnhäuser Saalfelden
Saalfelden, Salzburg

Architektur *Architecture*   LP Architektur ZT GmbH, Tom Lechner, www.lparchitektur.at und *and* ir architektin iris reiter, www.irisreiter.at
Mitarbeit *Assistance*   Vanessa Heinrich, Reingard Cede, Manuel Guggenberger
Bauherrschaft *Client*   Breitfuß Real GmbH, www.dach-glas-breitfuss.at
Tragwerksplanung *Structural engineering*   DI Carlo Chiavistrelli GmbH, H A N E L Ingenieure
Örtliche Bauaufsicht *Site supervision*   AIS Bau- und Projektmanagement
Planungs- und Bauzeit *Duration of design and construction*   2017–2021
Nutzfläche *Floor area*   2.950 m²
Adresse *Address*   Loferer Straße 23, 5760 Saalfelden, Salzburg

Anerkennung Architekturpreis Land Salzburg 2022

In zentraler Lage an einer Geländekante stehen die drei Wohnhäuser links und rechts der Loferer Straße. Durch Positionierung und Zuschnitt bilden sie ein bezugsreiches, räumlich vielfältiges Ensemble, das gewachsene Wege und Achsen aufnimmt. Der nördliche, längere Baukörper überragt, den Geländeverlauf aufnehmend, die beiden durch ein schützendes Dach miteinander verbundenen Punkthäuser, sodass der Blick über die Stadt frei ist. Innerhalb ihrer heterogenen Nachbarbebauung gibt die Häusergruppe ein hochwertiges, eigenständiges Bild ab, ihre städtebauliche Einfügung hat ordnenden Charakter und schafft Orte der Begegnung. *eg*

The three apartment buildings are centrally located along the edge of the terrain to the left and right of Loferer Straße. They use positioning and layout to form an interactive, spatially diverse ensemble that incorporates established pathways and axes. The longer building to the north takes up the contours of the topography, towering over the two point blocks connected by a protective roof that leaves the view of the city unobstructed. The building group makes an independent, high-quality appearance among the heterogeneous neighboring buildings; its urban integration introduces a sense of order and creates spaces for encounters. *eg*

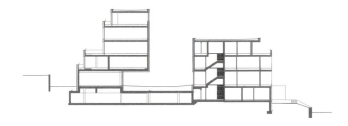

Mit Weitblick gebaut
Built with Vision

Würfelhaus und Sockel
Cube and Base

Ronald McDonald Kinderhaus
Salzburg

Das kompakte Bauwerk ist über einen gedeckten Gang direkt mit der Salzburger Kinderklinik verbunden und bietet für Familien mit schwerkranken Kindern ein temporäres Refugium. 16 Apartments in Holzbauweise sitzen auf einem massiven weißen Sockel auf, ein visueller Puffer für dieses sehr spezielle Zuhause auf Zeit. In diesem Sockel befinden sich das Foyer, die Verwaltung, eine Gemeinschaftsküche sowie ein Spielbereich. Die hölzernen Apartments des würfelförmigen Baukörpers wiederum haben vorgelagerte, teilweise zweigeschoßige Loggien, die eine Art Filter zur Außenwelt darstellen und gleichzeitig eine sinnliche Tiefenwirkung erzeugen. *kjb*

A covered corridor directly connects the Salzburg Children's Hospital to this compact building, which provides temporary refuge to families with seriously ill children. Sixteen wooden apartments rest atop a solid white foundation, which acts as a visual buffer for this very special temporary home. The base houses a foyer, offices, communal kitchen, and play area. The apartments above have projecting loggias, some two stories high, representing a kind of filter to the outside world and at the same time providing the sensation of depth *kjb*

Architektur Architecture LP Architektur ZT GmbH, Tom Lechner, www.lparchitektur.at
Mitarbeit Assistance Fritz Schenner
Bauherrschaft Client Ronald McDonald Kinderhilfe, www.kinderhilfe.at
Tragwerksplanung Structural engineering Lackner | Egger Bauingenieure ZT GmbH
Projektmanagement Project management Buschina & Partner ZT GmbH
Örtliche Bauaufsicht Site supervision Marius Projekt ZT GmbH
Planungs- und Bauzeit Duration of design and construction 2016 – 2021
Nutzfläche Floor area 1.690 m²
Adresse Address Lindhofstraße 12, 5020 Salzburg

Holzbaupreis Salzburg 2023
best architects 24

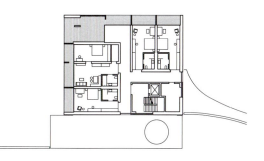

Holzbausiedlung Burgfried
Hallein, Salzburg

Zeitgemäßer mehrgeschoßiger Holzwohnbau in Salzburg. Im Halleiner Stadtteil Burgfried wurde ein Bebauungskonzept mit Nachverdichtung und hoher Freiraumqualität entwickelt. Neubauten ersetzen nun die in den 1940er-Jahren erbaute Südtiroler Siedlung. Die ursprünglich 62 Wohnungen sind jetzt, nach drei Bauabschnitten, zu einem Ensemble mit 132 Wohneinheiten angewachsen. Ein Hybrid in Riegelbauweise, Innenwände und Decken in Brettsperrholz, mit Balkonen in Goldgelb als vorgestellte Stahlkonstruktionen mit Holzausfachungen. Der neue Stadtteil: urban, mit klarer orthogonaler Struktur, dem Holzbau entsprechend – und als Holzbau sichtbar. *mh*

An example of contemporary multi-story timber-construction housing in Salzburg, where a development concept of densification through infill and high-quality outdoor spaces has emerged in the Hallein district of Burgfried. New buildings replace a 1940s settlement. What was originally 62 apartments has grown in three phases into an ensemble of 132 units. A hybrid block structure has interior walls and ceilings of cross-laminated timber, with golden yellow balconies set into steel frameworks filled in with wood. The new district has urban flair with a clear orthogonal structure in keeping with the timber construction—and recognizable as one as well. *mh*

Architektur Architecture cs-architektur, Christoph Scheithauer, www.cs-architektur.at; Entwurf zusammen mit Design in co-operation with archcollectiv_F4+ ZT GmbH, Stephan Mitterhofer, www.acf4plus.com
Mitarbeit Assistance Regina Eisert
Bauherrschaft Client GSWB, www.gswb.at
Tragwerksplanung Structural engineering Ahmad ZT GmbH
Tragwerksplanung Holzbau Structural engineering wood FS1 Fiedler Stöffler ZT GmbH
Planungs- und Bauzeit Duration of design and construction 2017–2022
Nutzfläche Floor area 3.842 m²
Adresse Address Alois-Ödl-Straße & Neue-Heimat-Straße, 5400 Hallein, Salzburg

Holzbaupreis Salzburg 2023

Rundumerneuerung
Complete Metamorphosis

Neue Gehäuse im alten Kern
New Housing in an Old Core

Stadthäuser Guntramsdorf
Guntramsdorf, Niederösterreich

Architektur Architecture X42 Architektur ZT GmbH, Matthias Brandstetter, Christoph Gaber, Marko Jell-Paradeiser, Martin Moser, www.x42.at
Bauherrschaft Client Kossina & Partner Bauträger GmbH, www.kossina.at
Tragwerksplanung Structural engineering Gerhard Kossina
Planungs- und Bauzeit Duration of design and construction 2017–2021
Nutzfläche Floor area 820 m²
Adresse Address Hauptstraße 59, 2353 Guntramsdorf, Niederösterreich

Vorbildliches Bauen in Niederösterreich 2023

Guntramsdorf ist in seiner Struktur ein mittelalterliches Straßendorf, dessen Haupteigenschaft die Geschlossenheit seiner Fassaden darstellt. Gleichzeitig liegt der Ort inmitten der boomenden Wirtschaftsregion südlich von Wien, wo ganz andere Bautypologien benötigt werden. Auf diesen Konflikt reagiert das Projekt so, dass auf dem langen, schmalen Grundstück das bestehende Gebäude an der Hauptstraße erhalten blieb und dahinter eine neue Bebauung mit insgesamt neun kammartigen Wohneinheiten errichtet wurde. Im Bestandsgebäude entstanden Lagerräume, ein Heimatmuseum und der alte Gewölbekeller aus früherer Zeit wurde zum Partyraum gemacht. *kjb*

Guntramsdorf is laid out like a medieval street village, its main characteristic its closed off façades. The location is, however, in the middle of a booming economic region south of Vienna, making completely different building typologies necessary. Situated on a long, narrow plot of land, the project responds to this challenging conflict by preserving the existing building along the main street and building a new development behind it, with a total of nine "crenellated" residential units. Storage rooms, a local museum, and the old vaulted cellar—now a party room—are all in the existing building. *kjb*

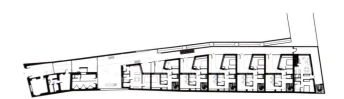

Wohnen am Hauptplatz
Pinkafeld, Burgenland

Architektur Architecture Architekt Dietmar Gasser
Bauherrschaft Client Neue Eisenstädter Gemeinnützige Bau-, Wohn- und Siedlungsgesellschaft m.b.H., www.nebau.at
Tragwerksplanung Structural engineering Woschitz Engineering ZT GmbH
Planungs- und Bauzeit Duration of design and construction 2017–2022
Nutzfläche Floor area 1.262 m²
Adresse Address Hauptplatz 22, 7423 Pinkafeld, Burgenland

Architekturpreis des Landes Burgenland 2023

Der Pinkafelder Hauptplatz mit seinem harmonischen Gebäudeensemble aus dem 16. Jahrhundert bildet die Kulisse für den neuen Wohnbau auf den Grundstücken einer ehemaligen kleinen Bäckerei und der später zugekauften Nachbarliegenschaft. Eingepasst in die historischen Vorgaben hinsichtlich Gebäudehöhen, Materialien und allgemeinem Erscheinungsbild erscheinen die neuen Bauteile wie eine modernere Version ihrer umgebenden Bestandsbauten. Die zweigeschoßigen Wohneinheiten aus vier Reihenhäuschen und neun Wohnungen zeigen ihre Qualität in den Grundrissen und setzen ein städtebaulich wichtiges Zeichen für die Nachverdichtung im Ortskern. *mk*

The main square of the town of Pinkafeld features a harmonious ensemble of sixteenth-century buildings that form a backdrop for this new residential building on a site where a small bakery once stood plus an adjacent property purchased at a later date. Adapted to suit historical specifications for building height, materials, and appearance, the new buildings look like a modern version of the existing surrounding ones. The two-story units include four small terraced homes and nine apartments, all of which reveal their good quality in the floor plans and by setting an important city planning example for densification in the town center. *mk*

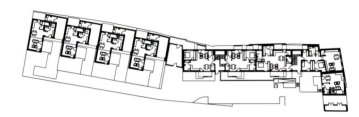

Das erste Haus am Platz
The First on the Square

Wo man Sonne erntet
Where Sunshine is Harvested

Wientalterrassen
Wien

Terrassen bereichern die orange-weißen Baukörper des kammartigen Wohnbaus, dessen Rückgrat sich entlang der Westbahntrasse erstreckt. Die begrünten Höfe öffnen sich nach Süden. Der Verzicht auf fossile Brennstoffe und die Nutzung regenerativer Energiequellen, wie etwa Wärmepumpen, die ihre Umweltenergie auch aus Asphaltkollektoren beziehen, beschreiben eine sowohl im Bau als auch im Betrieb gelebte Nachhaltigkeit. Auch sozial bietet das Wohnquartier etliche Gemeinschaftseinrichtungen sowie auf unterschiedlichste Bedürfnisse zugeschnittene Wohnungstypen, die dank ihrer Leichtbautrennwände flexibel adaptierbare Grundrisse ermöglichen. *mk*

Terraces augment the orange and white structures of the comblike residential building with a backbone stretching along the Westbahn railway. Green courtyards open to the south. By renouncing fossil fuels and using renewable energy sources, such as heat pumps, which harvest some of their ecological energy from asphalt collectors, sustainability is practiced both in construction and operation. Socially, the residential area provides several community facilities and various apartment types tailored to a broad range of needs, which, thanks to lightweight partition walls, make flexibly adaptable floor plans possible. *mk*

Architektur Architecture ARGE KDG / Architekt Christoph Lechner & Partner ZT GmbH, www.cehl.at und and Berger + Parkkinen Architekten ZT GmbH, Alfred Berger, Tiina Parkkinen, www.berger-parkkinen.com
Mitarbeit Assistance Reto Schindler (Projektleitung Project management), Zornitza Daskalov, Georg Wizany (Architekt Lechner); Lukas Schuh, Jure Kozin (Berger + Parkkinen Architekten)
Bauherrschaft Client WBV-GPA Wohnbauvereinigung für Privatangestellte Gemeinnützige Gesellschaft mit beschränkter Haftung, www.wbv-gpa.at
Tragwerksplanung Structural engineering gmeiner haferl zt gmbh
Landschaftsarchitektur Landscape architecture Lindle + Bukor atelier für landschaft
Planungs- und Bauzeit Duration of design and construction 2018–2022
Nutzfläche Floor area 23.000 m²
Adresse Address Käthe-Dorsch-Gasse 17, 1140 Wien

Österreichischer Betonpreis 2023

RIVUS VIVERE
Wien

Architektur Architecture PPAG architects ztgmbh, Anna Popelka, Georg Poduschka, www.ppag.at
Mitarbeit Assistance Florian Wind, Maja Ajdar, Felix Zankel
Bauherrschaft Client BUWOG Group, www.buwog.at
Tragwerksplanung Structural engineering Dorr – Schober & Partner ZT GmbH
Landschaftsarchitektur Landscape architecture Land in Sicht
Planungs- und Bauzeit Duration of design and construction 2016–2023
Nutzfläche Floor area 20.000 m²
Adresse Address Breitenfurter Straße 225–233, 1230 Wien

Honorable Mention Piranesi Award 2023

Der Wiener Bezirk Liesing wächst stark, deshalb entstehen viele neue Wohnbauten, darunter diese freifinanzierte Anlage mit 296 Wohnungen an der stark befahrenen Breitenfurter Straße. Durch Dichte sowie Vielfalt der Baukörper, der Freiräume und der Wohnungen entstand ein Stadtbaustein, der – vielfach zu Fuß durchquerbar – das Bild einer eigenen kleinen Stadt erzeugt. Zur verkehrsbelasteten Straße beginnt das Wohnen erst im zweiten Stock, die Dichte bietet in der Sommerhitze Schatten, trotz weitgehender Versiegelung gibt es viel Grün. Weiße Fassaden mit goldenen Fensterläden stellen der Vielfalt eine gewisse Einheitlichkeit entgegen. *rt*

Liesing, a district southwest of Vienna's center, is rapidly growing, and many new residential buildings are being built, including this privately financed complex with 296 units on the busy Breitenfurter Straße thoroughfare. The density and diversity of the buildings, open spaces, and apartments have created an urban neighborhood that—much of it pedestrian—is almost like its own little city. Along the street, the apartments begin on the second upper floor. The density provides shade in the summer heat, and despite extensive paving there is still plenty of greenery. White façades with golden shutters give the density a certain uniformity. *rt*

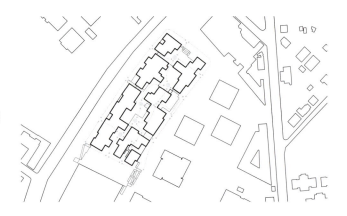

Dichter Stadtbaustein
Dense Urban Building Block

So flexibel wie das Leben
As Flexible as Life Itself

KIUBO 1.0
Graz, Steiermark

Unter dem Titel „Flex Living" wurde der modulare Wohnbau Kiubo 1.0 auf der Architekturbiennale 2021 vorgestellt, 2022 ließen die ersten Bewohner*innen ihre Module in das Traggerüst in Graz einpassen. 33 vorgefertigte Holzmodule à 25 Quadratmeter haben im Rohbau aus Stahlbeton Platz. Die Freiflächen dienen als Außenräume. Ein einfaches Verbindungssystem ermöglicht den Einbau der Einheiten binnen zwei Stunden, ebenso rasch auch den Ausbau zum Umzug in einen anderen Terminal. Realisiert wurde das Konzept, das die lange Geschichte des flexiblen Wohnens weiterführt, in enger Kooperation mit Bauträger und Holzbauer. Drei weitere Kiubos sind in Planung. *gh*

The modular Kiubo 1.0 residential building was presented at the Architecture Biennale 2021 under the title Flex Living.. In 2022, the first resident modules were inserted into the supporting structure in Graz: 33 prefabricated wooden units with 25 square meters of floor space fit into the reinforced concrete shell. Open spaces provide outdoor areas. Simple connections make it possible to install the units in just two hours and remove them equally quickly for relocation. The concept continues the history of flexible living, and was realized in close cooperation with the developer and woodworkers. Three more Kiubos are planned. *gh*

Architektur Architecture HOFRICHTER-RITTER Architekten ZT GmbH, Veronika Hofrichter-Ritter, Gernot Ritter, www.hofrichter-ritter.at
Mitarbeit Assistance Franz Stiegler-Hameter, Fabian Steinberger, Frederick Baldasty, Stefan Hochhofer
Bauherrschaft Client ÖWG Wohnbau, www.oewg.at
Tragwerksplanung Structural engineering Peter Mandl ZT GmbH & KPZT Kurt Pock
Tragwerksplanung Holzbau Structural engineering wood KPZT Kurt Pock / Kulmer Holzbau
Landschaftsarchitektur Landscape architecture koala landschaftsarchitektur
Planungs- und Bauzeit Duration of design and construction 2019 – 2022
Nutzfläche Floor area 955 m²
Adresse Address Starhemberggasse 2, 8020 Graz, Steiermark

Nominierung Mies van der Rohe Award 2023

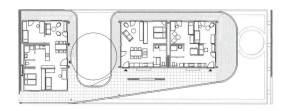

Ernas Haus, Studentenwohnungen
Dornbirn, Vorarlberg

Architektur Architecture Ludescher + Lutz Architekten ZT GmbH, Elmar Ludescher, Philip Lutz, www.ludescherlutz.at
Mitarbeit Assistance Kathrin Weiß-Königer
Bauherrschaft Client Martin + Peter Winder, www.ernashaus.at
Tragwerksplanung Structural engineering gbd ZT GmbH
Planungs- und Bauzeit Duration of design and construction 2017–2020
Nutzfläche Floor area 260 m² (Wohnnutzfläche Living Area), 146 m² (Keller Cellar)
Adresse Address Sebastianstraße 12, 6850 Dornbirn, Vorarlberg

Anerkennung Architekturpreis Constructive Alps 2022

Ernas Haus bedeutet Co-Living für Studierende der benachbarten Fachhochschule, die klein, aber komfortabel wohnen und dabei Lebensart und Erzeugnisse der Familie Winder kennenlernen wollen. Die Architekten hatten den Winders schon ihren gegenüberliegenden Bauernhof umgebaut und setzten wieder auf Eigenart. Der Wohntrakt von 1890 wurde saniert und die Scheune mit Zimmern neu erbaut. Das hohe, zur Straße ausgestellte Dach verbindet formal zum Hof und der Einsatz von sägerauer Weißtanne und natürlichen Oberflächen verstand sich von selbst. Veranda und Laubengang hinterm Holzschirm verleihen den kompakten Zimmern reichlich Luft und Charme. rf

"Erna's House" provides co-living studios for students from the neighboring technical college who want to live in small but comfortable spaces. The architects previously remodeled the Winders' family farm across the way; here, they have once again chosen uniqueness. The residential wing from 1890 was renovated and the barn rebuilt with individual rooms. The high roof cantilevers over the street, formally connecting to the courtyard; the choice of rough-sawn silver fir and natural surface materials was apt. Verandas and an arcade behind a wooden screen give the compact rooms plenty of air and charm. rf

Gebaute Gastfreundschaft
Built Hospitality

Aufrüstung einer Wohnmaschine
Upgrading a Residential Machine

Wohnanlage Hauffgasse
Wien

Architektur Architecture GSD Gesellschaft für Stadt und Dorferneuerung GmbH, www.gsd.at
Mitarbeit Assistance Werner Rebernig, Karina Becker
Bauherrschaft Client BWS Gemeinnützige allgemeine Bau-, Wohn- und Siedlungsgenossenschaft, registrierte Genossenschaft mit beschränkter Haftung, www.bwsg.at
Tragwerksplanung Structural engineering Süss Engineering ZT GmbH
Planungs- und Bauzeit Duration of design and construction 2012–2020
Nutzfläche Floor area 47.372 m²
Adresse Address Hauffgasse 37–47, 1110 Wien

ETHOUSE Award 2022

Die 1980 bis 1985 errichtete Wohnhausanlage wurde über vielseitige Maßnahmen an zeitgemäße Standards herangeführt. Die Zahl der Wohneinheiten wurde durch Aufstockungen um rund 15 Prozent auf nunmehr 565 mit über 1.000 Bewohner*innen erhöht. Neben einer thermischen Sanierung wurde die Anlage durchgehend barrierefrei. Gestalterisch wurde die tektonische Gliederung mit rostbraunen Akzenten zu flächigem Weiß und Grau modernisiert. Balkone konnten geringfügig vergrößert und gemeinschaftliche Bereiche wie Freizeiträume und Sauna ausgebaut werden. Ergänzend hielten Serviceangebote wie Carsharing und Ladestationen für Elektromobilität Einzug. rf

The residential complex, built 1980 to 1985, was refurbished to contemporary standards using a variety of measures. The number of units was increased by about 15 percent to 565, housing a total of more than 1,000 residents. The thermal performance was improved, and the entire complex was made universally accessible. In terms of design, the rust-brown accents of the tectonic articulation were updated, now consisting of fields in white and gray. Balconies were made a little bigger, as were shared areas such as recreational rooms and saunas. Services such as car sharing and charging stations for electric mobility were also introduced. rf

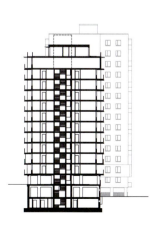

Wohnanlage Friedrich-Inhauser-Straße
Salzburg

Architektur Architecture cs-architektur, Christoph Scheithauer, www.cs-architektur.at & stijn nagels | architecture atelier, Stijn Nagels, www.stijnnagels.com
Mitarbeit Assistance Nikolina Marjanoivic-Scarlise, Finn Seethaler, Manuel Seiss
Bauherrschaft Client Heimat Österreich, www.hoe.at
Tragwerksplanung Structural engineering Marius Consulting ZT GmbH
Landschaftsarchitektur Landscape architecture Peter Aicher
Planungs- und Bauzeit Duration of design and construction 2015–2021
Nutzfläche Floor area 6.745 m^2
Adresse Address Friedrich-Inhauser-Straße 1, 3, 5, 7, 9, 11, 13, 15, 5026 Salzburg

Bauherr:innenpreis der ZV 2022
Anerkennung Architekturpreis Constructive Alps 2022

Die Wohnhausanlage war in die Jahre gekommen, wurde generalsaniert und mit einer Holzhybridkonstruktion aufgestockt. Die 75 bestehenden Wohnungen wurden barrierefrei umgebaut und um 24 neue Wohneinheiten ergänzt. Die Aufstockung aus tragenden Massivholzwänden und Stahlbetondecken setzt sich auch visuell deutlich vom Bestand ab: Dieser ist verputzt, die Aufstockung hat hingegen eine Holzfassade, der alte Giebel ist als Referenz noch ablesbar. Ein modernes Wärmerückgewinnungssystem nutzt die Abwärme aus der Raumluft und dem Abwasser zur Deckung des Wärmebedarfs. *ai*

The residential complex had become outdated and was completely renovated and expanded with a hybrid timber construction. The 75 existing apartments were adapted to make them universally accessible, and 24 new residential units were added. The solid wood load-bearing walls and reinforced concrete ceilings of the additional story stand out visually from the existing building: The old structure is plastered, while the addition has a wooden façade. The old gable has been left as a visible reference. A modern heat recovery system uses waste warmth from the ventilation and wastewater systems to supply heating. *ai*

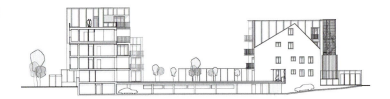

Dem Bestand die Krone aufsetzen
Crowning the Existing Buildings

Gemeindebau Aspern H4
Wien

Architektur Architecture   WUP architektur ZT GmbH, Bernhard Weinberger, Andreas Gabriel, Helmut Wimmer, www.wup-architektur.com
Mitarbeit Assistance   Raphaela Leu
Bauherrschaft Client   WIGEBA Wiener Gemeindewohnungs-Baugesellschaft m.b.H., www.wigeba.at
Tragwerksplanung Structural engineering   ghp gmeiner haferl&partner zt gmbh
Landschaftsarchitektur Landscape architecture   rajek barosch landschaftsarchitektur
Planungs- und Bauzeit Duration of design and construction   2017–2023
Nutzfläche Floor area   4.540 m²
Adresse Address   Mela-Köhler-Straße 7, 1220 Wien

Anerkennung Österreichischer Betonbaupreis 2023
Nominierung Mies van der Rohe Award 2023

Der Gemeindebau in der Seestadt Aspern hält sich nicht mit dem optischen Erscheinungsbild auf, sondern formuliert sein Glücksversprechen in intelligenten Grundrissen. Dazu gehören umlaufende Balkone mit großen Auskragungen, raumhohe Fenster, Schiebewände und Zimmer mit zwei Zugängen, die ein hohes Maß an Flexibilität garantieren. Je nach Anforderung kann eine Wohnung in kleinteilige Nutzungsbereiche unterteilt oder als offenes Loft genutzt werden. Das statische System besteht aus zwei tragenden Mittelmauern, einer aufgelösten Außenwand und minimierten Decken. Mit dieser Pragmatik ist die Betonstruktur für künftige Umnutzungen gerüstet. *gk*

The public housing structure in Seestadt Aspern does not concern itself with appearances, instead expressing its promise of happiness through intelligent floor plans. This includes wraparound balconies with large cantilevers, floor-to-ceiling windows, sliding walls, and rooms with two entrances that guarantee a high degree of flexibility. Depending on needs, an apartment can be divided into small use areas or opened to make a big loft. The statics consist of two load-bearing central walls, a dissolved outer wall, and minimalist ceilings. This pragmatic approach means that the concrete structure is also ready for any future conversions. *gk*

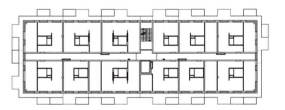

Intelligenz im Grundriss
Intelligent Floor Plan

Dichte und Durchlässigkeit
Density and Permeability

Wohnsiedlung Maierhof
Bludenz, Vorarlberg

Architektur Architecture feld72 Architekten ZT GmbH, Anne Catherine Fleith, Michael Obrist, Mario Paintner, Richard Scheich, Peter Zoderer, www.feld72.at
Mitarbeit Assistance Raphael Gregorits, Hanna Kovar, Alexander Seitlinger
Bauherrschaft Client Wohnbauselbsthilfe Vorarlberger gemeinn. reg. Gen.mbH, www.wohnbauselbsthilfe.at
Tragwerksplanung Structural engineering Hämmerle – Huster ZT GmbH
Landschaftsarchitektur Landscape architecture Gruber + Haumer Landschaftsarchitektur
Planungs- und Bauzeit Duration of design and construction 2016 – 2019
Nutzfläche Floor area 4.520 m²
Adresse Address Maierhof 1–8, 6700 Bludenz, Vorarlberg

BIGSEE Wood Design Award – Grand Prix 2022

Die Siedlung mit insgesamt 67 Wohnungen in acht Gebäuden der gemeinnützigen Genossenschaft Wohnbauselbsthilfe am Rande der Stadt Bludenz kombiniert Dichte mit öffentlicher Durchlässigkeit und qualitätvollen gemeinschaftlichen Freiräumen, sodass Mehrwert für den ganzen Ortsteil entsteht. Die Kubatur der dreigeschoßigen Baukörper orientiert sich am Bestand, ihre jeweilige Orientierung und Dimensionierung ist fein austariert. Dem Zugang von der Straße über einen Quartiersplatz mit Brunnen folgt ein zentraler grüner Innenhof, um den die meisten Gebäude gruppiert sind. Die Anlage ist in Holzhybridbauweise mit vorgefertigten Holzfassaden ausgeführt. *rt*

The settlement, built by a non-profit cooperative, is located on the outskirts of Bludenz and houses 67 apartments in eight buildings. This combines density with public permeability and high-quality shared open space, creating added value for the entire neighborhood. The cubature of the three-story buildings is inspired by the existing structures, with finely balanced orientations and dimensions. The entrance from the street crosses a public square with a fountain and goes through a central greened courtyard around which most of the buildings are grouped. The facility is a hybrid wood construction with prefabricated wooden façades. *rt*

HOF 30
Schwarzenberg, Vorarlberg

Architektur Architecture zumtobel.architektur, Hannes Zumtobel, Alexandra Zumtobel-Chiusole
Bauherrschaft Client Berchtold IM GmbH, www.hof30.at
Planungs- und Bauzeit Duration of design and construction 2018 – 2022
Nutzfläche Floor area 800 m² (594 m² Wohnfläche Living space, 206 m² Verkaufsfläche Sales area)
Adresse Address Hof 30, 6867 Schwarzenberg, Vorarlberg

Holzbaupreis Vorarlberg 2023

Welches Volumen traditionelle Bregenzerwälderhäuser eigentlich bieten, zeigt der viergeschoßige Neubau von immerhin 15 mal 28 Metern in der Kontur eines Hofgebäudes im Dorfkern. Wo einst Gastwirtschaft, Wohnräume und eine Zimmerei untergebracht waren, entstand ein effizienter, zugleich zeitgenössisch eleganter Holzbau, in dem erdgeschoßig ein Geschäft, eine Garage, darüber zwei Etagen mit Kleinwohnungen samt Loggien und im Dach zwei Lofts Platz fanden. Die Zimmerei legte Wert auf die vollständige Nutzung der regional geschlägerten Fichtenholzstämme. Der sichtbare Dachstuhl wurde als stützenfreier „liegender Bund" in Eichenholz ausgeführt. rf

The new four-story building measures a grand total of 15 by 28 meters and fits into the footprint of an old Bregenzerwald house in the village center, showcasing the tremendous volume that these traditional buildings actually offer. Where a restaurant, living quarters, and carpentry shop once stood is now an efficient yet contemporary, elegant, new timber building, with a shop and garage on the ground floor, two floors with small apartments with loggias above, and two lofts in the attic. It was very important to the carpentry workshop that only regionally felled spruce logs were used. The visible roof construction is column free and made of oak. rf

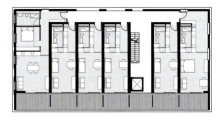

Alte Hausform neu interpretiert
Building Typology Reinterpreted

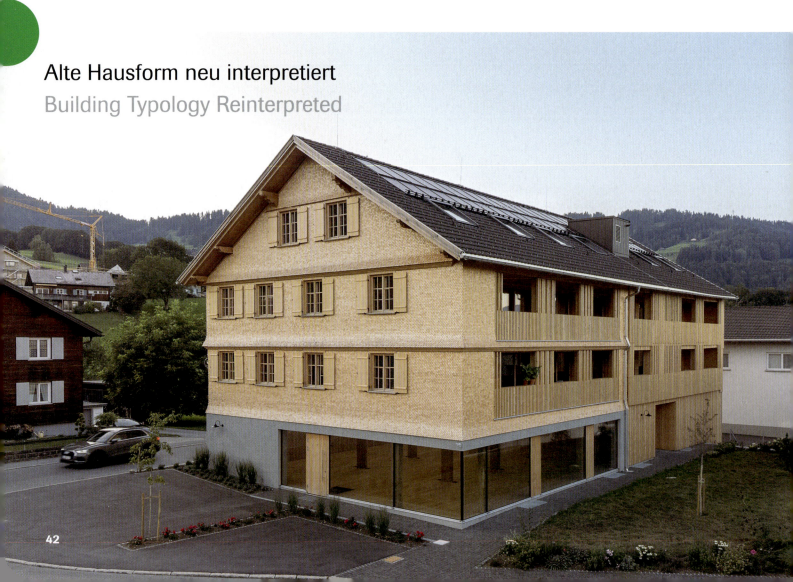

Tel Aviv im Marchfeld
Tel Aviv in Marchfeld

Marchfeldterrassen
Wien

Der geförderte Wohnbau in Wien-Floridsdorf liegt am Grünzug des Marchfeldkanals. Zwei Baukörper schließen an die Struktur einer südlich in den 1980er-Jahren errichteten kommunalen Reihenhausanlage an. Die sägezahnartigen Fassaden sind um 45 Grad zur Baufluchtlinie verdreht, sodass sich alle Zimmer in zwei Richtungen öffnen. Zusammen mit den großen Balkons und den geschwungenen Brüstungen in Weiß ergibt sich das Erscheinungsbild eines Wohnbaus, der wie aus Tel Aviv ins Marchfeld gebeamt wirkt. Die Außenwände bestehen aus vorgefertigten Ziegelmauern, innen tragen Ortbetonstützen, die Balkonbrüstungen sind Holzzementelemente. *rt*

The subsidized housing project in Vienna-Floridsdorf is located in the green belt of the Marchfeld Canal. Two buildings connect to a 1980s municipal terraced housing complex built to the south. The sawtooth-like façades are set at a 45-degree rotation to the building line, opening up all rooms in two directions. Together with the large balconies and curved white parapets, the residential building looks as if it had been beamed from Tel Aviv straight to Marchfeld. The exterior walls are prefabricated in brick, the interior is supported by in situ concrete columns, and the balcony parapets are made of wood-cement elements. *rt*

Architektur Architecture trans_city ZT GmbH, Christian Aulinger, Mark Gilbert, www.trans-city.at
Mitarbeit Wettbewerb Assistance Competition: Matthias Brandmaier, Tana Kubikova
Mitarbeit Ausführung Assistance Execution: Markus Steiner (Projektleitung Project management), Manuel Pawelka
Bauherrschaft Client SiedlungsUNION Gemeinnützige Wohnungs- u. Siedlungsgen.m.b.H., www.siedlungsunion.at
Tragwerksplanung Structural engineering Buschina & Partner ZT GmbH
Landschaftsarchitektur Landscape architecture Jakob Fina Landschaftsarchitekt
Planungs- und Bauzeit Duration of design and construction 2018 – 2021
Nutzfläche Floor area 2.602 m^2
Adresse Address Anton-Schall-Gasse 7, 1221 Wien

International Architecture Awards 2022

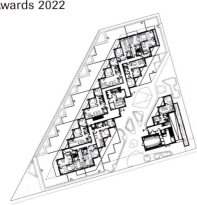

TrIIIple
Wien

Architektur Architecture Henke Schreieck Architekten ZT GmbH, Dieter Henke, Marta Schreieck, www.henkeschreieck.at
Mitarbeit Assistance Gavin Rae, Bugra Ceteci-Stockinger, Conal Mc Kelvey
Bauherrschaft Client ARE Austrian Real Estate Development GmbH, www.are.at und and SoReal GmbH, www.soreal.at
Tragwerksplanung Structural engineering ghp gmeiner haferl&partner zt gmbh und and KS Ingenieure
Landschaftsarchitektur Landscape architecture Knollconsult Umweltplanung ZT GmbH
Örtliche Bauaufsicht Site supervision Kleinfercher & Schrott Projektmanagement GmbH
Planungs- und Bauzeit Duration of design and construction 2012–2021
Nutzfläche Floor area 54.389 m²
Adresse Address Schnirchgasse 9, 11, 13, 1030 Wien

International Architecture Awards 2023
Internationaler Hochhauspreis 2023
Nominierung Mies van der Rohe Award 2023

Zwischen Schnellstraße und Autobahnzufahrt entstanden am Donaukanal drei skulpturale Hochhäuser mit starken Vor- und Rücksprüngen. Diese Bauplastik ergab sich unter anderem durch die erwünschte zweiseitige Belichtung der Wohnungen. Aus der Ferne betrachtet, erscheinen die expressiven Gebäude fast wie ein Wiener Typentheater aus dem 19. Jahrhundert. Je nach Blickwinkel erkennt man dann Frauen beim Bassenatratsch oder Hausmeister im Hof. So stark der Ausdruck nach außen hin ist, so neutral sind die Funktionen nach innen gehalten: Sowohl eine Büronutzung als auch Wohnungen, Lofts, ein Studierendenwohnheim bzw. ein Hotel sind denkbar. *kjb*

Three sculptural high-rises with strong projections and recesses were built between the expressway and the motorway access on the Danube Canal. The architectural sculpture was created, among other things, by the wish for natural light in the flats from two sides. From a distance, the expressive buildings are almost reminiscent of Viennese nineteenth-century theater characters: One might see women chatting at the shared faucet or caretakers in the yard. As strong as the exterior expression is, the functions are kept neutral on the interior: Office use, apartments, lofts, student dormitories, or even a hotel are all conceivable. *kjb*

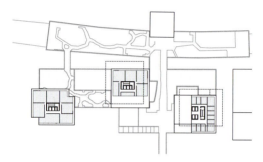

Drei Wiener Typen
Three Viennese Characters

Neu zu Alt und Alt zu Neu
New to Old and Old to New

Kriechere 70
Bezau, Vorarlberg

Architektur Architecture   Innauer Matt Architekten ZT GmbH, Markus Innauer, Sven Matt, www.innauer-matt.com
Bauherrschaft Client   Baugruppe Berchtel-Innauer-Matt; Rudolf Berchtel, Anja & Markus Innauer, Barbara & Sven Matt
Tragwerksplanung Structural engineering   merz kley partner GmbH
Planungs- und Bauzeit Duration of design and construction   2014–2022
Nutzfläche Floor area   544 m²
Adresse Address   Kriechere 70, 6870 Bezau, Vorarlberg

Holzbaupreis Vorarlberg 2023

Eine bemerkenswerte Verwandlung: Zum einen gelang es, das ehemalige Fotoatelier, ein Umbau von Leopold Kaufmann aus 1961, fast unverändert zu bewahren und als eigenes Atelier zu erweitern. Zum anderen wurde mit der Neuerrichtung des Wohnteils ein frischer, zukunftsfähiger Kontext geschaffen – eine gelungene Neuinterpretation des Bregenzerwälderhauses. In der liebevollen Akribie beider Projekte sind persönliche Verbundenheit und gestalterisches Selbstbewusstsein zu spüren. Sowohl im Entwurf Kaufmanns für die erste Fotografin der Region als auch im aktuellen Umbau der beiden Architekten für den väterlichen Freund. *rf*

A remarkable transformation: On the one hand, it was possible to preserve the former photo studio, a conversion by Leopold Kaufmann from 1961, almost unchanged while also expanding it. On the other, the new construction of the residential section creates a fresh, future-ready context—a successful reinterpretation of the traditional Bregenzerwald house. The loving meticulousness of both projects reflects personal connection and creative self-confidence, both in Kaufmann's design for the region's first female photographer and in the current renovation by the two architects for their fatherly friend. *rf*

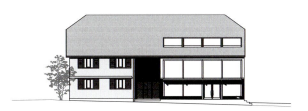

Stadthaus Neubaugasse
Wien

Architektur *Architecture* PSLA ARCHITEKTEN ZT GmbH, Lilli Pschill, Ali Seghatoleslami, www.psla.at
Mitarbeit *Assistance* Roland Basista, Alexander Garber, Anna Barbieri
Bauherrschaft *Client* Margit Veigl & Leonhard Göbel
Tragwerksplanung *Structural engineering* TRIAX ZT GmbH
Planungs- und Bauzeit *Duration of design and construction* 2020 – 2022
Nutzfläche *Floor area* 165 m²
Adresse *Address* Neubaugasse, 1070 Wien

Shortlist Mies van der Rohe Award 2023

Eine wahre Hinterhofidylle versteckt sich hier in der dicht bebauten Neubaugasse. Der sympathische Hausbau, der anstelle eines eingeschoßigen Lagertrakts auf der Grundfläche von 4,6 mal 24 Metern entlang der Feuermauer des schmalen Hofes entstand, verkörpert ein sowohl in städtebaulicher als auch in sozialer und klimatechnischer Hinsicht zukunftsweisendes Konzept. Der durchgängig minimalistischen Gestaltung mit präzisen Details und edlen Materialien liegt ein Spiel mit kubischen Volumina zugrunde, das eine interessante Gebäudeplastik mit unterschiedlichen Fassadensprüngen, Höhen und begrünten Terrassen hervorbringt. *mk*

A truly idyllic courtyard is hidden here in the densely developed Neubaugasse neighborhood. The attractive building, set in place of a single-story storage tract with a footprint of 4.6 by 24 meters, stretches along the narrow courtyard's firewall and embodies a concept that is forward-looking in terms of urban planning, social qualities, and climatology. The consistently minimalist design employs precise detailing and fine materials based on a play of cubic volumes that creates an interesting structural sculpture with different projections, recessions, and terraces. *mk*

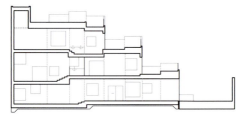

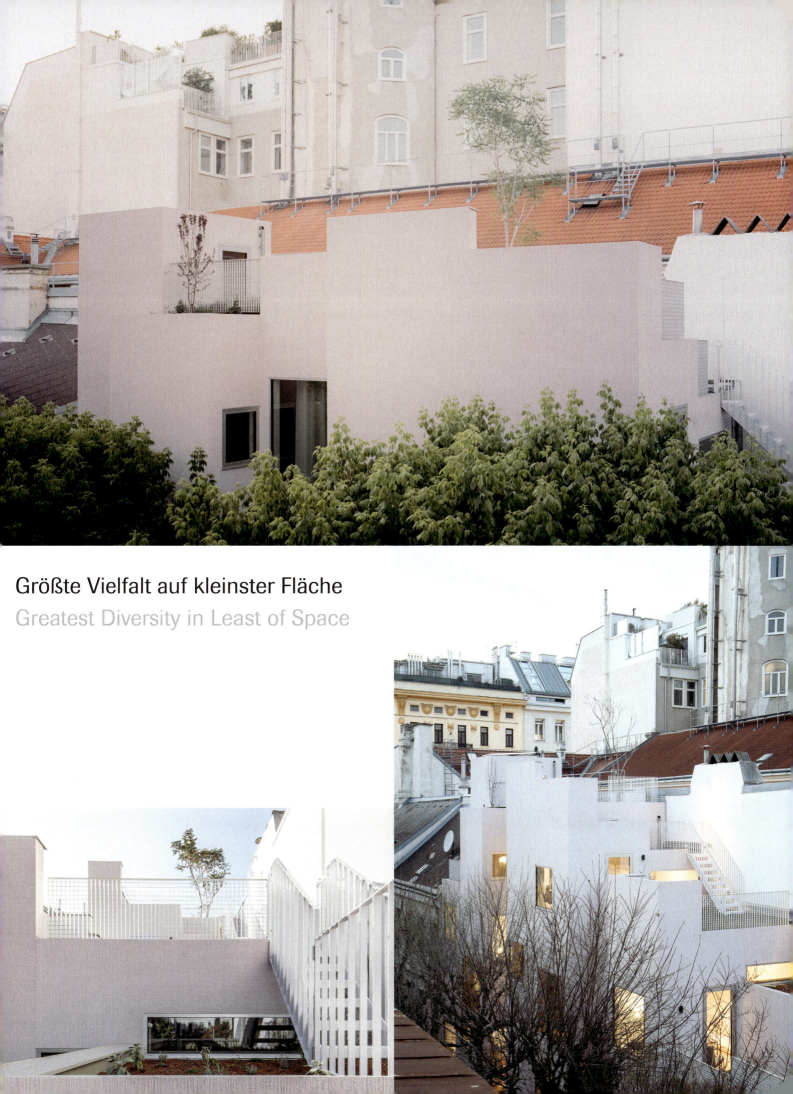

Größte Vielfalt auf kleinster Fläche
Greatest Diversity in Least of Space

TOURISMUS
FREIZEIT
TOURISM
LEISURE

50	**Steirereck am Pogusch**	Turnau, Steiermark PPAG architects
52	**Weingut FJ Gritsch – Mauritiushof**	Spitz an der Donau, Niederösterreich ritzinger Architektur
53	**Voisthalerhütte am Hochschwab**	Thörl, Steiermark Dietger Wissounig Architekten
54	**Das Neni**	Schruns, Vorarlberg madritsch*pfurtscheller
55	**Alpencamping Nenzing**	Nenzing, Vorarlberg Hammerer Architekten
56	**die forelle – Häuser am Wasser**	Weißensee, Kärnten Hohengasser Wirnsberger Architekten
57	**Silvretta Therme**	Ischgl, Tirol ARGE Krieger & Wimreiter, KRIEGER Architekten	Ingenieure und and Wimreiter & Partner
58	**Peterhof, Alpe Furx**	Zwischenwasser, Vorarlberg Baumschlager Eberle Architekten
59	**Jugendgästehaus Gerlosplatte**	Krimml, Salzburg Architekturbüro Lechner & Lechner
60	**ATMOSPHERE by Krallerhof**	Leogang, Salzburg Hadi Teherani Architects
61	**Weltnaturerbezentrum Haus der Wildnis**	Lunz am See, Niederösterreich Architekten Maurer & Partner
62	**Falginjochbahn**	Kaunertal, Tirol Baumschlager Hutter Partners
63	**Appartementhaus Anna Katharina**	Fieberbrunn, Tirol Eckert Architekten
64	**pippilotta**	Innsbruck, Tirol he und du mit Markus Danzl / Architekturbüro Hanno Schlögl
65	**Stadtbootshaus**	Graz, Steiermark Kuess Architektur
66	**Falkenhütte**	Hinterriß, Tirol Architekturbüro Rainer Schmid
67	**Sprungturm Millstatt**	Millstatt, Kärnten Hohengasser Wirnsberger Architekten
68	**Die vierte Wand – Aussichtsturm Seekopf**	Rossatz-Arnsdorf, Niederösterreich Eldine Heep & Klemens Schillinger
69	**Suitentürme Familien Natur Resort Moar Gut**	Großarl, Salzburg LP architektur

Steirereck am Pogusch
Turnau, Steiermark

Architektur Architecture PPAG architects ztgmbh, Anna Popelka, Georg Poduschka, www.ppag.at
Mitarbeit Assistance Paul Fürst, Lukas Ortner, Christian Wegerer
Bauherrschaft Client Steirereck Stadtpark GmbH, www.steirereck.at
Tragwerksplanung Structural engineering werkraum ingenieure
Örtliche Bauaufsicht Site supervision Viereck Architekten ZT GmbH
Landschaftsarchitektur Landscape architecture Bauherrschaft und Client and Viereck Architekten
Lichtplanung Lighting concept Johannes Jungel-Schmid
Planungs- und Bauzeit Duration of design and construction 2018 – 2023
Nutzfläche Floor area 3.700 m²
Adresse Address Pogusch 21, 8625 Turnau, Steiermark

Architekturpreis Land Steiermark 2023
GerambRose 2022
Architizer A+ Award 2023
ICONIC Architecture Award, best of best 2022
Nominierung Mies van der Rohe Award 2023

Die Küche der Familie Reitbauer zählt zu den Weltbesten. Ihre Wurzeln liegen auf 1.059 Metern Seehöhe in der Steiermark. „Wirth in Pogusch 1616" steht am Gasthaus, das längst kulinarische Pilgerstätte ist. Für Reitbauer junior ist Kochen ein Teil des natürlichen Kreislaufs. PPAG gossen seine Philosophie in Architektur, befreiten den mittelalterlichen Kern von rustikalen Schlacken und fügten ein pavillonartiges Salettl an. Raumhohe, öffenbare Glaselemente bringen Luxusgastronomie zu den Bäumen und Gebirgsluft an die Tafel. Beistelltische werden zum edlen Accessoire, die Glashäuser für Raritäten folgen dem Hang und behausen Kabanen japanischer Anmut. *im*

The Reitbauer family's cuisine is among the best in the world. And its roots lie in Styria, 1,059 meters above sea level. "Wirth in Pogusch 1616" is written on the wall of the inn, long a culinary destination. For Reitbauer junior, cooking is part of the cycle of nature. PPAG poured this philosophy into the architecture, freeing the medieval core of rustic slag and adding a pavilion-like gazebo. Floor-to-ceiling, openable glass elements bring luxury gastronomy to the trees and mountain air to the table. Side tables are now elegant accessories; greenhouses filled with rarities line the slope, housing bedrooms with Japanese grace. *im*

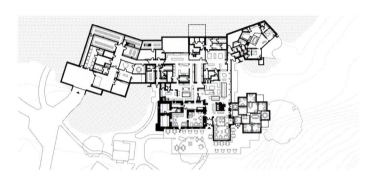

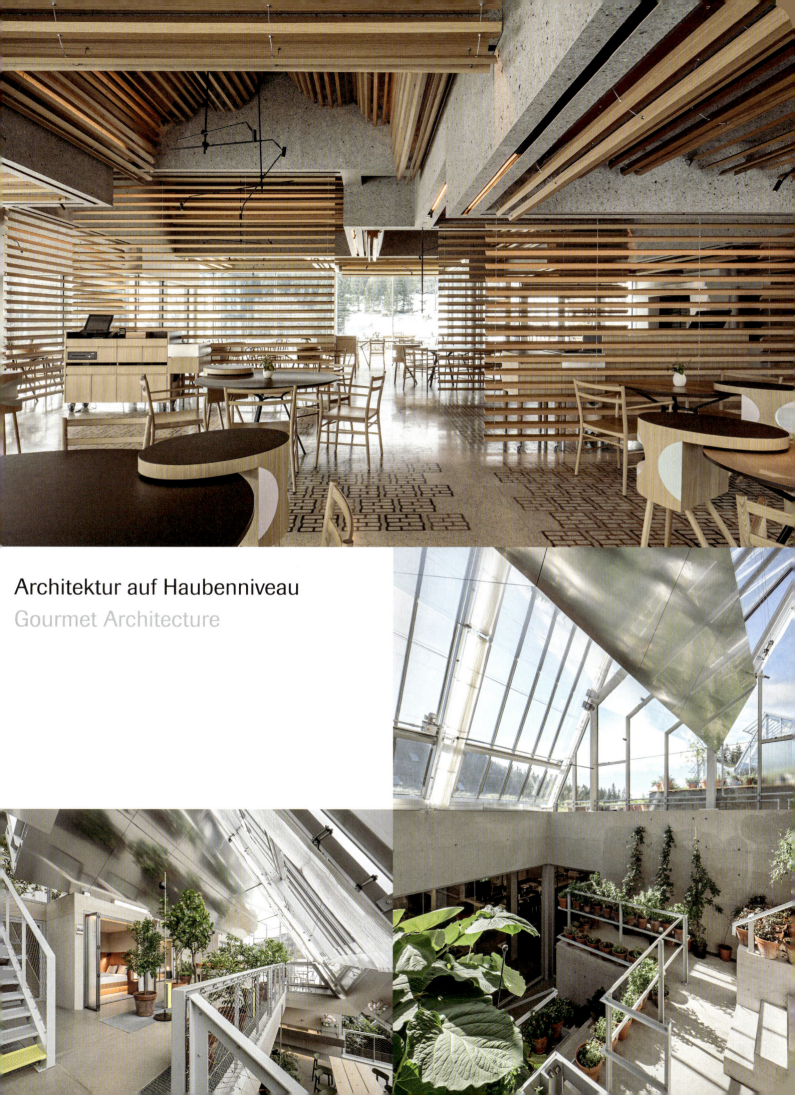

Architektur auf Haubenniveau
Gourmet Architecture

Weingut FJ Gritsch – Mauritiushof
Spitz an der Donau, Niederösterreich

Architektur Architecture ritzinger Architektur, Hannes Ritzinger, www.ritzinger-architektur.at
Bauherrschaft Client Weingut FJ Gritsch, www.gritsch.at
Tragwerksplanung Structural engineering Retter & Partner ZT GmbH
Örtliche Bauaufsicht Site supervision Jürgen Schmid
Planungs- und Bauzeit Duration of design and construction 2020 – 2023
Nutzfläche Floor area 960 m²
Adresse Address Kirchenplatz 13, 3620 Spitz an der Donau, Niederösterreich

Vorbildliches Bauen in Niederösterreich 2023

Der Erweiterungsbau des Mauritiushofs am Kirchenplatz von Spitz an der Donau war nicht nur mit dem Bundesdenkmalamt, sondern auch mit dem UNESCO Welterbebeirat abzustimmen. Eine freigelegte, aus Naturstein gefügte Hofmauer wird zum verbindenden Element für zwei massive, den Maßstab des Ortes nachempfindende Baukörper. Ein weitgehend verglaster Zwischentrakt und eine ebensolche Brücke zum historischen Bestand schaffen die funktionell notwendigen räumlichen Zusammenhänge. Der so umfasste Hof kommuniziert mit dem öffentlichen Raum, so wie auch die Innenräume der Anlage mit dem Landschaftsraum verbunden sind. rr

The extension of the Mauritiushof on the church square in Spitz an der Donau had to be coordinated not only with the Federal Monuments Office, but also with the UNESCO World Heritage Advisory Board. An exposed courtyard wall made of natural stone became a connecting element for two massive buildings that reflect the scale of the village. A largely glazed intermediate wing and a similar bridge to the historic building create the functionally necessary spatial connections. Thus enclosed, the courtyard communicates with the public space in the same way that the interior spaces of the complex connect to the landscape. rr

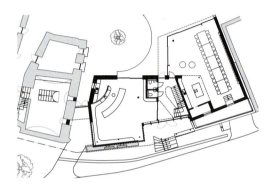

Maßstab aus Stein
A Scale in Stone

Einfach eine Hütte
Just a Hut

Voisthalerhütte am Hochschwab
Thörl, Steiermark

Architektur Architecture Dietger Wissounig Architekten ZT GmbH, www.wissounig.com
Mitarbeit Assistance Patrick Steiner, Claudia Pittino
Bauherrschaft Client Alpenverein Austria, www.alpenverein-austria.at
Tragwerksplanung Structural engineering gbd ZT GmbH, Josef Koppelhuber, FS1 Fiedler Stöffler ZT GmbH
Planungs- und Bauzeit Duration of design and construction 2019–2022
Nutzfläche Floor area 590 m²
Adresse Address Fölz 75, 8621 Thörl, Steiermark

Holzbaupreis Steiermark 2023

Berge verändern ihre Erscheinung durch Jahreszeiten, Lichteinfall und Perspektive – und vermitteln doch eine beeindruckende Beständigkeit. Die neue Voitsthaler-Hütte tritt im hochalpinen Gelände in Erscheinung, ist Orientierungspunkt und als gut sichtbares Zeichen verortet. Und doch einfach eine Holzhütte. In Holzfertigteilbauweise mit naturbelassener Holzoberfläche werden künftig Wetter- und Umwelteinflüsse im Laufe der Zeit an der Fassade sichtbar. Raffiniert gesetzte, von Topgrafie, Nutzung und Aussicht bestimmte Öffnungen lassen, je nach Entfernung, die Hütte aus dem Maßstab fallen. Sie bleibt, als wäre sie immer schon gewesen – ein Teil des Panoramas. *mh*

Mountains change their appearance depending on season, light, and perspective—and yet they also convey an impressive constancy. The new Voitsthaler Hut stands out in the high alpine terrain, acting as a point of orientation and a clearly visible symbol. And yet it is still just a wooden hut. A prefabricated timber structure, its natural wooden surfaces will weather over time, making the influence of the environment on the façade visible. Depending on the distance one views it from, cleverly placed apertures defined by topography, use, and outlook make the hut seem out of scale. It stands as if always there—a part of the panorama. *mh*

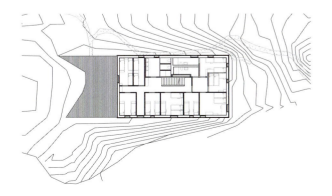

Das Neni
Schruns, Vorarlberg

Architektur Architecture madritsch*pfurtscheller, Reinhard Madritsch, Robert Pfurtscheller, www.madritschpfurtscheller.at
Bauherrschaft Client Peter Raunicher
Planungs- und Bauzeit Duration of design and construction 2021–2023
Nutzfläche Floor area 72 m²
Adresse Address Unterdorfstraße 7, 6780 Schruns, Vorarlberg

Holzbaupreis Vorarlberg 2023

Der kleine, etwa 80 Jahre alte Stall wurde als Teil einer Geschichte des Ortes erhalten und zwei Ferienwohnungen hineingewoben. Die Hülle wurde thermisch ertüchtigt, Fenster getauscht und neue Verglasungen hineingeschnitten. Ein Stampflehmboden mit Fußbodenheizung und eine Innenverkleidung aus Weißtanne sorgen für den gewissen Touch im Inneren. Zwei funktionelle Kuben aus Schwarzstahl rahmen den weißen Sockel. Die Architekten pflegen seit vielen Jahren das Bauen als ein Weiterbauen mit sehr viel Gefühl und Detailverliebtheit, wobei dem Neuen durch Bestand Sinn verliehen wird. rf

Part of the town history, the small, approximately 80-year-old stables were preserved and interwoven with two holiday apartments. The shell was thermally upgraded, windows replaced, and new glazing was cut in. A rammed earth floor with underfloor heating and silver fir interior paneling adds that special something to the inside. Two functional black steel cubes frame the white base. For many years, the architects have cultivated the act of building as an ongoing practice, dedicating a great deal of feeling and attention to detail, giving the new substance meaning through the old. rf

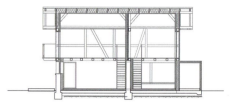

Alte Hülle, neue Nutzung
Old Shell, New Use

Campen mit Jacuzzi
Camping with Jacuzzi

Alpencamping Nenzing
Nenzing, Vorarlberg

Architektur Architecture Hammerer Architekten GmbH/SIA, Reinhold Hammerer, www.hammerer.co
Bauherrschaft Client Alpencamping GmbH, www.alpencamping.at
Tragwerksplanung Structural engineering M+G Ingenieure
Planungs- und Bauzeit Duration of design and construction 2017–2020
Nutzfläche Floor area 26 m² bis till 38 m² (je Einheit per unit)
Adresse Address Garfrenga 1, 6710 Nenzing, Vorarlberg

BIGSEE Tourism Award – Grand Prix 2022

Seit 45 Jahren betreibt Familie Morik das Alpencamping in Nenzing. Man terrassierte eine Waldlichtung zu einem idealtypischen Campinggelände. Tourismus erfordert Innovation, per Hubschrauber landeten zehn Tiny-Houses auf dem 40 Meter hohen Hügel hinter dem zentralen Restaurant „Gafrenga" mit Pool und Wellness. Architekt Hammerer entwarf die vorgefertigten Holzbauten mit dem parabelförmigen Querschnitt. Ihr Inneres ist höchst präzise mit Bad, Schlafgalerie und Wohnküche maßgeplant und -gefertigt. Die Sonnenseite mit Bergpanorama und Balkon wurde voll verglast. Je höher, umso mehr Ausblick und Luxus. Einige haben ihr privates Jacuzzi draußen. *im*

The Morik family has been running the Alpine campground in Nenzing for 45 years. They terraced a forest clearing to create an ideal campsite. Tourism requires innovation, and ten tiny homes were brought by helicopter to the hill behind the central restaurant with a pool and spa area. Architect Hammerer designed the prefabricated wooden buildings with a parabolic curve. The interiors are planned and manufactured with utmost precision and include a bathroom, bedroom gallery, and open kitchen-living room. The mountain view on the sunny side is fully glazed. The higher up, the better the view and more luxury, some with a private jacuzzi. *im*

die forelle – Häuser am Wasser
Weißensee, Kärnten

Architektur Architecture Hohengasser Wirnsberger Architekten ztgmbh, Sonja Hohengasser, Jürgen Wirnsberger, www.hwarchitekten.at
Mitarbeit Assistance Juliana Kopeinig
Bauherrschaft Client Genießerhotel Die Forelle, Monika & Hannes Müller, www.dieforelle.at
Tragwerksplanung Structural engineering Lackner | Egger Bauingenieure ZT GmbH
Planungs- und Bauzeit Duration of design and construction 2021–2022
Nutzfläche Floor area 79 m²
Adresse Address Techendorf 80, 9762 Weißensee, Kärnten

Anerkennung Holzbaupreis Kärnten 2023

Der Weißensee ist noch weitgehend unverbaut, nur einzelne Bootshütten und Badehäuser säumen das freie Ufer. Für ein Hotel sollte die Badeinfrastruktur erneuert und für die Gäste Erholungsraum am See geschaffen werden: Zwei Holzbauten – ein Bootshaus mit transparenter Fassade aus Lärchenholzlatten und ein länglicher Baukörper, ausgeführt in Ständerbauweise in Massivholz Lärche – spannen einen geschützten, schilfumgrenzten Liegebereich auf. Im Zwischenraum von Lager, Umkleide und Yogaraum wächst eine Birke durch die Terrasse weiter. Als zeitgemäße Interpretation der lokalen Bautradition entstand hier touristische Baukultur mit Haltung. *am*

Weissensee is still largely undeveloped, with just a few boathouses and bathing huts lining the lake's open shore. The hotel's bathing area needed renewal and a lakeside relaxation area for guests: Two wooden structures—a boathouse with a transparent façade of larch slats and an elongated solid larch post and beam construction—create a protected, reed-lined sunbathing area. In the space between the storage, changing area, and yoga room, a birch tree grows up through the terrace. This contemporary interpretation of local building traditions creates truly classy tourist architecture. *am*

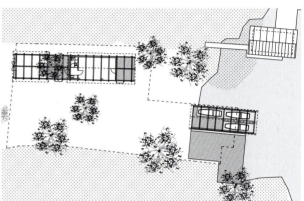

Raum am See
Room on the Lake

Wasser in allen Aggregatformen
Water in Aggregate Forms

Silvretta Therme
Ischgl, Tirol

Die Therme im Hochgebirge – ein fünf Stockwerke hohes, terrassenförmig in die Landschaft integriertes Bauwerk – konkurriert mit einer absolut spektakulären Naturkulisse. Das Gebäude schmiegt sich daher wie eine amorphe Wolke an den Berghang. Die konturfreie Fassade wirkt wie flüssiges Metall und spiegelt diese wilde Bergwelt prächtig wider. Zwischen Wasserflächen, Fitnessbereichen und sonstigen Veranstaltungsräumen sind die Berge daher immer präsent. Wem das immer noch zu wenig ist: Auf dem Dach lädt ein großes, ganzjährig beheiztes Außenbecken zum Entspannen ein. Außerdem kann man das erste Obergeschoß komplett auf einer Eislaufbahn umrunden. *kjb*

The thermal spa in the high mountains—a five-story terraced building integrated into the landscape—competes with the absolutely spectacular natural backdrop. That is why the building nestles up to the mountainside like an amorphous cloud. The smooth façade brings to mind liquid metal, magnificently reflecting the wild mountain world around it. The mountains are always present in the water areas, fitness zones, and event rooms. To top it all off, on the roof, a large outdoor pool is heated year-round to invite full relaxation, and an ice-skating rink encircles the entire second floor. *kjb*

Architektur Architecture ARGE Krieger & Wimreiter, KRIEGER Architekten | Ingenieure, Michael Krieger, www.architekt-krieger.de; Wimreiter & Partner GmbH, Peter Wimreiter, www.wimreiter.at
Mitarbeit Assistance Thomas Kalman, Lukas Plaswich
Örtliche Bauaufsicht Site supervision Günter Margreiter
Bauherrschaft Client Silvrettaseilbahn AG, www.silvretta.at
Planungs- und Bauzeit Duration of design and construction 2018 – 2022
Nutzfläche Floor area 13.168 m²
Adresse Address Silvrettaplatz 2, 6561 Ischgl, Tirol

IOC/IAKS Award 2023

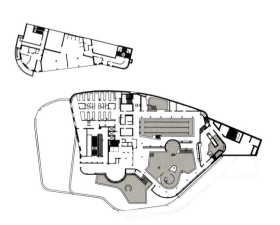

Peterhof, Alpe Furx
Zwischenwasser, Vorarlberg

Architektur Architecture   Baumschlager Eberle Architekten, www.baumschlager-eberle.com
Mitarbeit Assistance   Marco Franzmann, Hugo Herrera Pianno (Projektleitung Project management), Mariella Wolf, Enea Sampaolesi
Bauherrschaft Client   F25 Projektgesellschaft mbH, www.peterhof-furx.at
Tragwerksplanung Structural engineering   Hämmerle – Huster ZT GmbH
Planungs- und Bauzeit Duration of design and construction 2018 – 2021
Nutzfläche Floor area   2.050 m^2
Adresse Address   Furx 25, 6835 Zwischenwasser, Vorarlberg

BLT built design award 2023

Die Alpe Furx ist ein beliebter Rückzugsort mit Blick über das Rheintal. Seit vielen Jahren unterhalten dort Pfadfinder, Kinderfreunde und Skiverein, aber auch Familien aus der Region ihre Hütten und Ferienhäuser. Der einst übermächtige Gasthof mittendrin wurde nun durch ein viel ruhigeres Ensemble von zehn Apartment-Hütten ersetzt, die sich um ein landschaftlich eingepasstes und elegant weitgespanntes Restaurant und Haupthaus scharen. Ganz aus Holz, innen mit feiner Esche und Tanne und mit allen Attributen nachhaltig zeitgenössischen Bauens ergibt sich ein exklusives Ambiente, das sich wieder mit dem Ort verträgt. *rf*

The Alpe Furx is a popular retreat with a view across the Rhine Valley. For many years, scouts, children's groups, ski clubs, and families from the region have kept huts and holiday homes there. The once overpowering inn at the center has now been replaced by a much quieter ensemble of ten "apartment huts" clustered around an elegantly spacious restaurant and main house that fits in seamlessly with the landscape. Built entirely of wood, the interior is in fine ash and fir. With all the attributes of modern sustainable building, the result is an exclusive ambience in keeping with the location. *rf*

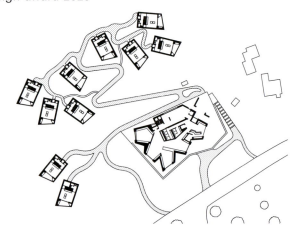

Kleine Fluchten
Small Escapes

Lowtech-Zirbenstube
Low-tech Parlor in Pine

Jugendgästehaus Gerlosplatte
Krimml, Salzburg

Architektur Architecture Architekturbüro Lechner & Lechner /
lechner lechner lechner ZT GmbH, Christine Lechner, Horst
Lechner, Paul Lechner, www.lechner-lechner.at
Mitarbeit Assistance Lukas Ployer
Bauherrschaft Client Jugendgästehaus Gerlosplatte GmbH
Tragwerksplanung Structural engineering Forsthuber ZT GmbH
Projektsteuerung und Inneneinrichtung Project control and
Interior design Stephan Keil
Planungs- und Bauzeit Duration of design and construction
2016 – 2021
Nutzfläche Floor area   7.560 m²
Adresse Address Hochkrimml 244, 5743 Krimml, Salzburg

Architizer A+ Award 2022

Das auf Ski- und Sportwochen ausgerichtete Gästehaus mit 450 Betten ist perfekt auf seine jugendliche Klientel zugeschnitten. Unprätentiös und roh in der Ausführung fokussiert es auf das Wesentliche: vielfältige räumliche Möglichkeiten des sozialen Zusammenseins. Herzstück des 75-Meter-Holzbauriegels ist die zentral eingehängte Rampe, die als innere Flaniermeile einen luftigen Raum mit spannenden Sichtverbindungen schafft. Wie ein 3D-Puzzle fügen sich die großen Volumen der Indoorsportanlagen mit den kleinteiligen Zimmertrakten zu einem kompakten Ganzen, das trotz seiner Größe nicht zur Kaserne geworden ist und sich klug in die Landschaft einbettet. nw

The 450-bed hostel, geared towards school ski and sports week outings, is perfectly tailored to its young clientele. Unpretentious and raw in its execution, it focuses on the essential: diverse spatial opportunities for social gathering. The heart of the 75-meter-high timber frame building is a central hanging ramp, an interior promenade that creates an airy space with exciting visual connections. The large volumes of the indoor sports facilities fit together with the convoluted room wings like a 3D puzzle, forming a compact whole that, despite its size, does not feel like a barracks and is cleverly embedded in the landscape. nw

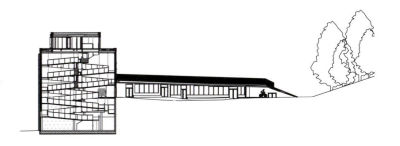

ATMOSPHERE by Krallerhof
Leogang, Salzburg

Architektur Architecture Hadi Teherani Architects GmbH, Hadi Teherani, Sebastian Appl (Partner in Charge), Christian Bergmann, www.haditeherani.com
Mitarbeit Assistance Patrick Hesse (Projektleitung Project management), Kaveh Najafian (Leitung Design Management design), Nicola Sigl (Leitung Interior Management interior)
Bauherrschaft Client Hotel Krallerhof Altenberger GmbH, www.krallerhof.com
Ausführungsplanung Detail design Bauhandwerk GmbH
Planungs- und Bauzeit Duration of design and construction 2020–2023
Nutzfläche Floor area 9.650 m²
Adresse Address Rain 6, 5771 Leogang, Salzburg

Österreichischer Stahlbaupreis 2023
ICONIC Architecture Award, best of best 2023

Der Krallerhof in Leogang wurde vor 600 Jahren gegründet und bietet als Fünfsternehotel Beherbergung für höchste Gästeansprüche. Diese Tradition sollte mit dem Bau einer Luxus-Spa- und -Wellnessanlage in die Zukunft fortgeführt werden. Ein doppelt geschwungener Baukörper schmiegt sich gleich einer sanften Welle in die umgebende Landschaft und bietet auf zwei Ebenen Lounges, Café, verschiedene Saunen, Grotten und Ruheräume und als Highlight einen beheizten Infinitypool im Natursee. Die vorherrschenden Materialien Sichtbeton, Holz und Glas unterstreichen die Form des Raums. Ein spiralförmiger Hof verbindet das Spa mit dem Hotel. *am*

A five-star hotel founded 600 years ago, the Krallerhof in Leogang provides accommodation for the most discerning. This tradition is being carried into the future with the construction of a luxury spa and wellness facility. A double-curved building nestles into the surrounding landscape like a gentle wave, offering lounges, a café, various saunas, grottos, and relaxation areas on two levels. A heated infinity pool set into the natural lake creates a true highlight. The predominant materials of exposed concrete, wood, and glass emphasize the shape of the space. A spiral courtyard connects the spa with the hotel. *am*

Atmosphärische Welle
Atmospheric Wave

Ein wildes Haus für den Urwald
A Wild Building for the Old Growth Forest

Weltnaturerbezentrum Haus der Wildnis
Lunz am See, Niederösterreich

Architektur Architecture   Architekten Maurer & Partner ZT GmbH, Ernst Maurer, Thomas Jedinger, Christoph Maurer, www.maurer-partner.at
Mitarbeit Assistance   Klaus Kübler
Bauherrschaft Client   Wildnisgebiet Dürrenstein, www.wildnisgebiet.at
Tragwerksplanung Structural engineering   Woschitz Group ZT GmbH
Landschaftsarchitektur Landscape architecture   Ambient Consult
Planungs- und Bauzeit Duration of design and construction   2017 – 2021
Nutzfläche Floor area   1.200 m²
Adresse Address   Kirchenplatz 5, 3293 Lunz am See, Niederösterreich

Vorbildliches Bauen in Niederösterreich 2022

Das Herz des Wildnisgebiets Dürrenstein-Lassingtal ist der rund 7.000 Hektar große, geheimnisvolle *Rothwald*, der größte Urwaldrest des Alpenbogens. Im Ortszentrum von Lunz entstand als Tourismuszentrum für dieses spektakuläre Weltnaturerbe ein wildes, schindelverkleidetes Gebäude, das zugleich auch Museum, Restaurant und Veranstaltungszentrum ist. Es besteht aus fünf asymmetrischen Kuben, die mit markanten, übereinander geschichteten Dächern bedeckt sind. Die Wildheit des Urwaldes sollte auch durch Elemente, etwa wie umgefallene Baumstämme wirkende Stützen, in das Haus geholt werden: ein würdiger Ausgangspunkt für junge und ältere Wald-Explorer. *kjb*

At the heart of the Dürrenstein-Lassingtal wilderness area is the approximate 7,000 hectares of the mysterious *Rothwald*, the largest remnant of old growth forest in the Alpine range. In the town center of Lunz, a wild, shingle-clad building was erected as a tourist center for this spectacular world natural heritage site, which is also a museum, restaurant, and events center. It is made up of five asymmetrical cubes topped by striking stacked roofs. The wildness of the old growth forest is brought right into the building by elements such as supports that look like fallen tree trunks: a worthy starting point for young and old forest explorers alike. *kjb*

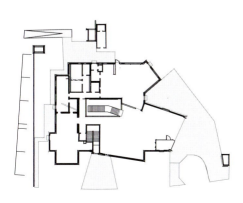

Falginjochbahn
Kaunertal, Tirol

Architektur Architecture Baumschlager Hutter Partners, Carlo Baumschlager, Jesco Hutter, Oliver Baldauf, Miriam Seiler, www.baumschlager-hutter-partners.com
Mitarbeit Assistance Tankred Bergmeister
Bauherrschaft Client Kaunertaler Gletscherbahnen GmbH, www.kaunertaler-gletscher.at
Tragwerksplanung Structural engineering aste | weissteiner zt gmbh
Örtliche Bauaufsicht Site supervision Baubüro Christoph Neier
Planungs- und Bauzeit Duration of design and construction 2019
Nutzfläche Floor area 1.400 m² (Talstation Valley station), 290 m² (Bergstation Mountain station)
Adresse Address Gletscherstraße 240, 6524 Kaunertal, Tirol

ICONIC Architecture Award, best of best 2023

Wir haben uns an den Pathos von Stahlkonstruktionen im Gebirge schon lange gewöhnt. Basis aller gestalterischen Überlegungen – so auch zur Falginjochbahn im hinteren Kaunertal – sind das notwendig hohe Maß an Vorfertigung zur Bewältigung der kurzen Bauzeit im Hochgebirge und die Sichtbarkeit aller funktionellen Anlagen der Seilbahntechnik wie Antriebe, Stützen und Seilverankerungen. Diese bildprägenden Elemente und das Fehlen jeder Karosserie schüchtern uns ein, verströmen aber zugleich genug Vertrauen, um uns auf die höchsten Punkte im Skigebiet, 3.113 Meter über dem Meer, zu wagen. Oh, du mein Gipfelglück! rf

We have long gotten used to the incongruity of seeing steel structures in the mountains. The basis of all design considerations—certainly true for the Falginjochbahn cable car in Hintere Kaunertal—is the high degree of prefabrication necessary to address the brief construction time in the high mountains. Also important to consider: the visibility of the cable car systems technology, including motors, supports, and cable anchorings. These iconic elements and lack of bodywork can look intimidating, but at the same time the structures inspire in us enough confidence to venture to a ski resort's highest point—in this case 3,113 meters above sea level. And what joy at the summit! rf

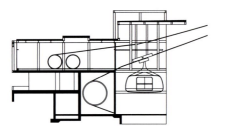

Technoides Gipfelglück
The Technology of Summit Joy

Tradition, weitergedacht
Tradition, Carried Forward

Appartementhaus Anna Katharina
Fieberbrunn, Tirol

Architektur Architecture Eckert Architekten GmbH, Philipp Eckert, www.gute-arbeit.ch
Mitarbeit Assistance Nicolà Bezzola, Barbara Klopčič
Bauherrschaft Client Katharina Trixel, www.anna-katharina.tirol
Tragwerksplanung und Ausführung Structural engineering and execution Bundwerk – Hannes Rettenwander und and Josef Foidl
Planungs- und Bauzeit Duration of design and construction 2019 – 2021
Nutzfläche Floor area 594 m²
Adresse Address Lindau 8, 6391 Fieberbrunn, Tirol

Holzbaupreis Tirol 2023

Das Holz aus dem eigenen Wald der Bauherrenfamilie gab von Anfang an den Rhythmus für dieses Apartmenthaus mit sieben Wohnungen vor. Konstruktion, Details und Zeitplan zielen darauf ab, das Eigenholz möglichst komplett zu verwerten – die guten Stücke für den Holzrahmenbau, die Dachelemente, als Innenverkleidung und in der Holz-Beton-Verbunddecke, das Schadholz im nicht sichtbaren Bereich. Die Fassade nimmt Bezug auf die traditionellen Höfe der Gegend und interpretiert die Blockbauweise auf der witterungsgeschützten Seite als horizontale Verkleidung aus Viertelstämmen. Regionales und kreislauffähiges Bauen als Familienprojekt im besten Sinne. *nw*

Wood from the commissioning family's own forest sets the rhythm for this seven-unit apartment building right from the outset. Structure, details, and schedule all aim to utilize the wood as fully as possible—the good pieces for the timber frame construction, roof elements, interior paneling, and timber-concrete composite ceiling, and damaged wood for non-visible areas. The façade references the area's traditional farmhouses, interpreting the log structures on the weather-protected side with a horizontal cladding made of quarter logs. Regional and circular construction as a family project in the best of ways. *nw*

pippilotta
Innsbruck, Tirol

Architektur Architecture he und du ZT GmbH, Christian Hammerl, Elias Walch, www.heunddu.me mit with Markus Danzl / Architekturbüro Hanno Schlögl
Bauherrschaft Client Lebenshilfe Tirol gem. GmbH, www.lebenshilfe.at/tag/tirol
Planungs- und Bauzeit Duration of design and construction 2021–2022
Nutzfläche Floor area 133 m²
Adresse Address Heiliggeiststraße 7–9, 6020 Innsbruck, Tirol

Anerkennung des Landes Tirol für Neues Bauen 2022

Das Pippilotta wird von der Lebenshilfe Tirol als Inklusionsrestaurant geführt und verspricht eine Atmosphäre, so kunterbunt wie die Menschen, die dort arbeiten. Dennoch ist der Raumeindruck weder grell noch infantil, sondern vielmehr wohnlich-warm und haptisch, mit einem feinsinnigen Farb- und Materialkonzept. Einzigartig wird dieses Lokal jedoch erst durch das System aus Vorhängen, die den Raum flexibel zonierbar machen und dem Wunsch nach vielfältigen Nutzungsszenarien auf intelligente und unkomplizierte Weise nachkommen. Lesungen, kleine Konzerte, private Feiern, Lunchen und Brunchen sind in diesem großzügigen Raum möglich. nw

The Pippilotta is an inclusive restaurant run by Lebenshilfe Tirol that promises an atmosphere as filled with variety as the people who work there. Nonetheless, the atmosphere is neither garish nor infantile, but instead homey, warm, and tactile, with a subtle color palette and materials concept. What makes the restaurant unique, however, is a curtain system that makes it possible to flexibly divide the room, thus intelligently and simply fulfilling the desire to have a variety of use scenarios. Readings, small concerts, private parties, lunches, and brunches are all possible in this generous space. nw

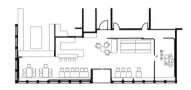

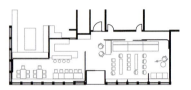

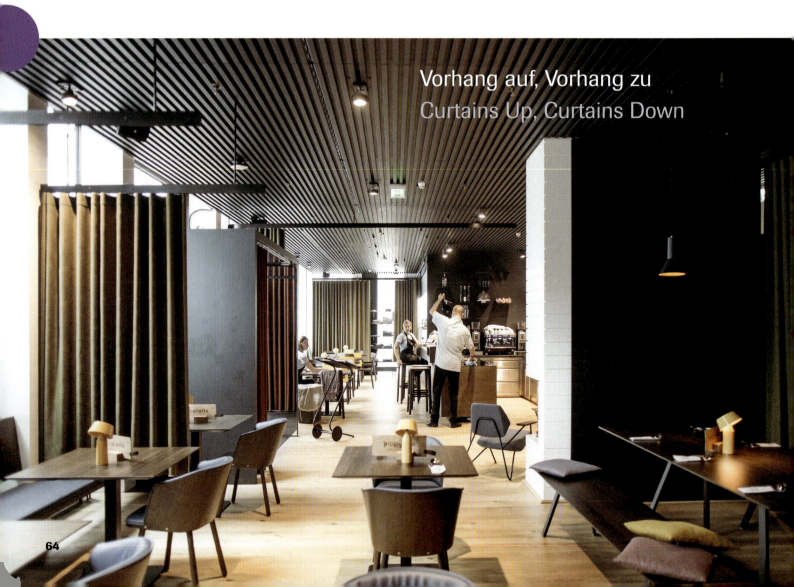

Vorhang auf, Vorhang zu
Curtains Up, Curtains Down

Am Wasser gebaut
Built on the Water

Stadtbootshaus
Graz, Steiermark

Architektur Architecture Kuess Architektur ZT, Nina Kuess, www.kuess.cc
Mitarbeit Assistance Rene Märzendorfer
Bauherrschaft Client Stadt Graz Sportamt, www.graz.at
Tragwerksplanung Structural engineering Kratzer & Partner ZT-GmbH
Landschaftsarchitektur Landscape architecture Kainersdorfer Garten- und Landschaftsbau
Planungs- und Bauzeit Duration of design and construction 2019–2021
Nutzfläche Floor area 230 m² (innen inside), 312 m² (Stadtbalkon City balkony), 1.000 m² (Außenanlage Outdoor area)
Adresse Address Marburgerkai 40, 8010 Graz, Steiermark

Nominierung Mies van der Rohe Award 2023

Die Mur ist im Grazer Stadtgebiet kein leicht zugänglicher Fluss, doch mit dem Bau einer Staustufe im Süden der Stadt verringerte sich ihre Fließgeschwindigkeit, sodass flussaufwärts ein Vereinshaus für einen Kajak- und einen Kanuclub errichtet werden konnte. Das einfache, lang gestreckte und nur zum Teil beheizbare Gebäude kann mittels Schiebeelementen zum Wasser hin geöffnet werden und ist so in die Uferböschung integriert, dass vom Straßenniveau aus nur das begehbare Dach – der „Stadtbalkon" – sichtbar ist. Stiegen führen nach unten und gehen über in eine dem Bootshaus vorgelagerte Stufenlandschaft, die auch als Zuschauertribüne genutzt wird. *eg*

The Mur River is not easy to access in the city of Graz, but the construction of a dam south of the city has now decreased its flow rate, making it possible to build a clubhouse for a kayak and canoe club upstream. The simple, elongated, and only partially heated building can be opened towards the water using sliding elements. It is integrated into the embankment in such a way that only the walkable roof—the "city balcony"—is visible from street level. Stairs lead down and turn into a landscape of steps fronting the boathouse, which can also used as a viewing area. *eg*

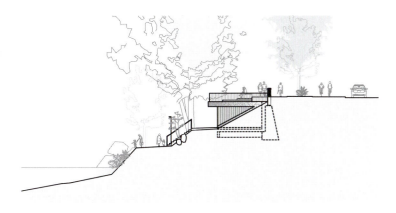

Falkenhütte
Hinterriß, Tirol

Mit dem Aufkommen des Alpinismus entstanden insbesondere in der ersten Hälfte des 20. Jahrhunderts zahlreiche Schutzhütten, die nun in die Jahre gekommen sind und ertüchtigt werden müssen: energetisch, funktional und architektonisch. Bei der Falkenhütte wurde die vorhandene Bausubstanz sorgsam saniert und neue Baukörper sensibel in die Topografie eingefügt. Entsprechend der kurzen Bauphase im hochalpinen Gelände erfolgte die Ausführung nach dem Betonieren der Sockelbereiche mit einem hohen Anteil an vorgefertigten Brettsperrholzelementen. Die Gestaltung der Fassaden mit Lärchenholzschindeln fasst die einzelnen Gebäude zu einem stimmigen Ensemble. *bf*

With the rise of mountaineering, particularly in the early twentieth century, many mountain huts were built that are now showing their age and in need of upgrading: for energy efficiency, functionality, and architecture. The existing Falkenhütte building was carefully renovated and new structures sensitively integrated into the topography. Due to the short building phase of the high alpine terrain, the concrete foundation was first poured and then construction using a great degree of prefabricated cross-laminated timber elements followed. Larch shingles on the façades bring the various buildings together into a harmonious ensemble. *bf*

Architektur *Architecture* Architekturbüro Rainer Schmid, www.architekturbuero-schmid.com
Mitarbeit *Assistance* Julian Franzen
Bauherrschaft *Client* Sektion Oberland des Deutschen Alpenvereins e. V., www.alpenverein-muenchen-oberland.de
Tragwerksplanung *Structural engineering* Reiser Tragwerksplanung
Lichtkonzept *Lighting concept* StudioFaubel
Landschaftsarchitektur *Landscape architecture* Landschaftsarchitekt Bernhard Springer
Planungs- und Bauzeit *Duration of design and construction* 2014 – 2020
Nutzfläche *Floor area* 586 m² (Generalsanierung Hütte *General renovation hut*), 217 m² (Ersatzbau Schlafgebäude *Replacement dormitory*), 26 m² (Ersatzbau Technikgebäude *Replacement technical building*)
Adresse *Address* Karwendelgebirge, 6215 Hinterriß, Tirol

Architekturpreis Constructive Alps 2022

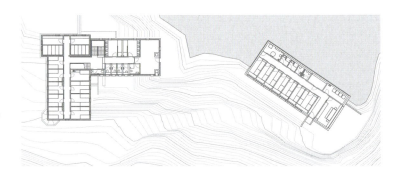

Hochalpines Ensemble
High Alpine Ensemble

Geglückter Zeitsprung
Successful Leap in Time

Sprungturm Millstatt
Millstatt, Kärnten

Der Millstätter Sprungturm ist eine kühne Stahlbetonkonstruktion, die 1931 von den Ingenieuren Rudolf Christof und Walter Benedikt entworfen und zu einem beliebten Postkartenmotiv und zum Wahrzeichen von Millstatt avancierte. Den Wettbewerb für die Sanierung des inzwischen denkmalgeschützten Turms gewannen Hohengasser Wirnsberger Architekten. Sie wählten minimalinvasive Eingriffe, um die charakteristische Erscheinung zu bewahren und zugleich den neuen sicherheitstechnischen Auflagen gerecht zu werden. So bleibt der elegante Sprungturm, eine Kombination aus Sprungturm und Wasserrutsche, auch zukünftigen Generationen erhalten. *ai*
The Millstatt diving platform is a bold structure in reinforced concrete designed in 1931 by engineers Rudolf Christof and Walter Benedikt that has become a popular postcard motif and Millstatt landmark over the years. Hohengasser Wirnsberger Architekten won the competition for the renovation of the now listed tower. They chose minimally invasive procedures that preserve the characteristic appearance while meeting new safety requirements. This means that the elegant diving platform, a combination of diving board and water slide, will be preserved for future generations. *ai*

Architektur Architecture Hohengasser Wirnsberger Architekten ztgmbh, Sonja Hohengasser, Jürgen Wirnsberger, www.hwarchitekten.at
Bauherrschaft Client Gemeinde Milstatt, www.badehaus-millstaettersee.at
Tragwerksplanung Massivbau Structural engineering heavyweight Urban & Glatz ZT GmbH
Tragwerksplanung Holzbau Structural engineering wood ZT Wolfgang Steiner
Planungs- und Bauzeit Duration of design and construction 2015–2019
Nutzfläche Floor area 328 m² (alle Plattformen all plattforms)
Adresse Address Kaiser-Franz-Josef-Straße 334, 9872 Millstatt, Kärnten

Anerkennung Kärntner Landesbaupreis 2022

Die vierte Wand – Aussichtsturm Seekopf
Rossatz-Arnsdorf, Niederösterreich

Architektur Architecture Eldine Heep, eldineheep.com & Klemens Schillinger, klemensschillinger.com; Ursula Knappl (Ausführungsplanung Detail design)
Bauherrschaft Client Marktgemeinde Rossatz-Arnsdorf, www.rossatz-arnsdorf.at
Tragwerksplanung Structural engineering Schnaubelt und Partner ZT GmbH
Planungs- und Bauzeit Duration of design and construction 2017 – 2021
Nutzfläche Floor area 12 m²
Adresse Address Seekopf, 3621 Rossatz-Arnsdorf, Niederösterreich

BIGSEE Wood Design Award – Grand Prix 2022

Der Turm, den das Team Heep & Schillinger auf der im Gemeindegebiet von Rossatz gelegenen Anhöhe namens Seekopf errichtet hat, inszeniert den Blick über das Donautal als Höhepunkt einer gut überlegten Dramaturgie. Seine teilweise mit Lärchenholzlamellen verkleidete Stahlkonstruktion setzt ein Zeichen an das Ende des Anstiegs durch den Wald. Eine vierläufige Treppe führt den Anstieg in Serpentinen fort, auf der einen Seite von der „vierten Wand" flankiert, der als Begriff dem Theater entlehnten imaginären Schranke zwischen Publikum und Bühne, die erst mit dem Erreichen der obersten Plattform durchbrochen wird. *rr*

The tower erected by Team Heep & Schillinger on a hill named Seekopf in the municipality of Rossatz features the view across the Danube Valley as the climax of a carefully considered dramatic arc. The steel construction, partially clad in larch slats, marks the end of the trail climbing through the forest. A four-flight staircase continues the zig-zag path of the ascent, flanked on one side by the "fourth wall" in a concept borrowed from theater. This imaginary barrier between audience and stage is only broken when the top platform is reached. *rr*

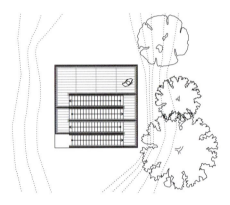

Die vierte Wand
The Fourth Wall

Solitäre im Ensemble
Ensemble of Solitaires

Suitentürme Familien Natur Resort Moar Gut
Großarl, Salzburg

Das Familien-Luxusresort Moar Gut wurde um zwei flächensparende Suitentürme maßvoll erweitert. Die fünfgeschoßigen Holzbauten sind in höchster Handwerksqualität ausgeführt und stehen als Solitäre selbstbewusst neben den traditionellen Bauernhäusern. Die Neubauten orientieren sich in Maßstab, Materialität und Ausführung an den Bestandsgebäuden und bilden mit diesen eine dörfliche Struktur. Durch die angeschnittenen Volumina erscheinen die Baukörper aus jedem Blickwinkel verschieden. Die polygonalen Grundrisse der Suiten schaffen Privatsphäre und Individualität mit luxuriöser Ausstattung für anspruchsvolle Gäste. *am*

The Moar Gut family luxury resort has been modestly expanded by two spatially efficient suite towers. The five-story timber buildings are constructed with the highest quality craftsmanship and stand with confidence as "cut stones" among the traditional farmhouses. The new buildings are based on the scale, materials, and design of the existing ones, together forming a contextual structure. The cut of the volumes makes the buildings look different from every angle. The polygonal floor plans of the suites create privacy and individuality with luxurious interiors for discerning guests. *am*

Architektur Architecture LP architektur ZT GmbH, Tom Lechner, www.lparchitektur.at
Mitarbeit Assistance Barbara Vierthaler, Jakob Pöttler
Bauherrschaft Client Josef & Elisabeth Kendlbacher, www.moargut.com
Tragwerksplanung und örtliche Bauaufsicht Structural engineering and Site supervision Hettegger ZT GmbH
Landschaftsarchitektur Landscape architecture Karin Walch Landschaftsarchitektur
Planungs- und Bauzeit Duration of design and construction 2019–2021
Nutzfläche Floor area 2.000 m²
Adresse Address Moargasse 22, 5611 Großarl, Salzburg

Holzbaupreis Salzburg 2023

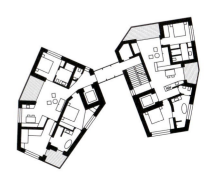

KULTUR
CULTURE

72	**Kärnten.Museum**	Klagenfurt, Kärnten Winkler + Ruck Architekten
74	**Zirkus des Wissens – Johannes Kepler Universität**	Linz, Oberösterreich Architekten Luger & Maul
75	**Burg Heinfels**	Heinfels, Tirol Architekt Gerhard Mitterberger
76	**Portalgestaltung Wolfgangikirche**	Schwanberg, Steiermark Markus Jeschaunig – Agency in Biosphere
77	**Museum Heidi Horten Collection**	Wien the next ENTERprise Architects
78	**Tiroler Steinbockzentrum**	St. Leonhard im Pitztal, Tirol ARGE Architekten Rainer Köberl & Daniela Kröss
79	**Kunstraum Kassel**	Kassel, Deutschland Innauer Matt Architekten
80	**Montforthaus Feldkirch**	Feldkirch, Vorarlberg HASCHER JEHLE Architektur mit Mitiska Wäger Architekten
81	**Dokumentationszentrum Flucht, Vertreibung, Versöhnung**	Berlin, Deutschland Marte.Marte Architekten
82	**Naturkundemuseum Weiherburg**	Innsbruck, Tirol mahore architekten
83	**Hägi Wendls Wohnen und Kulturraum**	Zwischenwasser, Vorarlberg Martin Mackowitz mit BASEhabitat
84	**Revitalisierung Vonwiller Areal**	Haslach, Oberösterreich Architekturbüro Arkade
85	**Aufbahrungshalle**	Kematen an der Krems, Oberösterreich MOSER UND HAGER Architekten
86	**Kulturpavillon**	Semmering, Niederösterreich Mostlikely Architecture
87	**Franziskanerkloster**	Salzburg wiesflecker-architekten
88	**Kapelle im Schlosspark**	Graz, Steiermark Berger + Parkkinen Architekten
89	**Österreichischer Pavillon EXPO Dubai 2020**	Vereinigte Arabische Emirate querkraft architekten

Kärnten.Museum
Klagenfurt, Kärnten

Architektur Architecture Winkler+Ruck Architekten ZT GmbH, Roland Winkler, Klaudia Ruck, www.winkler-ruck.com und and Ferdinand Certov Architekten GmbH, www.certov.com
Mitarbeit Assistance Hannes Jellitsch, Tina Hude
Bauherrschaft Client Amt der Kärntner Landesregierung, Landesmuseum Kärnten, www.landesmuseum.ktn.gv.at
Tragwerksplanung Structural engineering Mitterdorfer ZT GmbH
Landschaftsarchitektur Landscape architecture WLA Winkler Landschaftsarchitektur
Planungs- und Bauzeit Duration of design and construction 2016–2022
Nutzfläche Floor area 5.590 m²
Adresse Address Museumgasse 2, 9020 Klagenfurt, Kärnten

Bauherr:innenpreis der ZV 2023

Das denkmalgeschützte Landesmuseum wurde entkernt, respektvoll renoviert und um ein transluzentes Glasdach ergänzt. Dieses bedeckt den Innenhof und leitet natürliches Licht über drei Geschoße in die durchlässige Eingangshalle, an die Museumsshop, Café und Bibliothek angrenzen. Die Ausstellungsräume, die in den beiden Obergeschoßen als Raumfolgen um den Innenhof angelegt sind, fungieren als begehbare Vitrinen und werden von großen Wandtafeln vor Tageslicht geschützt. Das über eine Seitengasse zugängliche Gebäude steht frei auf einem bekiesten, begrünten Platz und tritt nun selbstbewusst aus den umgebenden Klagenfurter Ringbauten hervor. am

The historic regional museum was gutted, respectfully renovated, and topped with a translucent glass roof. The new roof also covers the inner courtyard, directing natural light into all three floors and the permeable entrance hall, which is adjacent to the museum shop, café, and library. The exhibition rooms, arranged in a sequence around the courtyard on the two upper floors, function as walk-in showcases and are protected from daylight by large wall panels. The building, which occupies a gravelled, green square and is accessible from a side street, now stands out confidently from the surrounding Klagenfurt ring road buildings. am

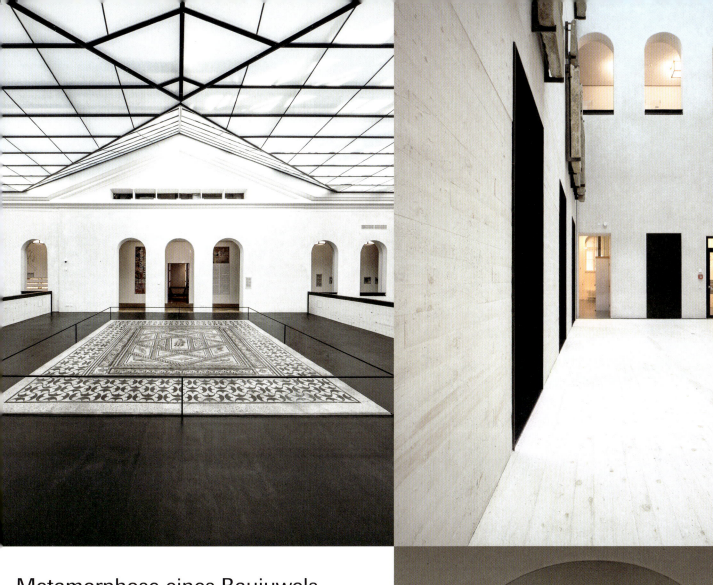

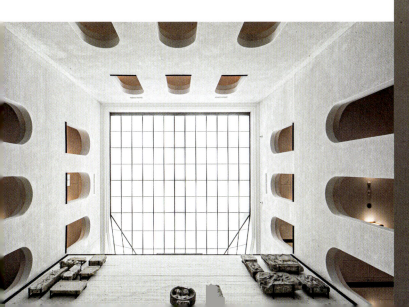

Metamorphose eines Baujuwels

Metamorphosis of an Architectural Jewel

Zirkus des Wissens – Johannes Kepler Universität
Linz, Oberösterreich

Der Zirkus des Wissens bringt Wissenschaft unter das (jugendliche) Volk. Seine Gebäudehülle aus vertikalen Holzlatten zeigt zwei prominente Öffnungen: den Eingang in das Foyer und die von zwei Schiebeflügeln gebildete Rückwand der Bühne. Alle anderen Türen und Fenster verbleiben im Schutz der hölzernen Hülle, ohne die Geometrie des Körpers zu stören. Der Zirkus des Wissens hat eine in zwei Richtungen bespielbare Bühne. Das Publikum kann die Vorstellung im Haus oder auch draußen im Hof verfolgen. Bei geöffnetem Bühnentor werden Haus und Außenraum zu einer Einheit und die historische Architektur zum stimmungsvollen Hintergrund. rr

The Circus of Knowledge brings science to the (young) people. Its building shell is made of vertical wooden slats and features two prominent openings: the entrance to the foyer and the two sliding wings of the rear stage wall. All other doors and windows are protected by the wooden shell and do not disturb the geometry of the main volume. The circus's stage can be used in two directions. The audience can watch the performance from indoors or from outside in the courtyard. When the stage door is open, the structure and the outdoor space unite, with the adjacent historical architecture becoming a striking background. rr

Architektur Architecture Architekten Luger & Maul ZT-GmbH, Maximilian Luger, Franz Maul, www.luger-maul.at
Mitarbeit Assistance Gerald Bruckbauer
Bauherrschaft Client Johannes Kepler Universität, www.jku.at
Tragwerksplanung Holzbau Structural engineering wood Obermayr Holzkonstruktionen GesmbH
Tragwerksplanung Massivbau Structural engineering heavyweight STATIK Raffelsberger & Koch ZT GmbH
Örtliche Bauaufsicht Site supervision Günther Salfinger
Planungs- und Bauzeit Duration of design and construction 2018–2021
Nutzfläche Floor area 470 m²
Adresse Address Altenberger Straße 69, 4040 Linz, Oberösterreich

Holzbaupreis Oberösterreich 2022

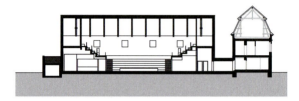

Erlebnisraum der Wissenschaft
Experiencing the Space of Science

Kraftvoll und wehrhaft
Powerful and Defensive

Burg Heinfels
Heinfels, Tirol

Das komplexe bauliche Ensemble der Burg Heinfels ist über Jahrhunderte gewachsen und dann jahrzehntelang verfallen, bis durch die Kooperation aus privatem Investor und öffentlicher Hand eine Wiederbelebung möglich wurde. Über die vielfältigen, eindrucksvoll gelösten Aufgabenbereiche hinweg ist ein konsequentes Gesamtkonzept spürbar: implantatartige Eingriffe erfüllen mit einfachen Mitteln ihre Funktion. Klare, geradlinige Details und pure, unbehandelte Materialien wie Stahl und Beton verdichten die Atmosphäre der Burg, ohne sie zu dominieren. Gelungen nicht zuletzt durch die fruchtbare Zusammenarbeit des Architekten mit Denkmalamt und Restaurator*innen. *nw*

The complex architectural ensemble of Heinfels Castle grew over centuries before falling into disrepair for decades. A revitalization became possible as a cooperation of private investors and the public sector. A consistent overall concept emerges from the diverse, impressively solved functional areas: implant-like interventions fulfill their purposes with simple means. Clear, straight-lined details and pure, untreated materials like steel and concrete condense the castle without dominating it. This was made possible not least by the architect's effective collaboration with the monument protection authority and restorers. *nw*

Architektur Architecture Architekt Gerhard Mitterberger ZT GmbH, www.mg-a.at
Restaurierung Restoration Architetto Wolfgang von Klebelsberg
Mitarbeit Assistance Christina Gaisbacher, Jutta Moosbrugger, Marina Rakic
Bauherrschaft Client A. Loacker Tourismus GmbH, Museumsverein Burg Heinfels, www.burg-heinfels.com
Tragwerksplanung Structural engineering Johann Riebenbauer, Ingenieurbüro Arnold Bodner, Ebenbichler ZT-GmbH
Ausstellungskonzeption Exhibition concept Rath & Winkler OG
Planungs- und Bauzeit Duration of design and construction 2015 – 2020
Nutzfläche Floor area 3.488 m²
Adresse Address Panzendorf 1, 9919 Heinfels, Tirol

Anerkennung Österreichischer Betonbaupreis 2023
Auszeichnung des Landes Tirol für Neues Bauen 2022

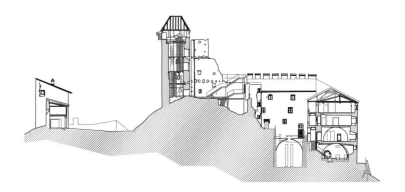

Portalgestaltung Wolfgangikirche
Schwanberg, Steiermark

Architektur Architecture Markus Jeschaunig – Agency in Biosphere, www.agencyinbiosphere.com
Bauherrschaft Client Wolfgangikomitee der Pfarre Hollenegg (Gemeinde Schwanberg)
Tragwerksplanung Structural engineering plateau – Martin Knapp
Planungs- und Bauzeit Duration of design and construction 2017
Adresse Address Kruckenberg 19 (Wolfgangiweg), 8541 Schwanberg, Steiermark

GerambRose 2022

Mit wenigen Maßnahmen gelang es, der auf einem Hügel gelegenen spätgotischen Kirche eine weitere funktionelle und spirituelle Schicht hinzuzufügen: Eine Glastür wurde in die Laibung vor der alten Holztür eingepasst und erlaubt nun ganzjährig den Blick ins bisher nicht einsehbare Innere. Ein Vordach mit Sitzgelegenheit wurde vor diesem Eingang errichtet. Es ist aus geschliffenem und gefärbtem Sichtbeton, ebenso wie der abgerückte, schlichte Altartisch. Gemeinsam spannen die neuen Elemente einen trotz ihres Minimalismus vollwertigen liturgischen Raum für Feierlichkeiten im Freien auf. *eg*

Using only a few measures, it was possible to add another spiritual and functional layer to the late Gothic church on a hill. A glass door was fitted into the jamb of the old wooden one, creating an opportunity to peek into the previously unseen interior all year round. An entrance canopy with a bench was added to the front of the church. Made of polished, colored concrete, it matches the simplicity of the detached altar. In spite of the minimalism, the new elements come together to create a liturgical space for outdoor celebrations of full value. *eg*

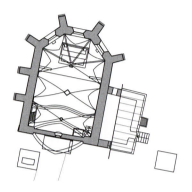

Spiritus loci
Spiritus Loci

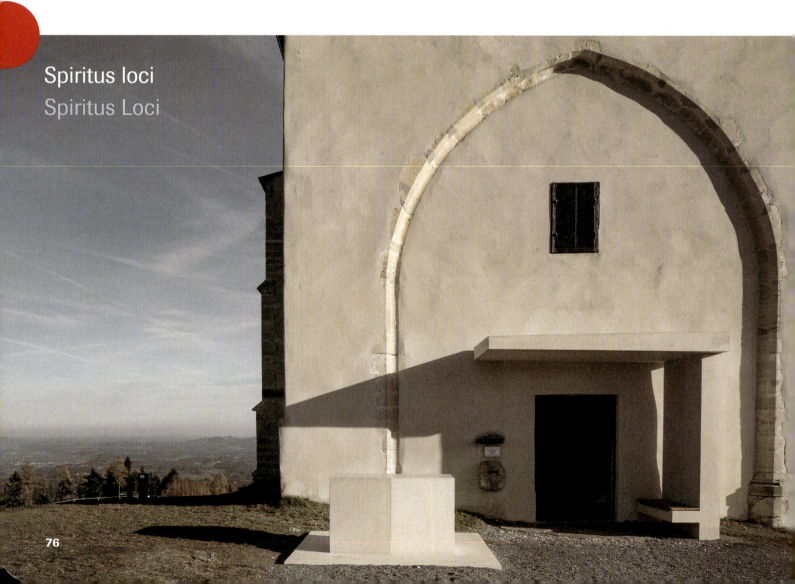

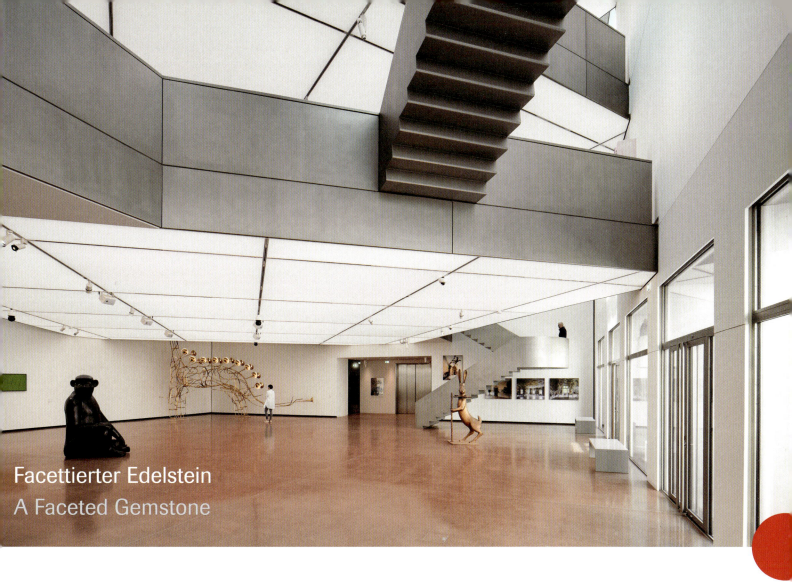

Facettierter Edelstein
A Faceted Gemstone

Museum Heidi Horten Collection
Wien

Ein Stöckelgebäude von 1914, versteckt im Hanuschhof, gleich bei der Albertina. Drinnen zogen the next ENTERprise architects alle Register von spektakulär bis still. Das Museum ist so exzentrisch wie seine Stifterin, die Kunstsammlerin Heidi Goëss-Horten. Zur Ouvertüre ein Raumfeuerwerk in einer entkernten Mitte, hinter dem ein statischer Kraftakt steckt. Freischwebende Treppen mit halbrunden Podesten führen durch einen 18 Meter hohen Luftraum auf die verschwenkten Ausstellungsebenen mit schillernden Lichtdecken. Kammersäle und Teesalon gibt es auch, das genderfluide WC ist originell wie selten. Ein Juwel. *im*

An auxiliary building from 1914, tucked away in the Hanuschhof, right next to the Albertina. Inside, next ENTERprise architects pulled out all the stops, from spectacular to serene. The museum is as eccentric as its founder, art collector Heidi Goëss-Horten. The overture is a spatial fireworks display in a hollowed-out core, supported by a structural feat of strength. Free-floating staircases with semicircular platforms lead through an 18-meter-high void to pivoting exhibition levels with shimmering light ceilings. There are also chamber rooms and a tea room, and the genderfluid restroom is as original as it is rare. A jewel. *im*

Architektur Architecture the next ENTERprise Architects ZT GmbH | harnoncourt, fuchs & partner, Marie-Therese Harnoncourt-Fuchs, Ernst J. Fuchs, www.tne.space
Mitarbeit Assistance Christoph Pehnelt, Serdar Öztürk, Christoph Neuwirth, Alexander Holzmann
Bauherrschaft Client Palais Goëss-Horten GmbH, www.hortencollection.com
Generalplanung und Ausschreibung General planning and tender hochform Architekten ZT GmbH
Planungs- und Bauzeit Duration of design and construction 2019 – 2022
Nutzfläche Floor area 2.632 m²
Adresse Address Hanuschgasse 3, 1010 Wien

Nominierung Mies van der Rohe Award 2023

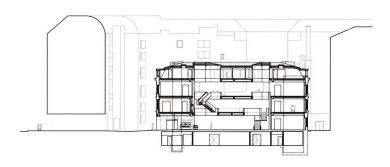

Tiroler Steinbockzentrum
St. Leonhard im Pitztal, Tirol

Architektur Architecture ARGE Architekten Rainer Köberl & Daniela Kröss, www.rainerkoeberl.at, www.danielakröss.at
Mitarbeit Assistance Julian Gatterer
Bauherrschaft Client Gemeinde St. Leonhard im Pitztal, www.st-leonhard.tirol.gv.at
Tragwerksplanung Structural engineering DI Georg Pfenniger
Örtliche Bauaufsicht Site supervision R&S Planbau
Lichtplanung Lighting concept Stark Ingenieurbüro
Ausstellungskonzeption Exhibition concept Rath&Winkler OG
Planungs- und Bauzeit Duration of design and construction 2016–2020
Nutzfläche Floor area 538 m²
Adresse Address Schrofen 46, 6481 St. Leonhard im Pitztal, Tirol

Auszeichnung des Landes Tirol für Neues Bauen 2022

Ein rötlicher Monolith auf der Lichtung eines Waldhangs nimmt die Position eines vormaligen Stadels ein, der zu einem der ältesten Bauernhöfe des Pitztals gehörte. Der Schalungsabdruck grober Bretter im unteren Teil des viergeschoßigen Baukörpers erinnert daran. Das Tiroler Steinbockzentrum, das über einer zirbengetäfelten Gaststube auf fünfeckigem Grundriss das Foyer mit Shop und zwei Ausstellungsräume schichtet, führt auf der obersten Ebene mit einer roten Stahlbrücke direkt an ein Steinbock-Gehege heran. Auf dem Weg von unten nach oben rahmen die wenigen Fensteröffnungen des Turms den Blick in die Steilhänge wie ein Ausstellungsstück. *gk*

In the clearing of a wooded slope, a reddish monolith now stands at the site of a former barn belonging to one of the oldest farms in Pitztal. The formwork imprint of coarse boards in the lower part of the four-story building remains as a reminder. The Tyrol Alpine Ibex Centre is a stacked structure with a pentagonal floor plan. At the bottom is a pine-clad restaurant and above that the foyer and shop, followed by two exhibition floors. The upper level leads via a red steel bridge directly to an ibex enclosure. Along the way from bottom to top, the tower's few windows frame a view of the steep slopes like an exhibit. *gk*

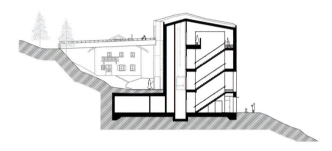

Im Zeichen des Steinbocks
Under the Sign of Capricorn

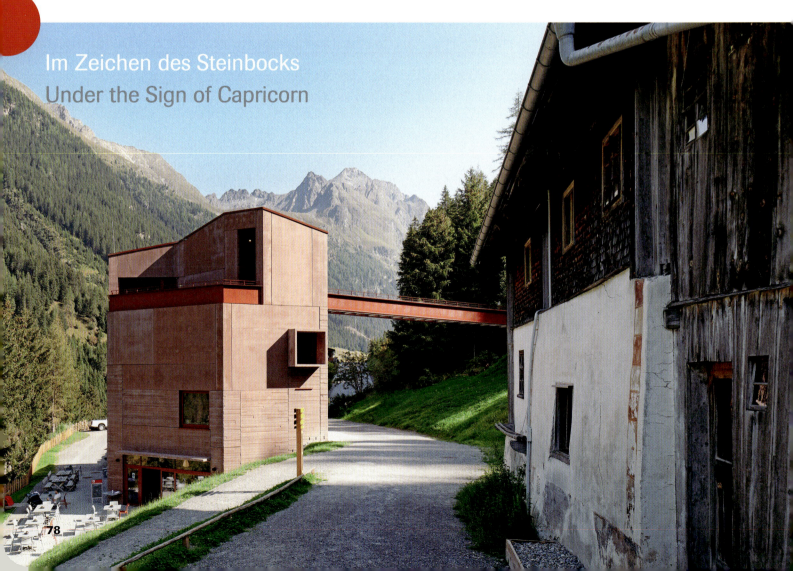

Der Kunst eine neue Mitte
Centering Art

Kunstraum Kassel
Kassel, Deutschland

Die Kunsthochschule in Kassel ist ein 1962 vom Architekten Paul Friedrich Posenenske entworfenes und inzwischen denkmalgeschütztes Gebäude. Wie eine Schmuckschachtel aus Holz präsentiert sich die neue, im Innenhof stehende Ausstellungs- und Veranstaltungshalle, in der auch großformatige Kunstwerke hergestellt werden können. Die Tragstruktur gliedert die Fassade in rechteckige Felder, der anthrazitfarbene Ton ist eine Reminiszenz an die Stahlbauteile des Bestandes. Innen ist alles hell und licht. Dafür sorgen neben unbehandelten Holzoberflächen auch die gewölbten Glaslinsen, die die oberen Wandteile wie ein gleichmäßiges Muster überziehen. *ai*

The art academy in Kassel was designed by architect Paul Friedrich Posenenske in 1962 and is now a listed building. The new exhibition and events hall in the courtyard looks like a wooden jewelry box and is able to accommodate large-format works of art. The supporting structure divides the façade into rectangular fields, its anthracite tone reminiscent of the steel components of the existing buildings. Inside, everything is bright and light. This is ensured not only by the untreated wooden surfaces but also by the curved glass lenses that fill the upper parts of the walls with a uniform pattern. *ai*

Architektur Architecture Innauer Matt Architekten ZT GmbH, Markus Innauer, Sven Matt, www.innauer-matt.com
Mitarbeit Assistance Tobias Franz (Projektleitung Project management)
Bauherrschaft Client Universität Kassel – Abteilung V (Bau, Technik und Liegenschaften), www.uni-kassel.de
Tragwerksplanung Structural engineering merz kley partner GmbH
Ausschreibung und Bauleitung Tender and site supervision pape + pape Architekten, EHS Ingenieure
Landschaftsarchitektur Landscape architecture Schöne Aussichten Landschaftsarchitektur
Lichtplanung Lighting concept Manfred Remm
Planungs- und Bauzeit Duration of design and construction 2017 – 2022
Nutzfläche Floor area 450 m^2
Adresse Address Menzelstraße 13, 34121 Kassel, Deutschland

Holzbaupreis Vorarlberg 2023
Nominierung Mies van der Rohe Award 2023

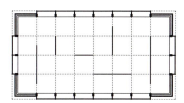

Montforthaus Feldkirch
Feldkirch, Vorarlberg

Architektur Architecture HASCHER JEHLE Architektur, Rainer Hascher, Sebastian Jehle, Thomas Kramps, www.hascherjehle.de mit with Mitiska Wäger Architekten zt oeg, Markus Mitiska, Markus Wäger, www.mitiska-waeger.com
Bauherr Client Stadt Feldkirch
Statik Structural engineering Bernard & Brunnsteiner
Akustik Acoustics Graner + Partner GmbH
Lichtplanung Lighting concept LDE Light Design Engineering AG
Planungs- und Bauzeit Duration of design and construction 2008 – 2014
Nutzfläche Floor area 10.840 m²
Adresse Address Montfortplatz 1, 6800 Feldkirch, Vorarlberg

Architizer A+ Award 2022

Mit dem Neubau des Montforthauses entstand nicht nur ein Kulturgebäude für Feldkirch, sondern auch die städtebauliche Situation rund um das Bauwerk wurde entscheidend verbessert, ein Vorplatz wurde geschaffen sowie ein Stück historische Stadtmauer freigelegt. Die gekonnt modellierte Kubatur passt sich in das Altstadtgefüge ein und bietet mit ihrer modernen Formensprache einen spannenden Kontrast dazu. Dem Bezug zwischen Innen- und Außenraum ist planerisch viel Augenmerk geschenkt, außen liegende Erschließungen und Terrassen rund um das Foyer und die beiden Konzertsäle ermöglichen den Austausch mit der Stadt. *mk*
The new Montfort House not only created a cultural space for Feldkirch, but has also significantly improved the urban situation around the building, with a forecourt being established and a section of historic city wall exposed. The skillfully modeled massing fits well into the fabric of the old town, providing an exciting contrast with its modern formal vocabulary. The relationship between interior and exterior spaces was given much attention during planning, with exterior approaches and terraces around the foyer and the two concert halls enabling an exchange with the surrounding city. *mk*

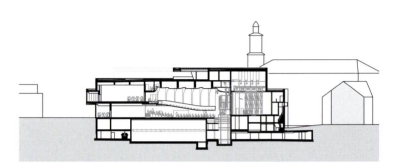

Kulturraum im Stadtraum
Cultural Space in the City

Expressiver Erinnerungsort
Expressive Site of Remembrance

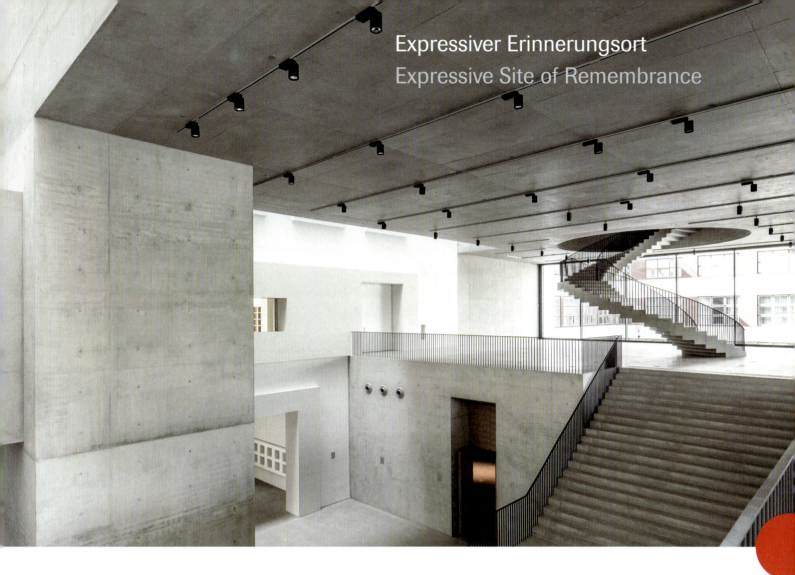

Dokumentationszentrum Flucht, Vertreibung, Versöhnung
Berlin, Deutschland

Die Zeitläufte haben in Berlin an vielen Stellen städtebauliche Wunden verursacht, so auch rund um den Anhalter Bahnhof. Das dort aus den 1920/30er-Jahren erhaltene Ensemble wurde mit dem Museumsbau neu organisiert. Dabei blieben vom geschichtsträchtigen Deutschlandhaus die Trakte an zwei expressionistischen Fassaden erhalten, der Rest wich dem expressiven neuen Gebäude mit großzügigen Ausstellungsflächen. Als Fuge zwischen Alt und Neu dient ein über die Gebäudehöhe reichendes schmales Atrium. Den neuen Innenraum prägen unbehandelte Betonoberflächen sowie zwei imposante Stiegenanlagen – eine breite Freitreppe sowie eine freischwebende Wendeltreppe. *bf*

The vicissitudes of history have inflicted wounds at the urban scale in Berlin, including around the Anhalter Bahnhof. From the 1920s/1930s, the ensemble preserved there has been reorganized together with the museum building. Two expressionist façades of the historic Deutschlandhaus wings were preserved, with the rest giving way to an expressive new building with spacious exhibition areas. A narrow atrium extends the height of the building, creating a gap between old and new. The new interior is characterized by untreated concrete surfaces and two impressive stairways—wide open steps and a free-floating spiral staircase. *bf*

Architektur Architecture Marte.Marte Architekten ZT GmbH, Bernhard Marte, Stefan Marte, www.marte-marte.com
Mitarbeit Assistance Robert Zimmermann
Bauherrschaft Client Bundesanstalt für Immobilienaufgaben, www.bundesimmobilien.de
Tragwerksplanung Structural engineering R&P Ruffert Ingenieurgesellschaft mbH
Lichtplanung Lighting concept ZWP Ingenieur AG
Planungs- und Bauzeit Duration of design and construction 2011–2020
Nutzfläche Floor area 7.200 m²
Adresse Address Stresemannstraße 90, 10963 Berlin, Deutschland

Nominierung DAM Preis 2022

Naturkundemuseum Weiherburg
Innsbruck, Tirol

Architektur *Architecture* mahore architekten ZT GmbH, Tim Fahrner, Andreas Hörl, Robert Reichkendler, www.mahore.at
Bauherrschaft *Client* Alpenzoo Innsbruck, www.alpenzoo.at, und *and* Tiroler Landesmuseen, www.tiroler-landesmuseen.at
Planungs- und Bauzeit *Duration of design and construction* 2020 – 2021
Nutzfläche *Floor area* 250 m²
Adresse *Address* Weiherburggasse 37a, 6020 Innsbruck, Tirol

BIGSEE Interior Design Award – Grand Prix 2023

Die spätgotische Weiherburg grenzt direkt an den Innsbrucker Alpenzoo und lag jahrzehntelang im Dornröschenschlaf. Durch eine kluge Kooperation des Zoos mit dem Tiroler Landesmuseum wurde nun ein Teil davon aufgeweckt und sensibel adaptiert. In die lang gezogene historische Raumflucht wurde eine zweite Schale gesetzt, die sich, mit Respektabstand zum Bestand, über Boden und Innenwände schiebt. Sie nimmt in vielfältigen Nischen und Vitrinen flexibel die naturwissenschaftlichen Exponate auf, ergänzt durch frei stehende Ausstellungsmöbel. Die neue Architektur spielt die denkmalgeschützte Substanz frei und tritt gleichzeitig in Dialog mit ihr. *nw*

The late Gothic Weiherburg Castle, directly abutting the Innsbruck Alpine Zoo, lay dormant for decades. Thanks to a clever cooperation between the zoo and the Tyrolean State Museum, part of it has now been awakened and sensitively adapted. A second shell was set into the elongated historic space, extending over the floor and interior walls at a respectful distance from the existing building. It flexibly accommodates the various scientific exhibits with a variety of niches and display cases, complemented by free-standing exhibition furniture. The new architecture steers clear of the listed building substance and enters into a dialogue with it. *nw*

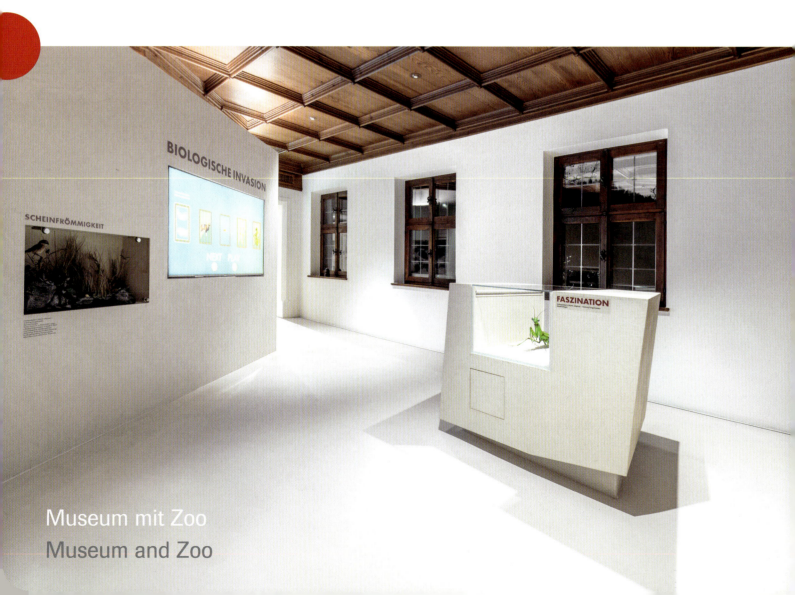

Museum mit Zoo
Museum and Zoo

Respekt vor dem Alter
Respect for Age

Hägi Wendls Wohnen und Kulturraum
Zwischenwasser, Vorarlberg

Architektur Architecture Martin Mackowitz, www.ma-ma.io in enger Kooperation mit in close co-operation with BASEhabitat, Kunstuniversität Linz, www.basehabitat.org
Mitarbeit Assistance Dominik Abbrederis, Ulrike Schwantner
Bauherrschaft Client Silvia Keckeis & Johannes Lampert, www.haegiwendls.at
Tragwerksplanung Structural engineering Frick & Schöch ZT GmbH
Planungs- und Bauzeit Duration of design and construction 2020 – 2022
Nutzfläche Floor area 300 m²
Adresse Address Arkenstraße 5, 6835 Zwischenwasser, Vorarlberg

Holzbaupreis Vorarlberg 2023

Das Haus wurde im Jahr 1458 aus Holz und Lehm gebaut – es ist damit mehr als ein halbes Jahrtausend alt. Das nun erneuerte Wohnhaus, das zugleich auch ein kultureller Treffpunkt ist, hatte sich nach all den Jahrhunderten eine Ertüchtigung verdient. Man ging dabei sehr behutsam vor. Aus dem Aushub vor Ort entstanden neue Lehmziegel mit Holzwolle als Dämmmaterial. So geht Nachhaltigkeit. Respekt vor der Altehrwürdigkeit und Zeitgenossenschaft sind allerdings kein Widerspruch: Was vom Bestandsbau noch zu gebrauchen war, wurde wiederverwendet, was neu zu machen war, wie die große Fensterfront in der Stube, ist als Neues erkennbar. *kjb*

The house was built in 1458 using wood and clay—making it more than half a millennium old. The now renovated residential building, also a cultural meeting place, deserved to be carefully renovated after all these centuries. The approach was a cautious one. New clay bricks were made using material excavated on site, with wood wool for insulation. True sustainability. And respecting the old and venerable is no contradiction to being contemporary: Everything usable from the existing building was reused, and things that had to be made new, such as the large window in the parlor, are recognizable as such. *kjb*

Revitalisierung Vonwiller Areal
Haslach, Oberösterreich

Architektur Architecture   Architekturbüro Arkade ZT GmbH, Josef Schütz, www.arkd.at
Bauherrschaft Client   Marktgemeinde Haslach, Textiles Zentrum Haslach, www.textiles-zentrum-haslach.at/vonwiller-areal
Tragwerksplanung Structural engineering   Bauplan Service GmbH
Planungs- und Bauzeit Duration of design and construction
1999 – 2015
Nutzfläche Floor area   12.000 m²
Adresse Address   Stelzen 14 – 16, 4170 Haslach, Oberösterreich

Daidalos Architekturpreis Oberösterreich 2022

Als vor einem Vierteljahrhundert die Leinenweberei Vonwiller in Haslach an der Mühl den Betrieb einstellte, blieb der etwa 2.500 Einwohner*innen zählende Ort mit einem funktionslos gewordenen Wahrzeichen zurück. Einer Burg nicht unähnlich erhebt sich der von mehreren, spannungsvoll zueinander stehenden großmaßstäblichen Gebäuden gebildete Industriekomplex mitten im Ortszentrum über der Mühl. Nach dem alsbaldigen Ankauf durch die Gemeinde wurde die denkmalgeschützte Substanz durch punktuelle, vom Architekturbüro Arkade geplante Eingriffe als Ort kultureller Einrichtungen mit Bezug zur Textilindustrie revitalisiert. *rr*

When the Vonwiller linen weaving mill in Haslach an der Mühl ceased operations a quarter of a century ago, the town, with a population of around 2,500, was left with a useless landmark. Not entirely unlike a castle, the industrial complex consists of several large buildings positioned in communication with one another, rising up above the Mühl in the middle of the town. The municipality purchased the listed building and revitalized it, creating a center for cultural institutions related to the textile industry. The selective interventions were planned by the Arkade architecture firm. *rr*

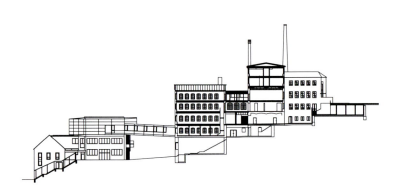

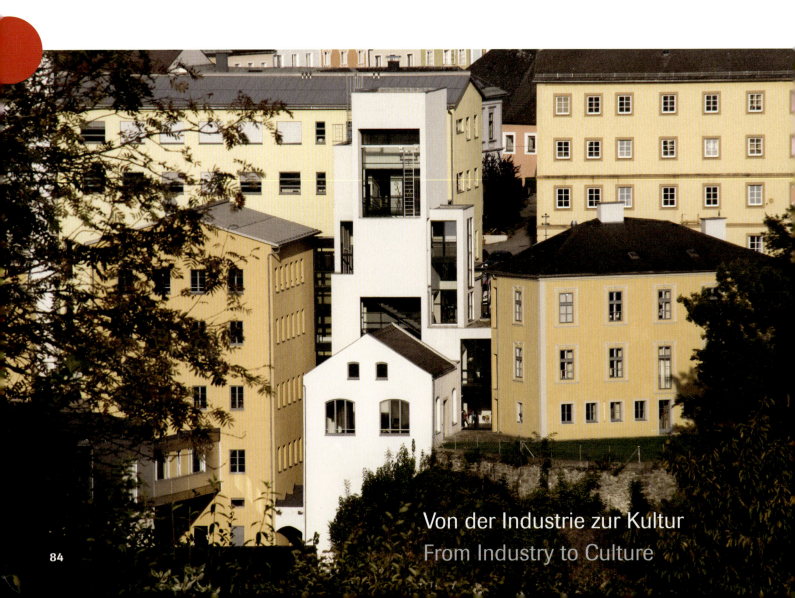

Von der Industrie zur Kultur
From Industry to Culture

Letzte Dinge
Final Matters

Aufbahrungshalle
Kematen an der Krems, Oberösterreich

Architektur Architecture MOSER UND HAGER Architekten ZT GmbH, Anna Moser, Michael Hager, www.moserundhager.at
Bauherrschaft Client Gemeinde Kematen an der Krems, Verein Aufbahrungshalle Neu, Gemeinde Piberbach, Gemeinde Neuhofen
Kunst (am Bau) Artwork Gerhard Brandl
Planungs- und Bauzeit Duration of design and construction 2018–2021
Nutzfläche Floor area 121 m²
Adresse Address Bergfeldstraße 2a, 4531 Kematen an der Krems, Oberösterreich

Nominierung Mies van der Rohe Award 2023

Mit dem Neubau der Aufbahrungshalle hat die Gemeinde Kematen einen Ort erhalten, der die alte Geschichte von Tod und (Bau-)Kultur in der Sprache unserer Zeit erzählt. Dabei kommen Elemente zum Einsatz, die uns seit Jahrtausenden vertraut sind: So ist die Mauer, die den Bezirk der Verstorbenen von der Welt trennt, ebenso prägend für die neue Anlage wie das Motiv der Schwelle und der Weg, der vom Irdischen ins Jenseits führt. Hier nimmt er den schmalen Pfad von der romanischen Pfarrkirche im Zentrum an den Siedlungsrand und mündet in die Mittelachse des Friedhofs, an die sich ein Gefüge von Zeichen und Räumen reiht. rr

The new funeral hall building gives the municipality of Kematen a place that tells the age-old story of death and (building) culture in the language of our time. It uses elements that have been familiar to us for thousands of years: The wall that separates the deceased from the rest of the world is as characteristic of the new complex as is the motif of the threshold and the path leading from earthly life to afterlife. A narrow path leads from the Romanesque parish church at the center to the edge of the settlement, flowing into the central axis of the cemetery, which is lined by a collection of symbols and spaces. rr

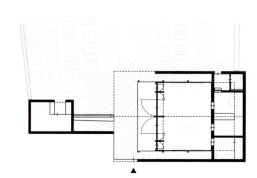

Kulturpavillon
Semmering, Niederösterreich

Architektur Architecture   Mostlikely Architecture ZT GmbH, Mark Neuner, www.mostlikely.at
Mitarbeit Assistance   Christian Höhl
Bauherrschaft Client   Kultur.Sommer.Semmering GmbH, www.kultursommer-semmering.at
Tragwerksplanung Structural engineering   Helmut Zisser
Akustik Acoustics   Höfer Akustik GmbH
Planungs- und Bauzeit Duration of design and construction   2021
Nutzfläche Floor area   420 m²
Adresse Address   Hochstraße vor Grandhotel Panhans, 2580 Semmering, Niederösterreich

Nominierung Mies van der Rohe Award 2023

Zu Beginn der Entwurfsarbeit für den Pavillon stand neben dem Raumprogramm, dem engen Kostenrahmen und dem noch strafferen Zeitplan nur der Entschluss fest, Bau und Betrieb der Anlage gleichermaßen nachhaltig zu gestalten. Selbst der Bauplatz auf dem Dach einer in den Steilhang vor dem Grandhotel Panhans geschobenen Garage war nur für einen begrenzten Zeitraum festgeschrieben, die Abbaubarkeit des Pavillons Bedingung für seine Errichtung. So ist das Gebäude nun die minimale Hülle seiner variablen kulturellen Nutzung und verschränkt die dafür geeignete Gestalt dennoch auf subtile Weise mit dem Genius Loci des Semmerings. rr

When design work on the pavilion began, the only thing that was clear besides its spatial program, tight budget, and even tighter schedule was the stipulation that both the construction and operation of the facility be sustainable. Even the building site, on the roof of a garage pushed into the steep slope in front of the Grand Hotel Panhans, is only guaranteed for a limited time, meaning that the possibility of dismantling the pavilion was a condition for its construction. The building is now a minimal shell for variable cultural uses that subtly intertwines its form with the genius loci of the Semmering region. rr

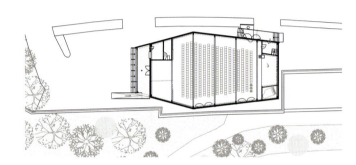

Pioniere auf dem Semmering
Pioneers on Semmering

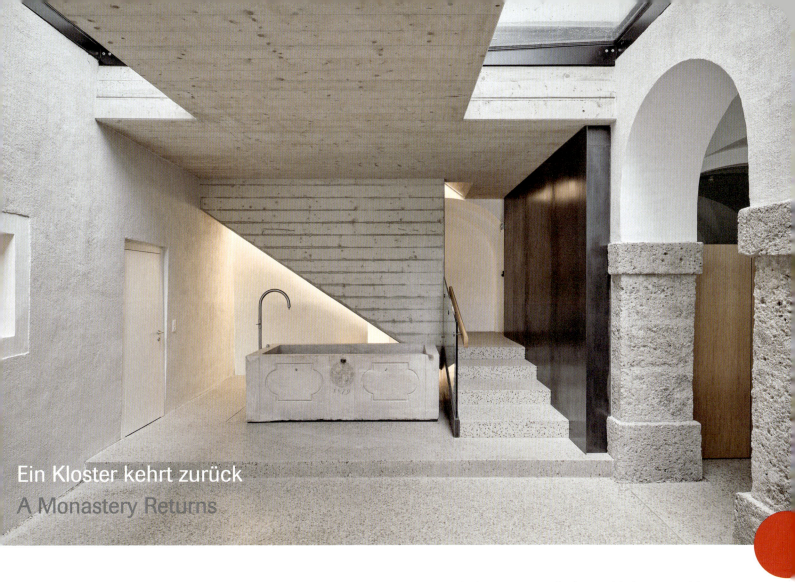

Ein Kloster kehrt zurück
A Monastery Returns

Franziskanerkloster
Salzburg

Das Franziskanerkloster, dessen Ursprung bis in die Romanik zurückreicht, erlebte im 20. Jahrhundert tiefgreifende Veränderungen. Die Nazis okkupierten das Gebäude. Nach dem Krieg zog der ORF dort ein, was vor allem für das Erdgeschoß des Klosters die komplette Auflösung bedeutete. Die Generalsanierung konnte nun die Wunden wieder heilen, wobei alle Eingriffe in die Substanz konsequent als moderne Ergänzung sichtbar gemacht wurden. Der neue Eingangsbereich signalisiert nun die Öffnung zur Stadt, während der Kreuzgang und die historischen Räume sowie der wiederhergestellte Klostergarten für die nach innen gekehrte Seite des Klosterlebens stehen. *kjb*

The Franciscan monastery has roots that date back to the Romanesque period, and underwent profound changes in the twentieth century. The Nazis occupied the building. After the war, the ORF moved in, which meant the complete dissolution of the monastery's ground floor. The comprehensive refurbishment has now healed these wounds, with interventions in the historic fabric consistently being made visible as modern additions. The new entrance area signals an opening to the city, while the cloister, historic rooms, and revitalized monastery garden represent the introspective side of monastic life. *kjb*

Architektur Architecture wiesflecker-architekten zt gmbh, Johannes Wiesflecker, www.wiesflecker-architekten.com
Mitarbeit Assistance Michael Schürer, Maria Barbieri, Thomas Gimpl
Bauherrschaft Client Orden der Franziskaner, www.franziskaner.at
Tragwerksplanung und Projektsteuerung Structural engineering and project management Brünner ZT GmbH
Örtliche Bauaufsicht Site supervision Jastrinsky GmbH & Co KG
Planungs- und Bauzeit Duration of design and construction 2018–2022
Nutzfläche Floor area 4.760 m²
Adresse Address Franziskanergasse 5, 5020 Salzburg

Architekturpreis Land Salzburg 2022

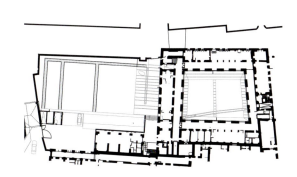

Kapelle im Schlosspark
Graz, Steiermark

Architektur Architecture Berger+Parkkinen Architekten ZT GmbH, Alfred Berger, Tiina Parkkinen, www.berger-parkkinen.com
Mitarbeit Assistance Serban Ganea
Bauherrschaft Client privat private
Tragwerksplanung Structural engineering Reinhard Schneider
Planungs- und Bauzeit Duration of design and construction 2019–2022
Nutzfläche Floor area 12 m²
Adresse Address Schlosspark, 8062 Graz, Steiermark

The Plan Award 2023

Eine private Kapelle in einem Schlosspark. Perfekt positioniert, inmitten alter Bäume, in Sichtweite zum Schloss. In der Minimalistik und Mystik hat jeder Baustein Bedeutung und eine übergeordnete Funktion. Die archaische, runde Turmform verjüngt sich nach oben. Eine goldene doppelflügelige Tür, ein Fenster gegenüber, das den Blick zum Schlossturm freigibt. Die „Sichtachse bindet die Kapelle der Toten an das Schloss der Lebenden". Der Raum, mit runder Öffnung zum Himmel, wird in besonderes Licht getaucht. Gebaut aus dem lokalen Stein des ehemaligen Wirtschaftsgebäudes, schreibt die Kapelle auch in der Materialität die Geschichte fort. *mh*
A private chapel in a castle park. Perfectly positioned, surrounded by mature trees, within sight of the castle. Minimalist and mystic, each building block has significance and a higher function. The archaic, rounded tower shape tapers towards the top. A golden double door; a window opposite with a view of the castle tower. The "visual axis connects the chapel of the dead to the castle of the living". A circular opening to the sky bathes the space in a very special light. Built from the local stone of a former farm building, the chapel continues the writing of history through its materiality. *mh*

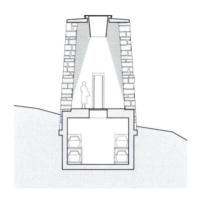

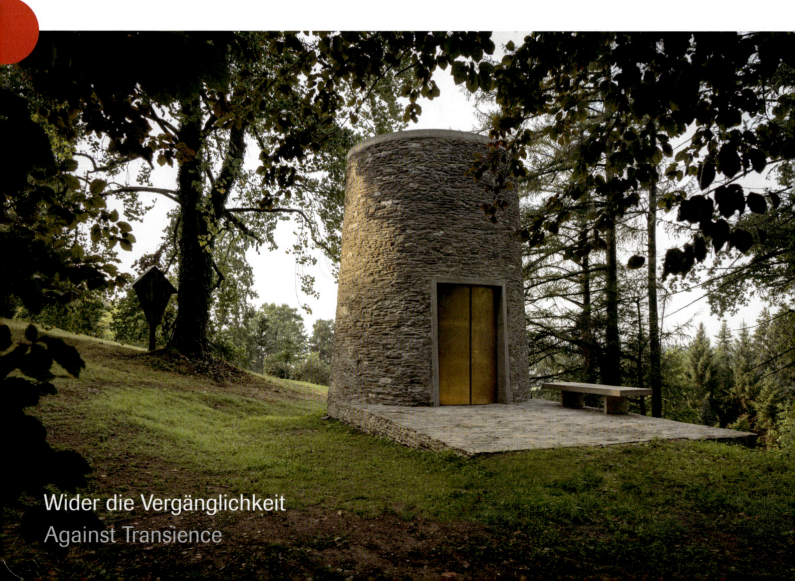

Wider die Vergänglichkeit
Against Transience

Österreichische Oase
Austrian Oasis

Österreichischer Pavillon EXPO Dubai 2020
Ausstellungsgelände EXPO 2020 Dubai, Vereinigte Arabische Emirate

Der österreichische Pavillon bei der Expo Dubai gibt in jeder Hinsicht beispielhafte Statements. Bau- und klimatechnisch greift das Konzept auf ortstypisch traditionelle Bauweisen der Lehmbauarchitektur zurück, die mit ihren Windtürmen und bauphysikalischen Eigenschaften von Stampflehm ohne Klimaanlage auskommt. Als Resultat der neu interpretierten Umsetzung entstand eine überaus schöne Raumabfolge von 38 ineinander verschnittenen Kegeln unterschiedlicher Höhe, die bei angenehmen Licht- und Temperaturverhältnissen in kontemplativer Stimmung durch das intuitiv erfahrbare Ausstellungskonzept abseits digitaler Überflutungen führt. *mk*

In every respect, the Austrian pavilion at the Dubai Expo makes an exceptional statement. The concept's construction and climate technology utilize loam, drawing from traditional local building methods, which take advantage of wind towers and the physical properties of rammed earth to eliminate the need for air conditioning. As a result of the newly interpreted implementation, 38 intersecting cones of different heights create an extremely beautiful sequence of rooms with pleasant light and temperature conditions. This is conducive to a contemplative mood as one passes through the intuitive exhibition, far removed from digital overload. *mk*

Architektur Architecture querkraft architekten zt gmbh, Jakob Dunkl, Gerd Erhartt, Peter Sapp, www.querkraft.at
Mitarbeit Assistance Clemens Russ, Fabian Kahr
Bauherrschaft Client Bundesministerium für Digitalisierung und Wirtschaftsstandort, www.bmdw.gv.at; Wirtschaftskammer Österreich, www.wko.at
Tragwerksplanung Structural engineering werkraum ingenieure zt gmbh, WME Engineering Consultants
Projektsteuerung Project control Werner Consult
Klima-Engineering Climate engineering Ingenieurbüro P. Jung
Lichtplanung Lighting concept Pokorny Lichtarchitektur
Landschaftsarchitektur Landscape architecture Kieran Fraser Landscape Design, Green4Cities
Ausstellungsgestaltung Exhibition design Büro Wien, Ars Electronica Solutions
Planungs- und Bauzeit Duration of design and construction 2018–2021
Nutzfläche Floor area 1.600 m²
Adresse Address Ausstellungsgelände der EXPO 2020 in Dubai, Vereinigte Arabische Emirate

Architizer A+ Award 2022

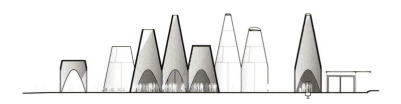

EINFAMILIEN HAUS
SINGLE-FAMILY HOUSE

92	**Haus H.** Frauenkirchen, Burgenland	Hausdorf Architekten
93	**EinRaumEinHaus** Klagenfurt, Kärnten	Winkler + Ruck Architekten
94	**Haus Kurrent** Baldramsdorf, Kärnten	Architekt Friedrich Kurrent
95	**Einfamilienhaus Herzgsell** Radstadt, Salzburg	LP architektur
96	**Two Houses and a Courtyard** Klosterneuburg, Niederösterreich	Mostlikely Architecture
97	**Strohfloh** Murstetten, Niederösterreich	Juri Troy Architects mit Caravan Ateliers
98	**Wolf im Schafspelz** Oberösterreich	Architektin Melanie Karbasch, Architekt Volker Wortmeyer
99	**Bergbauernhof** Tirol	architekturbuero eder
100	**Haus am Eulenwald** Kremstal, Oberösterreich	Berktold Weber Architekten
101	**Haus P.** Steiermark	Gangoly & Kristiner Architekten
102	**Low-Budget-Haus** Feldbach, Steiermark	ARGE Habsburg Isele Architekten und Architektin Ulrike Tinnacher
103	**Haus Fischer** Grundlsee, Steiermark	Architekt Konrad Frey mit Architekt Florian Beigel
104	**Haus R – Das Glasgiebelhaus** Albstadt, Deutschland	Dietrich | Untertrifaller Architekten
105	**Wohnhaus Absdorf** Absdorf, Niederösterreich	Bogenfeld Architektur
106	**Haus Linalotte** Linz, Oberösterreich	Caramel architektInnen gemeinsam mit strukteur
107	**Schupfen Gröbenhof** Fulpmes, Tirol	Studio Colere
108	**Haus B16** Knittelfeld, Steiermark	Plateau
109	**Case Study House** Zeiselmauer, Niederösterreich	Backraum Architektur
110	**Zubau SAL** Kärnten	*spado* architects
111	**Gartenpavillons** Wels, Oberösterreich	Architekten Luger & Maul
112	**Haus der Kammern** Weiler, Vorarlberg	Marte.Marte Architekten
113	**Das hohe Schwarze** Hagenberg, Oberösterreich	Schneider Lengauer Pühringer Architekten

Haus H.
Frauenkirchen, Burgenland

Architektur Architecture Hausdorf Architekten ZT GmbH, Ulrike Hausdorf, www.architecture.co.at
Planungs- und Bauzeit Duration of design and construction 2018–2021
Nutzfläche Floor area 114 m²
Adresse Address Franziskanerstraße 71, 7132 Frauenkirchen, Burgenland

Architekturpreis des Landes Burgenland 2023

Einen alten klassischen Streckhof drehte man hier in seiner Funktionalität kurzerhand um. Der alte straßenseitige Gebäudeteil wurde wegen seiner schlechten Bausubstanz vom Wohnhaus zum Nebengebäude gemacht und dem Stadl an der *Hintaus*-Seite des Grundstücks ein zeitgemäßer Holz-Beton-Hybridbau eingesetzt. Dadurch wurde das frühere Wirtschaftsgebäude zum neuen Wohnhaus. Hier gibt es nur Sieger: Der typologisch so wichtige Streckhof blieb erhalten und von der viel ruhigeren Nebenstraße aus hat man nun schöne Ausblicke in die Weingärten. Der Gartenhof kann wieder als Ganzes genützt werden: ein Leben wie früher, nur eben auf heutige Art. *kjb*

The functionality of this traditional elongated courtyard home has simply and easily switched places. Due to poor structural integrity, the old part of the building towards the street was converted from a home into an outbuilding. The barn at the back of the property was transformed into a modern timber-concrete hybrid structure, turning the former farm building into a new residence. The situation is win-win: The important typology of the elongated courtyard was preserved and beautiful views of the vineyards from the quiet side street were gained. The garden can be used to its fullest once more: like the days of old, in a modern way. *kjb*

Neues Leben im alten Streckhof
New Life in the Old Abode

Quadratur im Raum
Quadrature in Space

EinRaumEinHaus
Klagenfurt, Kärnten

Architektur Architecture Winkler+Ruck Architekten ZT GmbH, Roland Winkler, Klaudia Ruck, www.winkler-ruck.com
Mitarbeit Assistance Hannes Jellitsch
Tragwerksplanung Structural engineering Mitterdorfer ZT GmbH
Planungs- und Bauzeit Duration of design and construction 2016–2021
Nutzfläche Floor area 100 m²
Adresse Address 9020 Klagenfurt, Kärnten

Anerkennung Kärntner Landesbaupreis 2022

Eine lang ungenutzte Garage, eine „Werkstatt", in einem Villenviertel war Ausgangspunkt für die Planung eines Refugiums für den Ruhestand einer heimgekehrten Wissenschaftlerin. Der quadratischen Außenhülle wurde an drei Seiten eine zweite innere Hülle hinzugefügt, die Nebenräume, Erschließung und den Eingang beherbergt und über ein umlaufendes Oberlicht indirekt belichtet wird. Eine zentrale Säule gliedert den quadratischen Innenraum in die Zonen Schlafen, Kochen, Essen und Wohnen. Auch der annähernd quadratische Freiraum ist geviertelt in Baukörper, Staudengarten, Rosengarten und Vorgarten mit überdecktem gekiestem Zugang. *am*

A long-empty garage in a residential area, the "workshop", was the starting point to make a retirement retreat for a scientist returned home. A second inner shell was added to the boxy outer shell on three sides to house ancillary rooms, access areas, and the entrance, all indirectly illuminated via a surrounding skylight. A central column divides the quadrangular interior into sleeping, cooking, dining, and living zones. The almost perfectly square outdoor space is also divided into quarters, a building, perennial garden, rose garden, and front garden with a covered gravel entrance. *am*

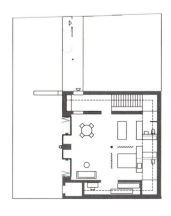

Haus Kurrent
Baldramsdorf, Kärnten

Architektur Architecture Architekt Friedrich Kurrent
Planungs- und Bauzeit Duration of design and construction
1696–1976
Adresse Address 9805 Baldramsdorf 112, Kärnten

Anerkennung Kärntner Landesbaupreis 2022

Das Einfamilienhaus Kurrent gilt nach Friedrich Achleitner als „Neuinterpretation ruraler Bautypen" und steht als „Zeitdokument der Nachkriegsmoderne" unter Denkmalschutz. Es wurde 1976 nach dem Einraumkonzept geplant und aus Naturmaterialien errichtet: Acht Pfeiler verkleidet mit Naturstein tragen die Dachkonstruktion aus Rundhölzern. Der zentrale Bereich für Wohnen und Kochen, der sich mit großen Glasflächen zum Garten öffnet, ist von einer höhergelegenen, u-förmigen Raumzone umschlossen. Der Kachelofen, Natursteinböden, schlichte Einbaumöbel und die freie Deckenuntersicht verleihen dem offenen Raum eine heimelige Atmosphäre. *am*

Friedrich Achleitner referred to the Kurrent family home as a "reinterpretation of rural building types". The residence is listed on the historic registry as a "contemporary document of post-war modernism". It was planned using the one-room concept in 1976 and built with natural materials: Eight pillars clad in natural stone support a roof structure made of logs. The central living and cooking area has large glass surfaces that open to the garden and is enclosed by a raised, U-shaped zone. The tiled stove, natural stone floors, simple built-in furniture, and exposed ceiling give the open space a homey atmosphere. *am*

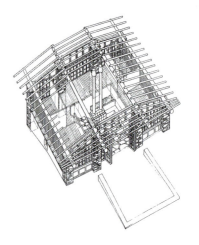

Würdevoll gealtert
Aging Gracefully

Im Gleichklang mit der Natur
In Harmony with Nature

Einfamilienhaus Herzgsell
Radstadt, Salzburg

Pures Leben in der Natur ist die direkte Assoziation bei diesem Haus. Unter dem Satteldach und den Schichten eines traditionellen regionaltypischen Einhofs eröffnet sich innen eine Welt von Raumabfolgen und archaischer Materialität mit durchdachter Dramaturgie. Das Haus baut sich förmlich von außen nach innen auf und vice versa. Holz, Beton und Stein kreieren ein Innenleben mit puristischer Einfachheit und gewaltiger Wirkung. Raffinesse entsteht durch Mauern vor Wänden, durch Räume, die außerhalb von Räumen Räume bilden – Zwischenräume im Zwischenspiel mit Fenstern, Öffnungen, Perforationen oder Balkone und Terrassen. Eigentlich ganz einfach. *mh*

The immediate association with this house is pure living in nature. Beneath a gable roof and the layers of the region's traditional courtyard style, a world of spatial sequences and archaic materiality with a well-thought-out dramatic arc opens up. The house literally builds itself from the outside in, and vice versa. Wood, concrete, and stone create an interior with puristic simplicity and a powerful impact. Sophistication is created by walls in front of walls, by spaces that form rooms outside of rooms—in-between spaces with an interplay of windows, openings, perforations, balconies, and terraces. Quite simple, actually. *mh*

Architektur Architecture LP architektur ZT GmbH, Tom Lechner, www.lparchitektur.at
Mitarbeit Assistance Fritz Schenner
Bauherrschaft Client Johann Herzgsell
Tragwerksplanung Structural engineering Raffelsberger & Partner ZT GmbH
Planungs- und Bauzeit Duration of design and construction 2017–2020
Nutzfläche Floor area 171 m²
Adresse Address Bachseitenweg 12, 5550 Radstadt, Salzburg

best architects 23

Two Houses and a Courtyard
Klosterneuburg, Niederösterreich

Architektur Architecture   Mostlikely Architecture ZT GmbH, Mark Neuner, www.mostlikely.at
Mitarbeit Assistance   Nikolaus Kastinger, Zarina Belousova
Bauherrschaft Client   Olivia & Clemens Hromatka
Planungs- und Bauzeit Duration of design and construction 2018 – 2020
Nutzfläche Floor area   410 m²
Adresse Address   Holzgasse, 3400 Klosterneuburg, Niederösterreich

Vorbildliches Bauen in Niederösterreich 2023

Ein Haus, ein Hof, noch ein Haus und ein Garten. Integrierter Altbau- und Baumbestand, Übergänge, Terrassen, Niveaus und Räume bilden unterschiedliche Aufenthaltsqualitäten und lassen Bewegung, Ausblick und Verbindungen zu. Immer mit einem kleinen Twist verschiebt sich das gewohnte Bild. Zwei archaische Häuser und ein gemeinsamer Hof als Verbindungsraum. Eine Pergola als direkter Zugang. Alles überzogen mit Holzlamellen, auch die Fassade und das Dach. Im Wohnraum, ein offenes Raumuniversum mit Durchblicken und Niveausprüngen, herrschen Betonoberflächen vor, großflächige Verglasungen schaffen einen fließenden Übergang zum Garten. *mh*

A house, a courtyard, another house, and a garden. Integrated with an old building, trees, transitions, terraces, levels, and rooms to create different atmospheres and allow movement, views, and connections. The familiar picture is continually shifted with a little twist. Two archaic houses with a shared courtyard as a connecting space. A pergola provides direct access. Everything is clad in wooden slats, including façade and roof. In the living room, an open spatial universe of different views and levels is predominated by concrete surfaces, and generous glazing creates a smooth transition to the garden. *mh*

Wohn-Landschaft im besten Sinne
Living Landscape in the Best of Ways

Holz und Stroh machen froh
All Good with Straw and Wood

Strohfloh
Murstetten, Niederösterreich

Architektur Architecture Juri Troy Architects, www.juritroy.com
mit with Caravan Ateliers, Angelo Ferrara, Viviana Schimmenti, www.caravanatelier.com
Mitarbeit Assistance Martyna Zalewska
Planungs- und Bauzeit Duration of design and construction
2019 – 2022
Nutzfläche Floor area 46 m²
Adresse Address 3142 Murstetten, Niederösterreich

BIGSEE Wood Design Award – Grand Prix 2023

Hinter hohen Mauern ruht der Schlosspark mitten in Murstetten. Steinerne Statuen im Gestrüpp erinnern an große Zeiten. Gegenwart und Zukunft zeigen sich sympathisch leichtfüßig in einem kleinen, vorwitzigen Haus, das den denkmalgeschützten Boden auf 15 Schraubenfundamenten sehr ephemer nur punktuell berührt. Es ist aus Holz vom bauherrlichen Forst und Stroh benachbarter Felder mit Muskelkraft und Akkubohrer gebaut. Seine schräge Geometrie ist maximal raumeffizient. Regalgespickte Innenwände und sieben Meter Firsthöhe schenken dem Quasi-Einraumhaus viel Großzügigkeit, eine Schlafgalerie und jede Menge Stauraum. *im*
The castle park in the middle of Murstetten lies behind high walls. Stone statues in the bushes evoke memories of past eras. Present and future are represented with a pleasant lightness by a small, cheeky house that just barely touches the listed property, resting ephemerally on a foundation of 15 ground screws. The structure is built with wood from the owner's forest and straw from nearby fields using muscle power and a cordless drill. Its slanted geometry uses the space to maximum efficiency. Interior walls lined with shelves and a seven-meter ridge height give the quasi-one-room home plenty of space, a bedroom gallery, and lots of storage. *im*

Wolf im Schafspelz
Oberösterreich

Architektur Architecture   Architektin Melanie Karbasch,
Architekt Volker Wortmeyer
Planungs- und Bauzeit Duration of design and construction
2018 – 2020
Nutzfläche Floor area   312 m²
Adresse Address   Oberösterreich

Holzbaupreis Oberösterreich 2022

Die Maschinenhalle, die der Vater der Bauherrschaft einst eigenhändig errichtet hatte, war bereits gewohnter Bestandteil der ländlichen Siedlungsstruktur geworden. Das Volumen wurde als Ressource geschätzt und durch ein Haus-im-Haus-Konzept in ein Wohnhaus verwandelt, das die typische Mischung aus landwirtschaftlichen Gebäuden und Einfamilienhäusern neu interpretiert. Die Außenhülle des „Wolfs im Schafspelz" ist ein Holzriegelbau, die Innenwände wurden als Massivholzbau, die Geschoßdecke als Sichttramdecke ausgeführt. Nach außen gibt sich die neue Nutzung nur durch die dunklen Fensterfaschen in der Hallenfassade zu erkennen. *gk*

The machine hall, built years ago by the owner's father himself, was already a familiar part of the rural settlement structure. The volume was a valued resource and has now been transformed into a residential building using a house-within-a-house concept that reinterprets the regional mix of farm buildings and single-family homes. The outer shell of the "wolf in sheep's clothing" is a timber frame construction, the interior walls are solid wood, and the ceiling has exposed beams. From the outside, the new use is only discernible in the dark window frames of the hall façade. *gk*

Wohnliche Maschinenhalle
Cozy Machine Hall

Reise ins Innerste
Innermost Journey

Bergbauernhof
Tirol

Obwohl der 300 Jahre alte Bergbauernhof nicht unter Denkmalschutz steht, wurde er im Weiterbauen höchst sensibel und wertschätzend behandelt. Nach dem Freilegen der ursprünglichen Substanz unter vielen Schichten früherer Umbauten ging es den Architekt*innen und der Bauherrschaft um das Herausarbeiten der jeweiligen räumlichen Qualitäten von Tenne, Stall und Kammern. Altes Material und Handwerk prägen dabei weiterhin das Haus, Neues wird präzise, aber auch mit einer lockeren Mentalität des Flickens in die Struktur integriert. Der große haustechnische Eingriff mit Tiefenbohrungen und Wärmepumpe bleibt unsichtbar, bereitet das Haus aber nachhaltig auf die Zukunft vor. *nw*

Although the 300-year-old mountain farmhouse is not a listed building, it was treated with the utmost sensitivity and respect. After uncovering the original building substance beneath many layers of previous renovations, the architect and client focused on highlighting the spatial qualities of the barn, stable, and rooms. Old materials and craftsmanship continue to characterize the house, with new features integrated with precision into the structure, along with a relaxed approach of patching things up. Equipped with geothermal boreholes and a heat pump, the farmhouse is now primed for an energy-efficient future. *nw*

Architektur Architecture architekturbuero eder, Lena Maria Eder, Benjamin Eder, www.b-eder.de
Tragwerksplanung Structural engineering Bergmeister Ingenieure GmbH / Matthias Gander
Planungs- und Bauzeit Duration of design and construction 2017 – 2020
Nutzfläche Floor area 350 m²
Adresse Address Tirol

Nominierung DAM Preis 2023

Haus am Eulenwald
Kremstal, Oberösterreich

Architektur Architecture Berktold Weber Architekten ZT GmbH, Philipp Berktold, Helena Weber, www.berktold-weber.com
Mitarbeit Assistance Susanne Bertsch
Tragwerksplanung Structural engineering Raffelsberger & Partner ZT GmbH
Planungs- und Bauzeit Duration of design and construction 2016–2019
Nutzfläche Floor area 138 m²
Adresse Address Kremstal, Oberösterreich

Architizer A+ Award 2022

Das einfache Holzhaus – mit Bedacht in den Hang gesetzt – markiert den Siedlungsrand eines oberösterreichischen Dorfes im Kremstal. Umlaufende Wege verbinden im Langhaustypus die Wohnbereiche des Gebäudevolumens, in dem ein gemauerter Speicherofen raumbildend wirkt. Die reduzierte Materialpalette (Weißtanne, Esche, Lehm, Schwarzstahl) und die atmosphärische Präsenz präzise verarbeiteter Holzoberflächen werden gestärkt durch vertikale Weißtannenlamellen, die das Wohnhaus schützend-blickdurchlässig ummanteln. *gk*

The simple wooden house—carefully implanted in the slope—marks the housing boundary of the Upper Austrian village in Krems Valley. Surrounding pathways connect the living areas of the longhouse-style building, and a masonry storage heater defines the space. The reduced range of materials (silver fir, ash, clay, black steel) and precision crafting of the wooden surfaces strengthen the atmosphere created by the vertical silver fir slats that envelop the house in a protective yet transparent manner. *gk*

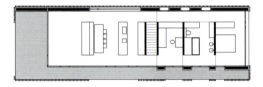

Wohnen am Eulenwald
Life at Owl Forest

Ein Haus wie eine Wagenburg
Circling the Wagons

Haus P.
Steiermark

Die Weststeiermark – ein ehemaliges Vulkanland – ist geprägt von vielen grünen Hügeln. Auf den Spitzen dieser Hügel stehen schmucke Bauernhöfe mit roten Ziegeldächern, bestehend aus einem Haupthaus und einigen Nebengebäuden, den früheren Wirtschaftsgebäuden. Genau so eine Hofstelle fanden die Architekt*innen vor und machten richtigerweise *fast nichts, almost nothing*, wie Mies van der Rohe einmal sagte. Alles blieb so, wie es immer schon war, obwohl die einzelnen Gebäude natürlich gründlich erneuert wurden. Im ehemaligen Wirtschaftshof aber entstand ein zentraler Platz, ein Aufenthaltsraum im Freien, der alle Hausteile zu einer neuen Einheit verbindet. *kjb*

Western Styria—a former volcanic region—is shaped by its many green hills. On the tops of these hills are pretty farmhouses with red tiled roofs, ensembles made up of main house and a few outbuildings, former barns. Faced with just such a farmstead, the architects very rightly did *almost nothing,* as Mies van der Rohe once said. Everything was kept as it always was, although the various buildings were, of course, thoroughly renovated. In the former farmyard, however, a central square was created, an outdoor area that brings together all parts of the house to create a new unit. *kjb*

Architektur Architecture Gangoly & Kristiner Architekten ZT GmbH, Hans Gangoly, Irene Kristiner, Dominik Troppan, Alexander Freydl, www.gangoly.at
Mitarbeit Assistance Irene Nikolaus, Jürgen Pichler
Bauherrschaft Client Familie P.
Tragwerksplanung Structural engineering Reinhard Pötscher
Örtliche Bauaufsicht Site supervision Willi Moder
Planungs- und Bauzeit Duration of design and construction 2011–2015
Nutzfläche Floor area 245 m² (Haupthaus Main building), 85 m² (Gästehaus Guesthouse)
Adresse Address Steiermark

GerambRose 2022

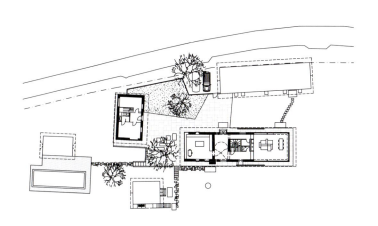

Low-Budget-Haus
Feldbach, Steiermark

Architektur Architecture ARGE Habsburg Isele Architekten ZT GmbH, Leo Habsburg, Alexandra Isele, www.habsburgisele.at und and Architektin Ulrike Tinnacher, www.tinnacher.studio
Mitarbeit Assistance Frédéric Habermann, Caspar Bellink
Bauherrschaft Client Sebastian & Ilona Bruckner
Tragwerksplanung Structural engineering THURNER Engineering GmbH
Planungs- und Bauzeit Duration of design and construction 2020–2021
Nutzfläche Floor area 105 m²
Adresse Address Remlerweg 12, 8330 Feldbach, Steiermark

GerambRose 2022
Holzbaupreis Steiermark 2023

Mit Souveränität organisierten die Architekt*innen dieses nur 105 m² große Haus für eine dreiköpfige Familie. In die Grundform eines Polygons wurden vier geschlossene Räume integriert, der Platz dazwischen ist großzügige Bewegungs-, Begegnungs- und Wohnfläche. Die Hangneigung fließt durch das Gebäude, was zu internen Niveauunterschieden führt. Starke räumliche Wirkung entfalten die gewählten Materialien Kunststein, Sisal, Birkensperrholz gemeinsam mit dem Farbkonzept verschiedener Grün-Blau-Töne. Aus der Geometrie des Hauses ergeben sich spannungsvolle Freiräume, die schließlich in die Wiese mit ihren alten Bäumen übergehen. eg

The architects organized this house, with only 105 m² of floor area, to fit a family of three. Four discrete spaces were combined into the shape of a polygon, with the space in between creating a generous area for movement, relaxing, and living. The sloped hillside flows through the building, generating internal level differences. The selected materials—artificial stone, sisal, and birch plywood—together with a color concept with various hues of green and blue, create a strong spatial effect. The geometry of the house releases into stirring open spaces that eventually merge into the old trees of the meadow. eg

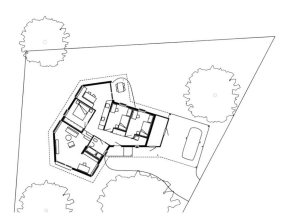

Es geht auch anders
Another Way

In alter Frische
Back to the Old Freshness

Haus Fischer
Grundlsee, Steiermark

Architektur Architecture   Architekt Konrad Frey mit with Architekt Florian Beigel
Bauherrschaft Client   Jutta & Wolfgang Fischer
Planungs- und Bauzeit Duration of design and construction 1972–1977
Nutzfläche Floor area 120 m²
Adresse Address   Bräuhof 233, 8993 Grundlsee, Steiermark

GerambRose 2022

Das Ferienhaus wurde vor über 50 Jahren erdacht und hat immer noch Pioniercharakter. Minimaler Materialverbrauch und maximale Energieersparnis waren zentrale Parameter: Das Tragwerk besteht aus einem Stamm-Ast-System aus Holz, eine dunkle Speicherwand zur Warmwassergewinnung machte das Gebäude zum ersten „Sonnenhaus" des Landes. Die Sonnenkollektoren am Dach wurden aus Heizkörpern gebastelt, die Fassaden bestehen aus Kistensperrholz, die Orientierung berücksichtigt Sonnenstand und Landschaftsbezug. Charmant und räumlich abwechslungsreich wird das Haus immer noch von der Bauherrin genutzt, kleine Adaptierungen haben seiner Qualität keinen Abbruch getan. *eg*
The holiday home was designed over 50 years ago and still has a pioneering flair. Minimal use of materials and maximum energy savings were key parameters: The supporting structure consists of a wooden trunk-branch system; a dark thermal storage wall for hot water made the building the first "sunhouse" in the region. The solar panels on the roof were made from radiators, the façades from box plywood, and the positioning of the building factors in the course of the sun and layout of the landscape. Charming and with varied spaces, the house is still used by the owner, with small adaptations that do not detract in the least. *eg*

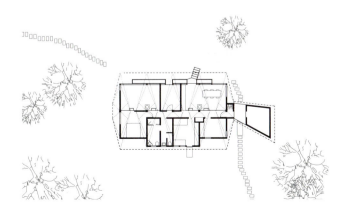

Haus R – Das Glasgiebelhaus
Albstadt, Deutschland

Architektur Architecture Dietrich | Untertrifaller Architekten ZT GmbH, Helmut Dietrich, Much Untertrifaller, Dominik Philipp, Patrick Stremler, www.dietrich.untertrifaller.com
Mitarbeit Assistance Felix Kruck (Projektleitung Project management), Cristiana Fumagalli
Tragwerksplanung Structural engineering merz kley partner GmbH
Planungs- und Bauzeit Duration of design and construction 2019–2020
Nutzfläche Floor area 190 m²
Adresse Address 72459 Albstadt, Deutschland

Nominierung DAM Preis 2022

In der Schwäbischen Alb – eine touristische Hauptattraktion im Südwesten Deutschlands – entstanden im Mittelalter Dörfer, Burgen und Klöster, die heute noch das Erscheinungsbild der Landschaft prägen. In die Idylle solch eines Dorfes sollte nun ein zeitgenössisches Einfamilienhaus eingefügt werden. Es entstand ein bis unter den Giebel verglaster, nachhaltiger Hybrid aus Stahl und Holz, der sich trotzdem nahtlos in das von Satteldächern und einem Kloster geprägte bauliche Umfeld einbettet. Diese Einbindung und die Verwendung nachhaltiger Materialien schufen ein offenes und individuelles Gebäude, das perfekte Heim für die Bauherrenfamilie. *kjb*

In the Swabian Jura—a major tourist attraction of southwest Germany—villages, castles, and monasteries built in the Middle Ages still shape the appearance of the landscape today. A contemporary single-family home was to be introduced into one of these idyllic villages. The result was a sustainable hybrid of steel and wood, glazed up to the gable, that is seamlessly embedded into the architectural environment, which is characterized by gable roofs and a monastery. This integration and the use of sustainable materials created an open and unique building, the perfect family home for the owner. *kjb*

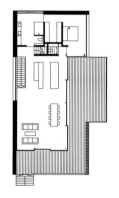

Als wäre es immer schon hier
As If It Had Always Been There

Das Leben im Kern
Life at the Center

Wohnhaus Absdorf
Absdorf, Niederösterreich

Architektur Architecture Bogenfeld Architektur ZT GmbH, Gerald Zehetner, Birgit Kornmüller, www.bogenfeld.at
Mitarbeit Assistance Miriam Brandstätter, Wolfgang Lang
Bauherrschaft Client Katharina Ludwig, Simon Brandstetter
Planungs- und Bauzeit Duration of design and construction 2017 – 2019
Nutzfläche Floor area 146 m² (Hauptgebäude Main building), 48 m² (Nebengebäude Annex)
Adresse Address 3462 Absdorf, Niederösterreich

Vorbildliches Bauen in Niederösterreich 2022

Der ländliche Raum ist voller Eigenheime auf ehemals fruchtbarem Ackerland, während die dazugehörenden Ortskerne am Leerstand sterben. Umso bedeutender sind Beispiele wie das Wohnhaus in Absdorf: Es zeigt, wie selbstverständlich sich ein Neubau in eine historisch gewachsene Siedlungsstruktur fügen kann, ohne Kompromisse hinsichtlich seines Erscheinungsbildes oder des in der Anlage erlebbaren Komforts eingehen zu müssen. Mit einer maßstäblich angemessenen und dennoch freien Interpretation des Streckhofs gelingt es, urban geprägtes Wohnen mit den Wünschen an ein Leben auf dem Lande zu verbinden. *rr*

This rural area is full of homes on what was once fertile farmland, while the nearby towns are deserted and dying. This trend makes examples such as this residential building in Absdorf all the more important: It shows how naturally a new building can fit into a historically established settlement structure without having to compromise on appearance or comfort. The true-to-scale yet freely interpreted version of a traditional Streckhof makes it possible to combine an urban lifestyle with the desire to live in the country. *rr*

Haus Linalotte
Linz, Oberösterreich

Architektur Architecture Caramel architektInnen zt-gmbh, Günter Katherl, Martin Haller, Ulrich Aspetsberger, Claudia Rockstroh, www.caramel.at, gemeinsam mit together with strukteur, Juliane Seidl, www.strukteur.eu
Bauherrschaft Client Ulrich Aspetsberger & Juliane Seidl
Planungs- und Bauzeit Duration of design and construction 2004 (Haus House Lina), 2020–2021 (Erweiterung zu Haus Extension to house Linalotte)
Nutzfläche Floor area 54 m² (Lina) → 87 m² (Linalotte)
Adresse Address Reisingerweg 6, 4040 Linz, Oberösterreich

Anerkennung Häuser des Jahres 2023

Es war einmal ein kleines Mädchen namens Lina, das hatte kluge Eltern: Die wollten nicht, wie viele andere, dort wohnen, wo die Grundstücke billig und die Wege weit sind. Sie bauten vielmehr am Rande der Stadt, im Garten der Großeltern, ein Haus, das um nichts größer war, als sie es brauchten. Weil Linas Eltern überdies auch mutig waren, experimentierten sie mit neuen Technologien. Als viele Jahre später Linas kleine Schwester Lotte auf die Welt kam, erweiterten die Eltern ihr Haus um genau jenen Raum, der fehlte. Sie änderten auch manches am Bestand, denn als kluge Leute zogen sie Lehren aus ihrem Experiment. *rr*

Once upon a time, there was a little girl named Lina who had very wise parents. They did not want to live, like so many others, where land is cheap and travel is long. Instead, they built a home on the outskirts of the city, in the grandparents' garden, that was no bigger than what they needed. Because Lina's parents were also brave, they experimented with new technologies. Many years later, when Lina's little sister Lotte was born, her parents expanded their house to include exactly the room that she needed. They also made some changes to the existing house, because they were smart people who learned from their experiments. *rr*

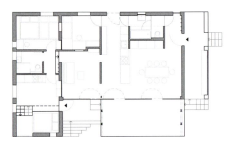

Märchenhaft
A Fairy Tale Home

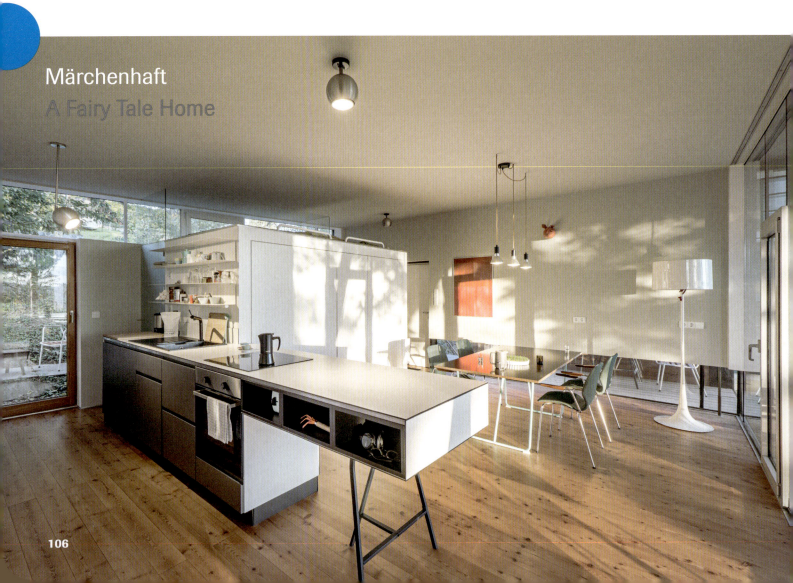

Fast schon provokant
Almost Provocative

Schupfen Gröbenhof
Fulpmes, Tirol

Architektur Architecture Studio Colere OG, Jakob Siessl, Florian Schüller, www.colere.at
Bauherrschaft Client Elisabeth Schüller
Tragwerksplanung Structural engineering Zimmerei Kößler & Annabith OG Holzbau
Planungs- und Bauzeit Duration of design and construction 2018–2021
Nutzfläche Floor area 47 m²
Adresse Address Gröben 1a, 6166 Fulpmes, Tirol

Anerkennung des Landes Tirol für Neues Bauen 2022
Holzbaupreis Tirol 2023

Der kleine „Schupfen" in nächster Nähe des Gasthauses, das der Familie eines der beiden Architekten gehört, ist letztes Überbleibsel einer alten Hofstatt im Stubaital. Statt ihn abzureißen, wurde er unter weitestmöglicher Beibehaltung bzw. Sanierung der Substanz einer Neunutzung als wohldurchdachte Wohnung mit Werkstatt zugeführt, was auch einen „didaktischen" Grund hat: Es sollte bewiesen werden, dass auch anonyme Architektur kulturell bedeutsam sein und regionale Identität sich in einem Nebengebäude manifestieren kann. Nachbarschaft und Gäste haben den Wert einer Transformation, die den Bestand respektiert, nun direkt vor Augen. *eg*

The small "shack" is right near the inn, which is owned by the family of one of the two architects, and is the last remnant of an old farmstead in the Stubai Valley. Instead of demolishing it, it was given a new life as a well-designed apartment with workshop. As much of the original substance as possible was retained and renovated, also for "didactic" reasons: The goal was to prove that anonymous architecture can indeed be culturally significant and that even outbuildings manifest regional identity. The neighborhood and visitors can now see the value of a transformation that respects the existing structure. *eg*

Haus B16
Knittelfeld, Steiermark

Architektur Architecture Plateau, Michael Moitzi, www.plateau.at
Mitarbeit Assistance Stefanie Waßer
Tragwerksplanung Structural engineering Plateau – Martin Knapp
Planungs- und Bauzeit Duration of design and construction 2020 – 2022
Nutzfläche Floor area 146 m²
Adresse Address Beethovengasse 16, 8720 Knittelfeld, Steiermark

Holzbaupreis Steiermark 2023

Nordseitig an der Straße giebelständig positioniert, südseitig mit großem Obstbaumgarten, verfügt das in Brettsperrholzbauweise errichtete Haus über eine geschlossene und eine offene Seite. Die Grundfläche ist klein, der Grundriss kompakt, doch der Hauptraum mit Küche, Ess- und Wohnbereich reicht bis unter den First und eine große Loggia erweitert ihn Richtung Garten. Der schlichte Baukörper mit dunkler Holzfassade und Dachdeckung sowie einer östlich angebauten offenen Garage in Betonbauweise zeigt, dass Zurückhaltung kein Mangel ist, sondern, im Gegenteil, ruhige und ansprechende Angemessenheit vermitteln kann. eg

With one gable end facing the street to the north and the other, a large orchard to the south, the house, built using cross-laminated timber, has one closed side and one open. The space is small and the floor plan compact, but the main room with kitchen, dining, and living area opens all the way to the apex and a large loggia extends the space towards the garden. The simple building with a dark wood façade and roofing, together with an attached open concrete garage to the east, shows that restraint is not a defect, but instead conveys calm and an appealing sense of rightness. eg

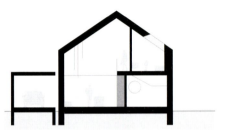

Holz in der Stadt
Wood in the City

Kalifornien im Tullnerfeld
California in Tullnerfeld

Case Study House
Zeiselmauer, Niederösterreich

Architektur Architecture Backraum Architektur,
Andreas Etzelstorfer, www.backraum.at
Mitarbeit Assistance Oliver Leitner
Bauherrschaft Client Gerald Rospini
Tragwerksplanung Structural engineering petz zt-gmbh
Planungs- und Bauzeit Duration of design and construction
2018–2020
Nutzfläche Floor area 210 m²
Adresse Address Frankengasse 3, 3424 Zeiselmauer,
Niederösterreich

Holzbaupreis Niederösterreich 2023

Ein Bungalow mit großer Terrasse aus den 1960er-Jahren, eingebettet in einer wunderschönen Parklandschaft. Inspiriert von kalifornischen Vorbildern, wie dem Case Study House von Richard Neutra. Dieses Flair des Altbaus ist nicht nur erhalten, sondern weitergebaut, modernisiert und ökologisiert. Mit großem Aufwand und Liebe zum Detail. Natursteinmauern aus Waldviertler Granulit und ein verkleideter Kamin, innen und außen beheizbar, als Mittelpunkt des Hauses. Statt Ziegel wie beim Altbestand, wurde der Neubau in Holzbauweise umgesetzt. Durch die Hanglage erscheint das Haus vom Garten immer noch als flacher, eingeschoßiger Bau. Case Study, Season 2. *mh*

A bungalow with a large 1960s terrace, embedded in a beautiful park landscape, inspired by Californian models such as Richard Neutra's Case Study House. The flair of the old building has not only been preserved, it has been expanded, modernized, and made more ecological. With great effort and attention to detail. Natural stone walls made of Waldviertler granulite and a fireplace that can be heated from both inside and out are the center of the home. Instead of bricks like the old building, the new structure was built in wood. The hillside location makes the house look like a flat, single-story building from the garden. Case Study, Season 2. *mh*

Zubau SAL
Kärnten

Architektur Architecture spado architects ZT GmbH, Harald Weber, Hannes Schienegger, www.spado.at
Mitarbeit Assistance Samira Taubmann, Angelika Mairitsch, Benjamin Ratheiser
Tragwerksplanung Structural engineering Lackner | Egger Bauingenieure ZT GmbH
Lichtplanung Lighting concept XAL GmbH
Planungs- und Bauzeit Duration of design and construction 2018 – 2020
Nutzfläche Floor area 105 m²
Adresse Address Kärnten

BIGSEE Architecture Award – Grand Prix 2022

Das Haus im Dorf wächst. Der neue Baukörper interpretiert Umfeld und Tradition, kommt aus der historischen Ordnung und definiert sich neu. Zwischen Sattel- und Walmdächern formt sich das Haus durch das Dach fast zeltartig und umschließt ein Oberlicht. Zenitlicht für den Wohn- und Essbereich darunter. Die Fenster öffnen sich zur Loggia und nach Westen und geben den Blick auf das Tal frei. Im Untergeschoß befindet sich ein multifunktionaler Raum. Außen umhüllen Lärchenschindeln den gesamten Baukörper wie eine schuppenförmige Haut. Einheit und Raumgefühl – mit Licht und Aussicht, auf die Vergangenheit und die Zukunft. *mh*

The house in the village is growing. The new structure interprets its surroundings and tradition, emerging from the historical order to redefine itself. Situated among gable and hip roofs, the house is shaped almost like a tent, encompassing a skylight. Zenith light for the living and dining area below. The windows face the loggia and the west, opening to a view of the valley. There is a multifunctional room in the basement. Larch shingles clad the entire exterior like a scaly skin. Unity and a sense of space—with plenty of light and views of both the past and the future. *mh*

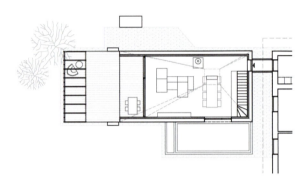

Wohnraum Plus
Living Space Plus

Paradies in Handarbeit
Handcrafted Paradise

Gartenpavillons
Wels, Oberösterreich

Architektur Architecture Architekten Luger & Maul ZT GmbH, Maximilian Luger, www.luger-maul.at
Bauherrschaft Client Maximilian Luger
Planungs- und Bauzeit Duration of design and construction 2013–2020
Nutzfläche Floor area 240 m²
Adresse Address Bauernstraße 8, 4600 Wels, Oberösterreich

Holzbaupreis Oberösterreich 2022

Die Gartenpavillons sind Teil eines handwerklichen Versuchslabors, in dem konstruktive Details vor Ort erprobt wurden. Ausgefeilte Polierpläne brauchte der Architekt dafür nicht. Sein Antrieb war die Freude an der eigenhändigen Umsetzung und an der Verarbeitung unterschiedlicher Hölzer in der eigenen Werkstatt. Ein Grillplatz mit einem Wandschirm aus Lärchenholzbrettern bildete den Auftakt dieser Serie von Kleinarchitekturen, die 2013, 2016, 2017 und 2020 Zuwachs erhielt. Die Holzpavillons sind durch vorgelagerte „japanische" Veranda-Wege miteinander verkettet, sodass der Gang durch den Garten kein Ende nimmt. *gk*

The garden pavilions are part of a handcrafted experimental laboratory that tested structural details on site. The architect did not need elaborate working drawings for the project. His motivation was the joy of creating things with his own hands and processing different types of wood in his own workshop. A barbecue area with a larch slat screen marks the beginning of the series of small structures, which was added on to in 2013, 2016, 2017, and 2020. The wooden pavilions are fronted by "Japanese" veranda paths that link together, making the walk through the garden a never-ending one. *gk*

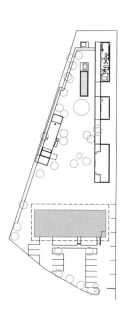

Haus der Kammern
Weiler, Vorarlberg

Architektur Architecture Marte.Marte Architekten ZT GmbH, Bernhard Marte, Stefan Marte, www.marte-marte.com
Bauherrschaft Client Familie Buth
Tragwerksplanung Structural engineering Frick & Schöch ZT GmbH
Lichtplanung Lighting concept Herbert Resch
Planungs- und Bauzeit Duration of design and construction 2019 – 2020
Nutzfläche Floor area 345 m²
Adresse Address 6837 Weiler, Vorarlberg

best architects 23

Die Bauherrenfamilie hat sich ein Statement der Architektur geleistet. Dem Paradox von idealer Form und Brauchbarkeit, von Schutz und Öffnung, von Landschaft und Gebäude sind die Architekten sehr nahe gekommen. Der Blick auf die Grundrisse offenbart die Lösung des minimalistischen Rätsels, das die Fotos aufgeben. Dabei verharrt dieser radikale Entwurf eines Wohnhauses nicht in abstraktem Formalismus, sondern generiert auch im Inneren starke Atmosphären, nicht zuletzt durch kluge Funktionalität, ausgefeilte Details und seine Materialisierung. Ein Meisterstück. *rf*

The owner family made an architectural statement. The architects came very close to achieving the paradox of ideal form and usability, protection and openness, landscape and building. A look at the floor plans reveals the solution to the minimalist puzzle raised by the photos. This radical residential building design is not confined to abstract formalism, but instead also generates strong interior atmospheres, not least through clever functionality, sophisticated details, and fine materialization. Superb. *rf*

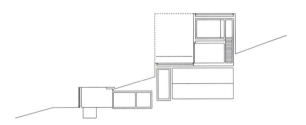

Strenge Kammer
Stringently Cubic

Wohnen über dem Tellerrand
Living Outside the Box

Das hohe Schwarze
Hagenberg, Oberösterreich

Architektur Architecture Schneider Lengauer Pühringer Architekten ZT GmbH, Peter Schneider, Erich Lengauer, Andreas Pühringer, www.slp-architekten.at
Bauherrschaft Client Andreas & Sandra Pühringer
Tragwerksplanung Massivbau Structural engineering heavyweight Helmut Schiebel ZT GmbH
Tragwerksplanung Holzbau Structural engineering wood Binderholz GmbH mit with Marius Consulting ZT GmbH
Planungs- und Bauzeit Duration of design and construction 2019 – 2023
Nutzfläche Floor area 180 m²
Adresse Address Anitzberg 7a, 4232 Hagenberg, Oberösterreich

best architects 24

Das Haus mag in der zweiten Reihe stehen, bescheiden wirkt es dennoch nicht. Der viergeschoßige, über einem nur eine Raumtiefe breiten rechteckigen Grundriss errichtete Holzbau steht mit seiner schwarzen Gebäudehülle in mehr als einer Hinsicht quer zu den Häusern seines Umfelds. Der Umgang mit Flächenversiegelung und Siedlungsraum, der Blick in die Landschaft, ein sparsamer Ressourcenverbrauch in Bau und Betrieb und nicht zuletzt die Variabilität der Nutzung als wichtiges Kriterium der Nachhaltigkeit werden hier ebenso ernsthaft verhandelt wie die Frage nach einer angemessen sorgfältigen Gestaltung des Raums. rr
The building may be in the back row, but it presents as anything but modest. The black shell of the four-story timber structure, built on a rectangular floor plan only one room wide, stands at odds with the houses around it in more than one respect. Issues such as surface sealing and settlement spread, the view of the landscape, an economical use of resources in both construction and operation and, last but not least, variability of use as an important sustainability criterion are addressed here with a seriousness equal to the question of carefully designing the space. rr

INDUSTRIE
HANDEL
GEWERBE
INDUSTRY
TRADE
COMMERCE

116	**IKEA**	Wien querkraft architekten
118	**Infineon**	Villach, Kärnten Architects Collective, HWP Planungsgesellschaft, UNIT4
119	**Bogen 131**	Innsbruck, Tirol ANA
120	**Wagyu-Stall am Hausruck**	Atzbach, Oberösterreich Architekt Herbert Schrattenecker
121	**Handelszentrum 16**	Salzburg smartvoll Architekten
122	**Gutmann Pelletsspeicher**	Hall in Tirol, Tirol obermoser + partner architekten mit Architekt Hanno Schlögl
123	**Montagehalle Kaufmann**	Reuthe, Vorarlberg Johannes Kaufmann Architektur
124	**Cabin**	Rheintal, Vorarlberg Architekturbüro Jürgen Haller
125	**Prüfhalle Siemens Trench**	Leonding, Oberösterreich architektur mugrauer
126	**Weinhof Locknbauer**	Tieschen, Steiermark Architektin Mascha Ritter

IKEA
Wien

Architektur Architecture querkraft architekten zt gmbh, Jakob Dunkl, Gerd Erhartt, Peter Sapp, www.querkraft.at
Mitarbeit Assistance Carmen Hottinger (Projektleitung Project management), Sonja Mitsch (technische Projektleitung technical Project management), Ilinca Urziceanu
Bauherrschaft Client IKEA Einrichtungs GmbH, www.ikea.at
Tragwerksplanung Structural engineering Thomas Lorenz ZT GmbH, werkraum ingenieure zt gmbh (Wettbewerb Competition)
Landschaftsarchitektur Landscape architecture Kräftner Landschaftsarchitektur, Green4Cities
Planungs- und Bauzeit Duration of design and construction 2018 – 2021
Nutzfläche Floor area 26.200 m²
Adresse Address Europaplatz 1, 1150 Wien

Mit einer frei zugänglichen Dachterrasse und 160 Bäumen und Sträuchern, die in großvolumigen Töpfen in der Gebäudehülle das Mikroklima verbessern, erweist sich das schwedische Einrichtungshaus im urbanen Kontext als freundlicher Nachbar. Das 4,3 Meter tiefe Stahlgerüst mit Terrassen, Raumerweiterungen, Aufzügen, Fluchttreppen und Haustechnik skaliert das Thema des frei bestückbaren IKEA-Regals in den städtischen Maßstab und verwandelt eine früher unwirtliche Ecke in einen pulsierenden (autofreien) Ort. Stahlbetonstützen im Raster von zehn mal zehn Metern ermöglichen auch im Inneren eine vielseitige und flexible Gestaltung der Verkaufsräume. gk

With a publicly accessible rooftop terrace and 160 trees and shrubs in large pots to improve the microclimate inside the building shell, the Swedish furniture store proves to be a friendly neighbor in its urban context. The 4.3-meter-wide steel framework has terraces, room extensions, elevators, emergency stairwells, and building services. It riffs on the modular IKEA shelf systems, taking it to an urban scale and transforming a previously inhospitable corner into a vibrant (car-free) site. Reinforced concrete columns on a grid of ten by ten meters allow for the versatile and flexible design of sales rooms inside. gk

Bauherr:innenpreis der ZV 2022
Staatspreis Architektur 2023
Architizer A+ Award 2022
Shortlist Mies van der Rohe Award 2023
The Plan Award 2022
Rethinking the future award 2022

Begrüntes Raumgitter
Greened Space Grid

Infineon
Villach, Kärnten

Für die Erweiterung des österreichischen Standorts eines großen Technologiekonzerns wurden eine Reinraumfabrik mit Versorgungs-, Neben- und Lagergebäuden, ein Bürohaus und eine Betriebsfeuerwehr sowie die dazugehörige Infrastruktur errichtet. Die Neubauten für Produktion und Büro fügen sich trotz ihrer Kubatur in die bestehende Gebäudelandschaft. Die Fassaden sind wie jene des Bestandes mit gewellten Aluminiumpaneelen verkleidet. Diese sind im Patchworkmuster angeordnet und erzeugen je nach Jahreszeit, Tageszeit und Witterung unterschiedliche Lichtreflexe, die dem Baukörper Lebendigkeit verleihen. am

For the expansion of the Austrian branch of a large technology group, a clean room factory with supply, ancillary, and storage buildings, an office building, a company fire brigade, and all the associated infrastructure were built. Despite their cubic massing, the new production and office buildings fit well into the existing built landscape. Like the existing structures, the new façades are clad in corrugated aluminum panels. These are arranged in a patchwork pattern that creates different light reflections depending on the season, time of day, and weather, giving the building a sense of liveliness. am

Architektur Einreichplanung Architecture (planning permission) Architects Collective ZT-GmbH, www.ac.co.at, und and HWP Planungsgesellschaft mbH, www.hwp-planung.de
Architektur Ausführungsplanung Architecture (implementation planning) Architects Collective ZT-GmbH, www.ac.co.at, und and UNIT4 GmbH & Co KG, www.unit-4.com
Bauherrschaft Client Infineon Technologies Austria AG, www.infineon.com/cms/austria/de/
Tragwerksplanung Structural engineering Boll & Partner. Beratende Ingenieure VBI IngenieurgmbH & Co KG, HELT ZT GmbH, IBH – Tragwerksplanung GmbH
Planungs- und Bauzeit Duration of design and construction 2018 – 2021
Nutzfläche Floor area 34.850 m²
Adresse Address Siemensstraße 2, 9500 Villach, Kärnten

BIGSEE Architecture Award – Grand Prix 2023

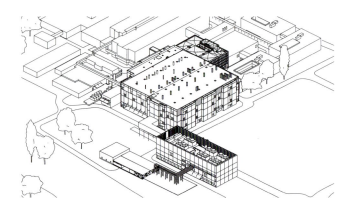

Gebaute Zukunft
Built Future

Kind der Zukunft und des Tages
Child of the Future and of Today

Bogen 131
Innsbruck, Tirol

Architektur Architecture ANA, Lukas Fink, Tobias Fink & David Fink, www.ana.institute
Bauherrschaft Client Veloflott GmbH, www.veloflott.at
Tragwerksplanung Structural engineering tragwerkspartner zt gmbh
Planungs- und Bauzeit Duration of design and construction 2020 – 2021
Nutzfläche Floor area 80 m²
Adresse Address Ing.-Etzel-Straße, Viaduktbogen 131, 6020 Innsbruck, Tirol

Bauwelt Preis 2023

Das Innsbrucker Bahnviadukt ist mit 1,7 Kilometern längstes Gebäude und längste Partymeile der Stadt. 178 Bögen behausen Lokale aller Art, Bogen 131 liegt an einem Straßendurchstich zwischen Kfz-Werkstätten. „Veloflott Kids & Cargo" steht auf dem Schaufenster des Fahrradladens. Es ist ein Kind des Tages und einer Zukunft ohne fossile Energie. Die hellblaue Bank beim Eingang lädt zur Muße. Die Schnittstellen der Holzträme des gläsernen Vordachs sind so zinnoberrot wie die Stahlträger und Stützen. Sie tragen die Galerie zum Arbeiten und Lagern unterm Gewölbe. Hellblaue Möbel bilden Stiege, Stauflächen und Raumteiler. *im*

At 1.7 kilometers, the Innsbruck railway viaduct is both the longest structure and longest party mile in the city. A total of 178 archways are home to all kinds of establishments; Archway 131 is located on a street crossing between auto repair shops. "Veloflott Kids & Cargo" is lettered on the window of the bicycle shop. It is both the order of the day and of a future without fossil fuels. A light blue bench at the entrance invites you to relax. The ends of the glass canopy's wooden beams are vermilion, like the steel beams and columns. These support the work and storage gallery beneath the vault. Light blue installations shape the stairs, storage areas, and room dividers. *im*

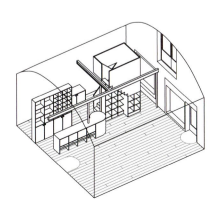

Wagyu-Stall am Hausruck
Atzbach, Oberösterreich

Architektur Architecture Architekt Herbert Schrattenecker, www.architekt-schrattenecker.at
Mitarbeit Assistance Michael Gruber, Sophie Schrattenecker
Bauherrschaft Client Diane & Herbert Huemer, www.hausruckwagyu.at
Tragwerksplanung Structural engineering Weilhartner ZT GmbH
Zimmererarbeiten Carpentry Hausl + Schmid Holzbau und Bau GmbH
Planungs- und Bauzeit Duration of design and construction 2016–2018
Nutzfläche Floor area 573 m²
Adresse Address Aigen 9, 4904 Atzbach, Oberösterreich

Holzbaupreis Oberösterreich 2022

In sorgsam austarierter Asymmetrie steht der Stall auf einer kleinen Kuppe mit Fernblick bis zum Traunstein. Er bietet Schutz vor der Witterung und ist dennoch ein luftiges Gebilde. Über seinem rechteckigen, topografisch abgestuften Grundriss ruht ein Satteldach auf sechs Reihen hölzerner Stützen. Die unterschiedlich geneigten Flächen des Dachs sind in behütender Geste auf beiden Seiten jeweils zweimal abgesetzt. Das Gebäude erzählt von Verbundenheit mit der Landschaft, von ökologischem Verantwortungsbewusstsein, von Technologie und Handwerk, von Tradition und von deren Bedeutung für die Zukunft. *rr*

The stable stands on a small crest with a view that reaches all the way to Traunstein; its asymmetry is carefully balanced. The structure provides protection from the elements yet remains light and airy. The gable roof rests atop six rows of timber columns, sheltering a rectangular floor plan molded to the topography. The roof inclines are at different angels, offset twice on both sides to form a nurturing gesture. The building tells a tale of connection to the landscape, ecological responsibility and awareness, technology, craftsmanship, and of the importance of traditions for the future. *rr*

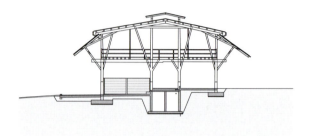

Luftig, trocken und warm
Light, Dry, and Warm

Raumgewinn aus dem Bestand
Gaining Space from Building Stock

Handelszentrum 16
Salzburg

Für die nicht mehr benötigten, kaum belichteten Universalversand-Betonhallen in einem Industriegebiet bei Salzburg konnten Abriss oder Leerstand vermieden werden – stattdessen wurden die Hallen geleert und ihre Vorteile eingesetzt, um räumliche Vielfalt und kluge Nutzungsmischung (Gewerbe, Büros, Gastronomie) zu erreichen: Neue Atrien bringen Licht und Außenraum ins Innere. Der freie Grundriss wird belassen, Betontische zwischen offenen Lufträumen bieten neue Flächen, jede Halle erhält ihr eigenes Erscheinungsbild. In Halle 2 erzeugen verzinkte Stahltreppen und -geländer einen wiedererkennbaren Eindruck, in Halle 4 die graue Skelettstruktur. *rt*

It was possible to dodge demolition or abandonment for this no longer needed, dimly lit concrete shipping warehouse in an industrial area on the outskirts of Salzburg—instead, the halls were emptied and their advantages used to create spatial diversity and a clever mix of use (commercial, offices, and dining). Atriums bring light into the interior. The open floor plan has been retained, concrete decks with corner columns situated between the voids create additional floor space, and each hall has its own aesthetics. In Hall 2, galvanized steel stairs and railings make a clear impression, while in Hall 4 the gray structural framework catches our eye. *rt*

Architektur *Architecture* smartvoll Architekten ZT KG, Philipp Buxbaum, Christian Kircher, www.smartvoll.com
Mitarbeit *Assistance* Dimitar Gamizov, Olya Sendetska
Bauherrschaft *Client* IMMO-PARTNER Verwertungs GmbH, www.immo-partner.at
Tragwerksplanung *Structural engineering* Marius Project ZT GmbH
Planungs- und Bauzeit *Duration of design and construction* 2017–2024
Nutzfläche *Floor area* 57.000 m²
Adresse *Address* Handelszentrum 16, 5101 Bergheim, Salzburg

Nominierung Mies van der Rohe Award 2023

Gutmann Pelletsspeicher
Hall in Tirol, Tirol

Architektur Architecture   obermoser + partner architekten zt gmbh, Johann Obermoser, Thomas Gasser, Alexander Gastager, Christoph Neuner, www.omoarchitekten.at, zusammen mit together with   Architekt Hanno Schlögl
Mitarbeit Assistance   Daniel Venter, Jörg Raich, Werner Heis, Harald Brutscher (Visualisierungen Visualizations)
Bauherrschaft Client   Gutmann GmbH, www.gutmann.cc
Tragwerksplanung Structural engineering   ZSZ Ingenieure ZT GmbH
Lichtplanung Lighting concept   Bartenbach GmbH
Planungs- und Bauzeit Duration of design and construction   2018–2020
Nutzfläche Floor area   2.150 m²
Adresse Address   Innsbrucker Straße 81, 6060 Hall in Tirol, Tirol

Auszeichnung des Landes Tirol für Neues Bauen 2022

1978 als Getreidespeicher errichtet und später als Kiesspeicher genutzt, wurde die Funktion des markanten Volumens im Gewerbegebiet von Hall ein weiteres Mal adaptiert: Als Pelletsspeicher mit einem neu aufgesetzten, zweigeschoßigen Dachkörper, in dem sich unten die Anlagentechnik und darüber ein „Kunstraum" für Veranstaltungen befinden. Vor den verglasten Aufbau wurde mit einiger Distanz ein Betonfertigteilraster gesetzt, sodass einerseits der monolithische Charakter des Bestands fortgesetzt und andererseits durch die zweischaligen Fassaden räumliche Tiefe vermittelt wird. Aus dem einst gedrungenen Turm ist eine elegante Landmark geworden. eg

Built in 1978 as a grain silo and later to store gravel, the function of the striking volume on the outskirts of Hall has been adapted once again: It is now a pellet storage facility with a newly added, two-story roof structure that holds the facility's technical equipment below and an "art room" for events above. A precast concrete grid was placed in front of the glazed structure at a distance, continuing the monolithic character of the existing building while conveying spatial depth through the double-shell façades. The once squat tower has evolved into an elegant landmark. eg

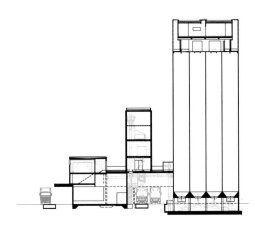

Bekrönter Silo
A Crowned Silo

Zwischen Industrie und Handwerk
Between Industrial and Artisanal

Montagehalle Kaufmann
Reuthe, Vorarlberg

Mit der Betriebsübergabe an die vierte Generation erfolgte die Errichtung einer 30 mal 80 Meter großen Halle, die selbstverständlich höchste Kompetenz bündelt. Beheizt, wärmegedämmt, natürlich belichtet und ein schlankes Fachwerk aus Baubuchenholz. Die Halle ist Werkzeug für eine Vision. Darin entsteht nachhaltiger Holzbau, der vom anspruchsvollen Zimmererhandwerk bis zum vorgefertigten Holzbaumodul reicht – vollständige Fertigung unter besten Bedingungen für ein Netzwerk regionaler Handwerker und Lieferung samt Montage von bis zu 200 Modulen in kürzester Zeit – für Schulen, Hotels, Wohnungen. rf

When the family business was passed on to the fourth generation, a 30 × 80-meter assembly shop was built that, naturally, bundles the greatest expertise. Heated, thermally insulated, illuminated by natural light, and supported by slender beech trusses. The assembly shop is a tool for the company vision. Within it, sustainable timber structures are created that range from sophisticated carpentry to prefabricated wood modules—produced entirely under optimal conditions for a network of regional craftsmen providing delivery and assembly of up to 200 modules in the shortest possible time spans—for schools, hotels, and apartments. rf

Architektur Architecture   Johannes Kaufmann Architektur, www.jkarch.at
Mitarbeit Assistance   Dark Schick (Projektleitung Project management)
Bauherrschaft Client   Kaufmann Zimmerei und Tischlerei GmbH
Tragwerksplanung Structural engineering   merz kley partner GmbH
Planungs- und Bauzeit Duration of design and construction   2015 – 2017
Nutzfläche Floor area   2.700 m²
Adresse Address   Baien 116, 6870 Reuthe, Vorarlberg

best architects 23

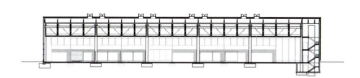

Cabin
Rheintal, Vorarlberg

Architektur Architecture Architekturbüro Jürgen Haller, www.juergenhaller.at
Mitarbeit Assistance Sebastian Haller
Planungs- und Bauzeit Duration of design and construction 2021
Nutzfläche Floor area 50 m²
Adresse Address Rheintal, Vorarlberg

best architects 24

Eine *cabin* ist ein einfaches Häuschen, das aus einem minimalen Raum einen maximalen räumlichen Nutzen gewinnen möchte. Zu Recht verweist daher die Bezeichnung auf eine Schiffskabine oder Kajüte, wo ja ebenfalls alles seinen festen Platz hat. Das kompakte Bauwerk entstand hoch über dem Rheintal an einem steilen Hang, wobei die Schlichtheit des Gebäudes für die harmonische Einbettung in seine Umgebung sorgt. Es dient als Scheune und Abstellraum für Geräte, die man am Berg für die Landschaftspflege braucht. Die Fassade besteht konsequenterweise aus unterschiedlichen Restmaterialien des Treppenbaus, dem Arbeitsbereich des Bauherrn. *kjb*

A cabin is, generally speaking, a simple house that aims to achieve maximum use from minimal space. The name therefore rightly refers to a ship's cabin or hold, where everything likewise has a set place. This compact structure was built on a steep slope high above the Rhine Valley, the simplicity of the building ensuring that it blends harmoniously into its surroundings. It serves as a barn and storage space for the equipment needed to maintain the mountain landscape. The façade is made of various leftover materials from the building of staircases, the client's field of work. *kjb*

Eine geniale Restl-Verwertung
An Ingenious Use of Leftovers

Metallfreies Testlabor
Metal-free Test Lab

Prüfhalle Siemens Trench
Leonding, Oberösterreich

Architektur Architecture architektur mugrauer zt gmbh, Jochen Mugrauer, Helga Mugrauer, www.mugrauer.at
Bauherrschaft Client Trench Austria GmbH, www.trench-group.com
Tragwerksplanung Structural engineering Obermayr Holzkonstruktionen
Planungs- und Bauzeit Duration of design and construction 2019 – 2020
Nutzfläche Floor area 415 m²
Adresse Address Paschinger Straße 49, 4060 Leonding, Oberösterreich

Holzbaupreis Oberösterreich 2022

Das Gebäude dient als Prüfhalle für Luftdrosselspulen eines Energietechnologie-Unternehmens. Die Anforderungen an den Bau waren speziell: Um Messungen von Magnetfeldern nicht durch magnetische Eisenteile zu gefährden, musste die etwa 25 Meter hohe Halle – inklusive Bewehrung der Bodenplatte – stahlfrei errichtet werden. Der Holzriegelbau (Brettschichtholzkonstruktion, Brettsperrholzwände mit innenliegender Schalldämmung) bietet optimale Bedingungen für Verlustleistungs- und Geräuschmessungen. Konstruktive Stahlschrauben sind auf ein Minimum reduziert, für Fassade, Lattung und Dämmung kamen entmagnetisierte Niroklammern zum Einsatz. *gk*

The building is a testing hall for the air choke coils of an energy tech company. The requirements were unique: To avoid endangering magnetic field measurements with the presence of magnetic iron parts, the approximately 25-meter-high hall—including the reinforced floor slab—was built without steel. The timber frame construction (gluelam timber construction, cross-laminated timber walls with interior acoustic insulation) provides the ideal conditions for power-loss and noise measurement. Structural steel screws have been minimized, and demagnetized stainless-steel staples were used for the façade, battens, and insulation. *gk*

Weinhof Locknbauer
Tieschen, Steiermark

Architektur Architecture   Architektin Mascha Ritter, www.mascharitter.com
Konsulent Consultant   Stephan Piber, Piber Architektur
Bauherrschaft Client   Lukas Jahn, www.locknbauer.at
Tragwerksplanung Structural engineering   ZMP GmbH
Planungs- und Bauzeit Duration of design and construction 2020 – 2021
Nutzfläche Floor area   450 m²
Adresse Address   Pichla 58, 8355 Tieschen, Steiermark

Bauherr:innenpreis der ZV 2022
Anerkennung Architekturpreis Land Steiermark 2023
GerambRose 2022
Holzbaupreis Steiermark 2023
Nominierung Mies van der Rohe Award 2023

Im beschaulichen südsteirischen Hügelland entstand ein feines Weingut aus den Strukturen des ursprünglichen Bauernhofs, dessen Charakter weitgehend gewahrt wurde. Der lang gestreckte der drei Baukörper wurde quasi als Neuinterpretation des Bestandes vergrößert und über seine Gesamtlänge mit einer beeindruckenden Holzkonstruktion überspannt. Die typisch einseitige Dachauskragung und die originalen Scheunenfenster geben eine Reminiszenz an das historische Vorbild. Hohe Innenräume faszinieren mit edlen Materialien und eleganten Farben, ein Herzstück aus Ziegelmauerwerk und Gewölbe blieb als solches erhalten und behaust nun den Barriquekeller. *mk*

In the tranquility of the hilly southern Styrian landscape, a fine winery was built from the structures of what was originally a farm, largely preserving its character. The longest of the three edifices was enlarged and crowned by a timber roof in what could be deemed a reinterpration of the existing fabric. The typical one-sided roof overhang and original barn windows are reminiscent of its historical role model. Lofty interiors bedecked with noble materials and elegant colors are fascinating, and a centerpiece with brickwork and vaults was preserved as it was and now houses a barrel cellar. *mk*

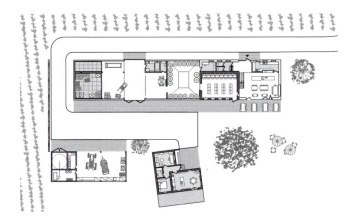

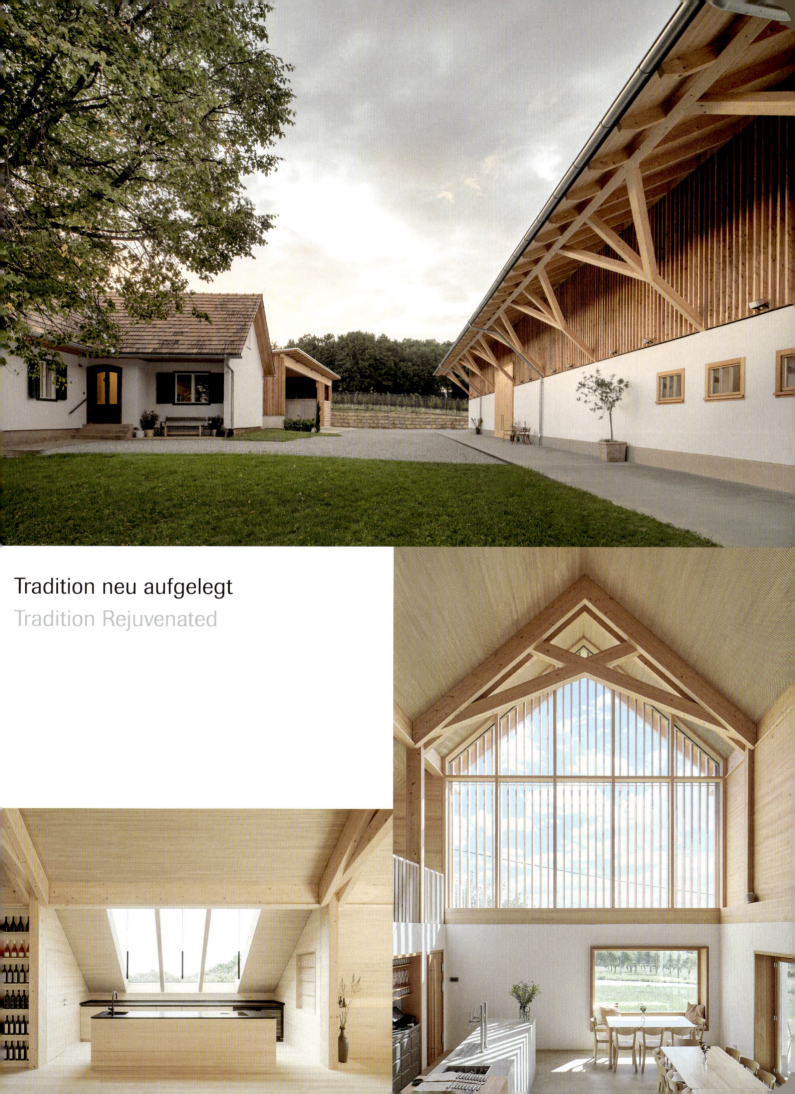

Tradition neu aufgelegt
Tradition Rejuvenated

STADTRAUM
INFRASTRUKTUR
PUBLIC SPACE
INFRASTRUCTURE

130 **Wiederbelebung Altstadt Hohenems** Hohenems, Vorarlberg Architekten Nägele Waibel, Bernardo Bader Architekten, Georg Bechter Architektur + Design, HEIN architekten, Imgang Architekt*innen, ma.lo architectural office mit Michael Egger

132 **B&O Holzparkhaus** Bad Aibling, Deutschland HK Architekten, Hermann Kaufmann + Partner

133 **Haltestelle Neulengbach Stadt** Neulengbach, Niederösterreich mohr niklas architekten

134 **Großwärmepumpe ebswien – Wien Energie** Wien smartvoll Architekten

135 **Reininghauspark** Graz, Steiermark zwoPK Landschaftsarchitektur

136 **Neue Eisenbahnbrücke Linz** Linz, Oberösterreich ARGE Planung Neue Donaubrücke Linz

137 **Mobilitätszentrum Bahnhof Lienz** Lienz, Tirol ostertag ARCHITECTS

Wiederbelebung Altstadt Hohenems
Hohenems, Vorarlberg

Die Marktstraße in Hohenems war von jahrzehntelangem Durchzugsverkehr und Geschäftsschließungen gekennzeichnet. Erst die Verlegung der Landesstraße bot die Chance der Wiederbelebung. Dem Projektentwickler Markus Schadenbauer gelang es gemeinsam mit der Stadt und der Bevölkerung, diesen Straßenzug in eine lebendige Wohn- und Einkaufsstraße zu verwandeln. Die unter Denkmalschutz stehenden Häuser in der Marktstraße wurden nach und nach saniert, mit moderner Architektur ergänzt und auch in zweiter Reihe nachverdichtet. Straßen und Plätzen wurden neu gestaltet und so ein lebendiges Stadtgewebe aus Altem und Neuem geschaffen. ai

Marktstraße (Market Street) in Hohenems was marked by decades of through traffic and business closures. The rerouting of the state highway created an opportunity for revitalization. Project developer Markus Schadenbauer, together with the city and residents, has succeeded in transforming this street into a lively residential and shopping area. The listed buildings on the Marktstraße have been gradually renovated, supplemented with modern architecture, and densified with the addition of a second row. Streets and squares have been redesigned, creating a lively urban fabric of old and new. ai

Architektur Architecture Architekten Nägele Waibel ZT GmbH, Elmar Nägele, Ernst Waibel, www.naegele-waibel.at; Bernardo Bader Architekten ZT GmbH, www.bernardobader.com; Georg Bechter Architektur + Design, www.bechter.eu; HEIN architekten, Matthias Hein, www.hein-arch.at; Imgang Architekt*innen ZT GmbH, Christoph Milborn, Clemens Plank, Alexandra Schmid Roner, www.imgang.com; ma.lo architectural office ZT GmbH, Eva López, Markus Malin, www.ma-lo.eu zusammen mit togehter with Michael Egger

Bauherrschaft Client Schadenbauer Projekt- und Quartierentwicklungs GmbH, www.schadenbauer.at; Stadt Hohenems, www.hohenems.at

Landschaftsarchitektur Landscape architecture lohrer.hochrein.landschaftsarchitekten und stadtplaner; Stadtland Büro für Raum- u. Landschaftsplanung

Planungs- und Bauzeit Duration of design and construction 2016–2022

Adresse Address Marktstraße und Harrachgasse, 6845 Hohenems, Vorarlberg

Bauherr:innenpreis der ZV 2023

Neue Impulse für alten Stadtkern
New Impulses for the Old City Center

B&O Holzparkhaus
Bad Aibling, Deutschland

Architektur Architecture   HK Architekten, Hermann Kaufmann + Partner ZT GmbH, Hermann Kaufmann, Roland Wehinger, Stefan Hiebeler, Christoph Dünser, www.hkarchitekten.at
Mitarbeit Assistance   Andreas Ströhle (Projektleitung Project management), Mathis Zondler
Bauherrschaft Client   B&O Parkgelände GmbH, www.buo.de
Tragwerksplanung Structural engineering   merz kley partner ZT GmbH
Landschaftsarchitektur Landscape architecture
Sabine Schwarzmann & Jochen Schneider
Planungs- und Bauzeit Duration of design and construction
2019 – 2022
Nutzfläche Floor area   2.204 m²
Adresse Address   Pater-Rupert-Mayer-Straße, 83043 Bad Aibling, Deutschland

Holzbaupreis Vorarlberg 2023

In Bad Aibling steht ein Parkhaus aus Holz. Seine äußere Erscheinung ist geprägt von der für diese Typologie ungewöhnlichen Materialität und vom modularen Konstruktionsprinzip. Dach und Geschoßdecke sind als markante horizontale Bänder ablesbar, die Fassade wechselt zwischen geschlossenen und offenen Elementen. Stützen und Träger sind aus Brettschichtholz beziehungsweise wegen der erhöhten Traglast im Erdgeschoß aus Buchenschichtholz, die Decke aus Brettsperrholz mit einem Fahrbahnbelag aus Gussasphalt. Das Parkhaus kann später einmal rückgebaut werden, denn die Verbindungen sind nur geschraubt oder gesteckt. ai

There is a wooden parking garage in Bad Aibling. Its external appearance is shaped by the material, unusual for this building typology, and by its modular construction method. The roof and ceiling are prominently visible horizontal bands, the façade alternates between open and closed elements. Columns and beams are made of glue-laminated timber or, to increase the load-bearing capacity on the ground floor, of engineered laminated beech. The ceiling is cross-laminated timber, and the driving surfaces are mastic asphalt. The parking garage can be dismantled at a later date, as all connections are either screwed or fitted together. ai

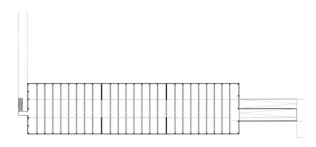

Parken in Holz
Parking in Wood

Einladung zum Aussteigen
Invitation to Disembark

Haltestelle Neulengbach Stadt
Neulengbach, Niederösterreich

Cool und schick mit neuen Stationspavillons in Sichtbeton, Glas, Naturstein und Holz heißt nun Neulengbach die mit dem Zug Anreisenden willkommen. Präzise in die Topografie zwischen unterschiedliche Geländehöhen, die Straße und den Bahndamm geschnitzt, präsentiert sich der Verkehrsbau edel und souverän, durchaus in respektvollem Abstand zu den denkmalgeschützten Wartehäuschen in seiner Nachbarschaft. Hilfreiche Verbesserungen bieten etwa die neuen Bahnsteigdächer, die Pavillons erfreuen mit schönen Materialien, Licht und Transparenz sowie mit angenehmer Beleuchtung bei Nacht. *mk*

The new station pavilions in Neulengbach in visible concrete, glass, natural stone, and wood welcome arriving train passengers with coolness and chic. Precisely incised into a topography with varying elevations, a road, and the railway embankment, the transport structure presents itself with noblesse and poise, at a respectful distance from the nearby listed bus shelters. New canopies along platforms provide protection from the elements. The pavilions now delight with beautiful materials, lightness, transparency, and pleasant nighttime illumination. *mk*

Architektur Architecture mohr niklas architekten ZT GmbH, Günter Mohr, Markus Niklas, www.mohr-niklas.at
Mitarbeit Assistance Alexander Masching, Faruch Achmetov
Bauherrschaft Client ÖBB Infrastruktur AG, www.infrastruktur.oebb.at
Tragwerksplanung Structural engineering schneider – consult und and Wolfgang Engel
Planungs- und Bauzeit Duration of design and construction 2017–2021
Adresse Address Bahnhofstraße 78, 3040 Neulengbach, Niederösterreich

best architects 23

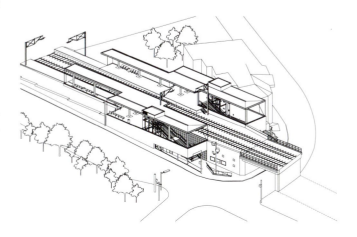

Großwärmepumpe ebswien – Wien Energie
Wien

Architektur Architecture smartvoll Architekten ZT KG, Philipp Buxbaum, Christian Kircher, www.smartvoll.com
Mitarbeit Assistance Viola Habicher, Michael Knoll
Technische Fachexpertise Technical expertise Hydro Ingenieure Umwelttechnik GmbH
Bauherrschaft Client Wien Energie GmbH, www.wienenergie.at
Planungs- und Bauzeit Duration of design and construction 2020 – 2023
Nutzfläche Floor area 3.980 m²
Adresse Address Landwehrstraße 7, 1110 Wien

Aluminium-Architektur-Preis 2023

Die rund 200 Tonnen schweren Maschinen der Großwärmepumpe stehen auf dem Gelände der Hauptkläranlage der Stadt Wien. Hier wird das in der Kläranlage gereinigte Wasser auf rund 90 Grad erhitzt und dann in das Fernwärmenetz eingespeist. Das teiltransparente Gebäude mit einer Hülle aus weiß profiliertem Aluminiumblech an den Längsseiten und transluzentem Profilitglas an den Stirnseiten macht die innovative Energiegewinnung von außen sichtbar. Zusätzlich spiegelt sich die Sonne über ein 90 Meter langes Wasserbecken in kaustischen Mustern auf der Fassade – ein Symbol dafür, dass die Energie für über 115.000 Haushalte aus dem Wasser kommt. gh

The large heat pump machines weigh around 200 tons each and are located on the premises of the City of Vienna's main sewage treatment plant. The water purified in the sewage plant is heated here to about 90 degrees and then fed into the district heating system. The partially transparent building with white corrugated aluminum cladding on the long sides and translucent profiled glass on the ends makes it possible to see this innovative generation of energy. The sun is reflected on the façade from a 90-meter-long water basin—symbolizing that the energy for over 115,000 households comes from the water. gh

Energie aus dem Wasser
Energy from Water

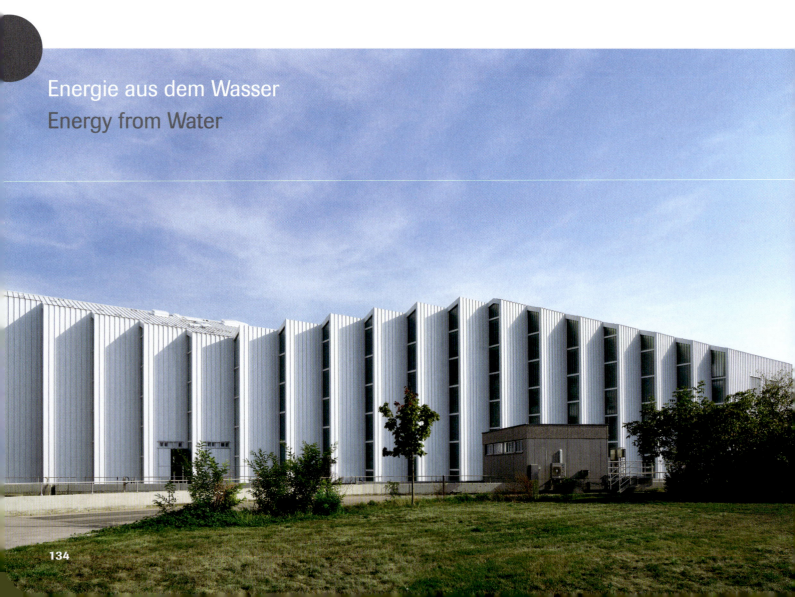

Ein bisschen Wildnis
A Bit of Wilderness

Reininghauspark
Graz, Steiermark

Als zentraler Quartierspark im neuen Stadtteil mit zukünftig mehr als 10.000 Einwohner*innen kommt dem Reininghauspark eine wichtige Rolle zu. Die Landschaftsarchitekten nahmen die vorhandene Topografie auf, verstärkten sie und schufen so eine deutlich modellierte Fläche. Aus dem Baumbestand wurde ein Raster entwickelt, in den biologisch und atmosphärisch unterschiedlich angelegte Bereiche eingewoben wurden. Jede Maßnahme berücksichtigt die in Zukunft zu erwartenden klimatischen Bedingungen, zugleich bleibt die Vergangenheit des ehemaligen Brauquartiers, etwa durch das Zitieren der Eisteiche oder das Liegenlassen eines toten Baumstamms, präsent. *eg*

As a central park in a new neighborhood which will one day be home to some 10,000 residents, the Reininghauspark must live up to expectations. The landscape architects took the existing topography, enhanced it, and created a clearly modulated area. The existing trees were used to develop a grid interwoven with areas staging different ecologies and atmospheres. Each measure considers the climate conditions expected in the future, while remaining alert to the former brewery quarter, for example, by referencing the ice ponds or letting a dead tree trunk lie. *eg*

Landschaftsarchitektur Landscape architecture zwoPK Landschaftsarchitektur, Philipp Rode, Helge Schier, Christian Wagner, www.zwopk.at
Mitarbeit Assistance Elena Stögmann
Bauherrschaft Client Stadt Graz – Abteilung für Grünraum und Gewässer, www.graz.at
Fachplanung Wasserzeile Specialist planning water line Wagner & Weitlaner WasserWerkstatt OG
Fachplanung Spielzeile Specialist planning game line SpielWERT® Toporek
Fachplanung Inklusion Specialist planning inclusion Massstab Mensch
Fachplanung Staudenbepflanzung Specialist planning perennials planting Sabine Plenk / ILA
Tragwerksplanung Structural engineering werkraum ingenieure zt gmbh
Planungs- und Bauzeit Duration of design and construction 2016 – 2022
Nutzfläche Floor area 30.000 m²
Adresse Address Reininghauspark 11/11, 8020 Graz, Steiermark

GerambRose 2022

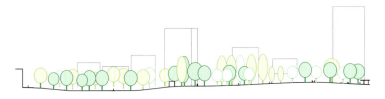

Neue Eisenbahnbrücke Linz
Linz, Oberösterreich

Die um 1900 errichtete Vorgängerbrücke aus einer genieteten Eisenkonstruktion war stark korrodiert. Aus wirtschaftlichen Gründen fiel nach einer Volksbefragung der Beschluss für einen Neubau. Im Erscheinungsbild erinnert die fast 400 Meter lange neue Eisenbahnbrücke an eine Bogenbrücke, vom Konstruktionsprinzip her handelt es sich allerdings um eine Zügelgurtbrücke mit gebogenen Gurten aus Stahl. Eine Stahl-Beton-Verbundplatte versteift die Brücke in Querrichtung. Mit einem Gesamtgewicht der Tragkonstruktion von 16.500 Tonnen ist die neue Brücke eine solide Ingenieursleistung und ein zentraler Baustein im Verkehrskonzept der Stadt. *gk*

The previous bridge, built around 1900 with riveted iron, was heavily corroded. A referendum was held and, for economic reasons, the decision was made to build a new structure. In appearance, the new, almost 400-meter-long railway bridge is reminiscent of an arched bridge, but its construction principle is that of a suspension bridge with arched steel chords. A steel-concrete composite slab stiffens the bridge in the transverse direction. With a total support structure weighing 16,500 tons, the new connection is a solid feat of engineering and a central component of the city's mobility concept. *gk*

Architektur und Tragwerksplanung Architecture and structural engineering ARGE Planung Neue Donaubrücke Linz, Marc Mimram Architecture & Associés (MMA), Marc Mimram Ingénierie S.A.S. (MMI), www.mimram.com, KMP ZT-GmbH (KMP), www.kmp.co.at
Mitarbeit Assistance Jacques Durst (MMI), Christian Stadler (KMP)
Bauherrschaft Client Stadt Linz, www.linz.at
Planungs- und Bauzeit Duration of design and construction 2015 – 2021
Nutzfläche Floor area 12.500 m²
Adresse Address 4020 Linz, Oberösterreich

Anerkennung Österreichischer Stahlbaupreis 2023

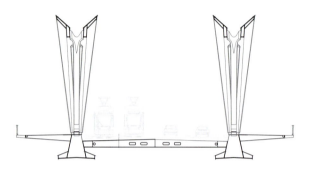

Drei Bögen über der Donau
Three Arches over the Danube

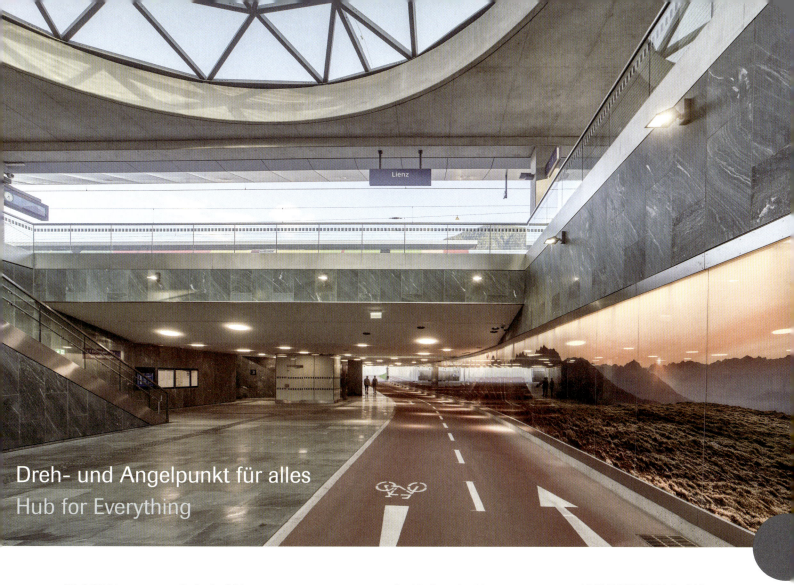

Dreh- und Angelpunkt für alles
Hub for Everything

Mobilitätszentrum Bahnhof Lienz
Lienz, Tirol

Im Norden das historische Zentrum von Lienz, im Süden der Stadtteil Triestach, dazwischen Geleise von West nach Ost und der alte Bahnhof. Es brauchte mehr Infrastruktur und weniger Barriere. Für Gebäude, Stadt und Mensch. Zu Fuß, per Rad, Bus und Automobil. Ein vorgespanntes Betondach umrundet nun das neue Busterminal im Westen und nimmt den revitalisierten Altbau mit zwei Vordächern in die Arme. Dieser ist nun Kundenzentrum und Restaurant. Dazwischen wölbt sich eine facettierte gläserne Kuppel aus dem Dach. Sie belichtet die offene Halle in der Mitte. Hier quert auch die Fuß- und Radwegunterführung, die Innenstadt und Triestach verbindet. *im*

The historic center of Lienz is to the north, the district of Triestach to the south, and in between are an old train station and tracks running east–west. The area needed more infrastructure and fewer barriers. For buildings, the city, and people. By foot, bike, bus, and car. A prestressed concrete roof now encircles the new bus terminal, embracing the revitalized old building with its two canopies, which is now a customer center and restaurant. In between, a faceted glass dome arcs up from the roof, illuminating the open hall in the middle. The pedestrian and bike path underpass that connects Triestach and the city center also crosses here. *im*

Architektur Architecture ostertag ARCHITECTS ZT GmbH, Markus Ostertag, www.ostertagarchitects.com
Mitarbeit Assistance Irene Hrdina, Isabella Kruse-Jarres, Aida Knöttig, Pushpadeva de Silva
Bauherrschaft Client ÖBB, www.oebb.at; Stadt Lienz, www.lienz.gv.at; Land Tirol, www.tirol.gv.at
Tragwerksplanung Structural engineering BERNARD Gruppe ZT GmbH
Städtebauliche Studie Urban planning study Rainer Köberl
Kunst (am Bau) Artwork Thomas Bredenfeld
Planungs- und Bauzeit Duration of design and construction 2018–2022
Nutzfläche Floor area 3.250 m²
Adresse Address Bahnhofplatz 1, 9900 Lienz, Tirol

Anerkennung Österreichischer Betonpreis 2023

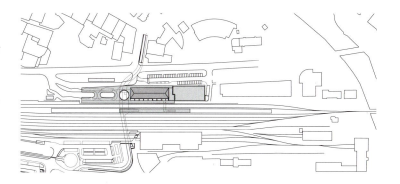

BILDUNG
EDUCATION

140 **Future Art Lab der Universität für Musik und darstellende Kunst** Wien Pichler & Traupmann Architekten

142 **Studienzentrum Montanuniversität Leoben** Leoben, Steiermark Franz&Sue

143 **JKU Campus Linz – Kepler Hall und LIT Open Innovation Center** Linz, Oberösterreich RIEPL RIEPL ARCHITEKTEN

144 **Pädagogische Hochschule Salzburg** Salzburg riccione architekten

146 **HTL Bau Informatik Design** Innsbruck, Tirol ao-architekten

147 **Haus der elementaren Bildung** Flachau, Salzburg LP architektur

148 **Kinderhaus Kreuzfeld** Altach, Vorarlberg Innauer Matt Architekten

149 **Kindergarten Münichsthal** Münichsthal, Niederösterreich Treberspurg & Partner Architekten

150 **MED Campus Graz** Graz, Steiermark Riegler Riewe Architekten

152 **Ganztagesschule Hörzendorf** St. Veit an der Glan, Kärnten Architekturbüro Eva Rubin

153 **Kindergarten Hallwang** Hallwang, Salzburg LP architektur

154 **IST Austria Chemistry Lab** Klosterneuburg, Niederösterreich ARGE Maurer&Partner und Franz&Sue

155 **Volksschule Brixlegg** Brixlegg, Tirol ARGE Architekturhalle Raimund Wulz und ILIOVAarchitektur

156 **Bildungscampus Nüziders** Nüziders, Vorarlberg Fink Thurnher Architekten

158 **MED Campus Linz** Linz, Oberösterreich LORENZATELIERS

159 **Volksschule Graz Neuhart** Graz, Steiermark dreiplus Architekten

160 **Lebenshilfe Werkstätte Civitas Nova** Wiener Neustadt, Niederösterreich atelier hochstrasse

161 **FH Campus St. Pölten** St. Pölten, Niederösterreich NMPB Architekten

162 **Volksschule Kaindorf an der Sulm** Kaindorf an der Sulm, Steiermark epps Ploder Simon

163 **Konrad Lorenz Gymnasium** Gänserndorf, Niederösterreich Franz&Sue

164 **Mozarteum Foyers** Salzburg maria flöckner und hermann schnöll

Future Art Lab der Universität für Musik und darstellende Kunst
Wien

Das drei Institute fassende Future Art Lab schließt den Universitätscampus im Süden mit einem Solitär ab. Neben die unterschiedlichen funktionellen und bauphysikalischen Anforderungen der Unterrichts-, Verwaltungs- und Vortragsräume trat der Wunsch nach größtmöglicher Kompaktheit der Anlage. Gleichzeitig sollten weder die interne Kommunikation noch der Austausch mit einem interessierten Publikum oder der Bezug zum Grünraum geschmälert werden. Aufgelöst wurden diese widersprüchlichen Bedingungen in einer plastisch durchgeformten Architektur, in der die Erschließungszone einer Skulptur aus Licht und Bewegung gleicht. *rr*

The freestanding building of the Future Art Lab includes three institutes and brings the university campus to a close in the south. In addition to the different functional and structural requirements of the classrooms, administrative offices, and lecture rooms, there was a desire for the facility to be as compact as possible. At the same time, it was important not to reduce opportunities for internal communication, interaction with interested audiences, or the connection to the surrounding green space. These contradictory conditions were resolved by the sculptural building with an access area that is a symphony of light and motion. *rr*

Architektur Architecture Pichler & Traupmann Architekten ZT GmbH, Christoph Pichler, Johann Traupmann, www.pxt.at
Mitarbeit Assistance Alexander Tauber (Projektleitung Ausführung Project management construction), Bartosz Lewandowski (Teamleiter Wettbewerb Team leader competition)
Bauherrschaft Client BIG Bundesimmobiliengesellschaft m.b.H., www.big.at
Tragwerksplanung Structural engineering FCP – Fritsch, Chiari & Partner ZT GmbH
Örtliche Bauaufsicht Site supervision Architekt Erwin Stolz
Planungs- und Bauzeit Duration of design and construction 2014–2020
Nutzfläche Floor area 6.210 m²
Adresse Address Anton-von-Webern-Platz 1, 1030 Wien

Staatspreis Architektur 2023

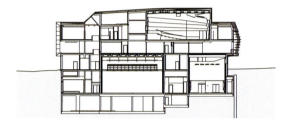

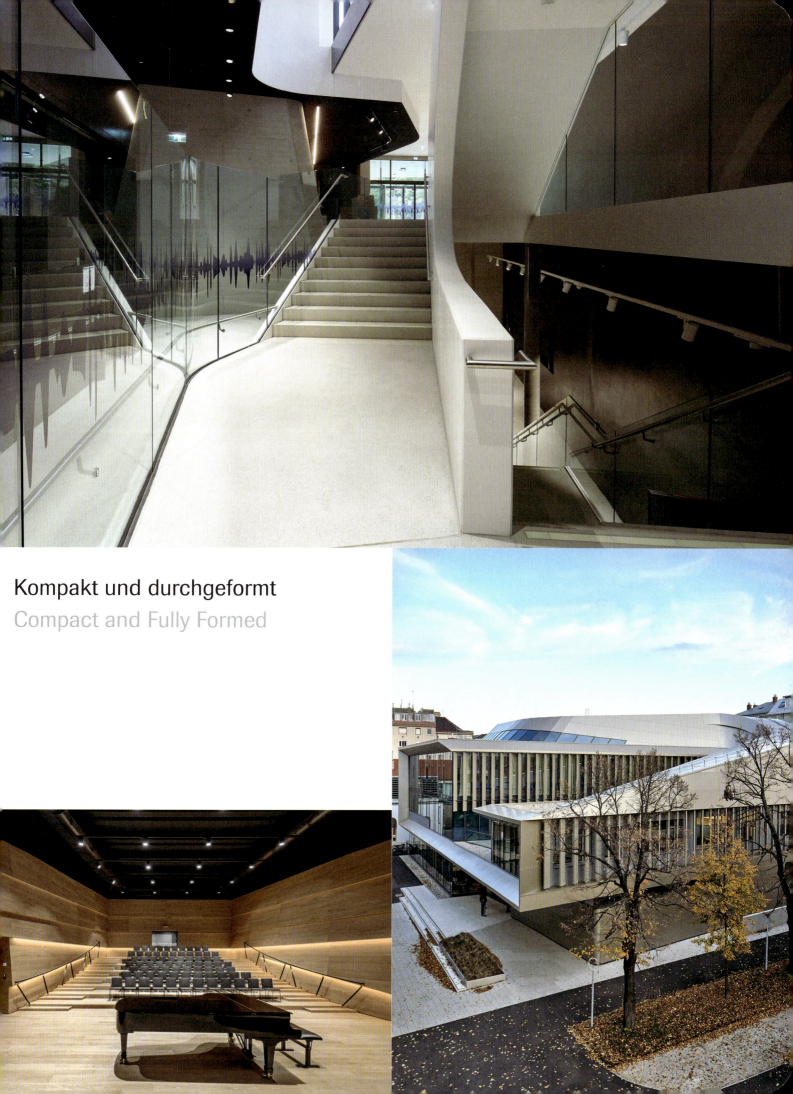

Kompakt und durchgeformt
Compact and Fully Formed

Studienzentrum Montanuniversität Leoben
Leoben, Steiermark

Das Areal der Montanuniversität soll in den kommenden 30 Jahren stetig wachsen. Als erstes Gebäude des zukünftigen Campus direkt an der Mur bildet das Studienzentrum einen Ort mit hoher Aufenthaltsqualität. Die verlaufende Putzfarbe und der Fußboden im Erdgeschoß spielen auf den Rotton des in Leoben historisch verarbeiteten Eisenerzes an. Der polygonale Baukörper bildet die Baugrenzen ab und schafft rund um drei eingestellte Hörsäle, Deckenöffnungen und Einsprünge markante, abwechslungsreiche Raumsituationen mit minimalen Gesten. Offene Studienbereiche und funktionale Gruppenräume schaffen gefasste Zwischenzonen und Ausblicke ins Grüne. *rf*

This university facility is expected to steadily grow over the next 30 years. As the first building of the future campus to be situated on the Mur River, the student center is a place where students should feel free to linger. The subtly gradated stucco and the entry level flooring allude to the red shade of the iron ore historically processed in Leoben. The polygonal structure echos the property lines and creates striking, varied spatial situations around inset lecture halls, ceiling openings, and projections. Open study areas and group rooms frame intermediate zones and views to the surrounding vegetation. *rf*

Architektur Architecture Franz und Sue ZT GmbH, Christian Ambos, Michael Anhammer, Robert Diem, Björn Haunschmid-Wakolbinger, Harald Höller, Erwin Stättner, Corinna Toell, www.franzundsue.at
Bauherrschaft Client BIG Bundesimmobiliengesellschaft m.b.H., www.big.at
Tragwerksplanung Structural engineering Bollinger + Grohmann ZT GmbH
Landschaftsarchitektur Landscape architecture EGKK Landschaftsarchitektur
Planungs- und Bauzeit Duration of design and construction 2018–2022
Nutzfläche Floor area 5.740 m²
Adresse Address Peter-Tunner-Straße 23, 8700 Leoben, Steiermark

ICONIC Architecture Award, best of best 2023

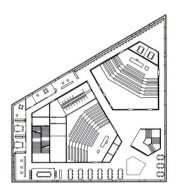

Rostrote Stratosphären
Rust-colored Stratospheres

Kreativ kultiviert
Creatively Cultivated

JKU Campus Linz – Kepler Hall und LIT Open Innovation Center
Linz, Oberösterreich

Der Campus der Johann Kepler Universität in Linz verdankt sein heutiges Erscheinungsbild in großen Teilen den Interventionen von RIEPL RIEPL ARCHITEKTEN. Zwei der von ihnen auf dem Campus geplanten Gebäude verbindet die Entscheidung zum Holzbau. Diese beiden Objekte zeigen, dass die breite Palette an Vorzügen des Baustoffs Holz nicht zuletzt eine Vielfalt gestalterischer Ausdrucksformen einschließt. Während sich das Open Innovation Center als robuste Hülle kreativ nutzbaren Raums präsentiert, bildet die Kepler Hall ein – ebenfalls variabel bespielbares – Tor zum Campus, das mit angemessener Eleganz den engen Bezug von Wissenschaft und Baukultur verkörpert. *rr*

The the campus of Johann Kepler University in Linz owes much of its current appearance to the interventions of Riepl Riepl Architects. Two of the buildings they planned on campus share the choice to build a timber construction. The two structures show that just one of the many advantages of using wood as a building material is the great variety of design expressions. While the Open Innovation Center presents itself as a robust shell of creatively usable space, Kepler Hall—which can also host a variety of functions—acts as a gateway to the campus while embodying the close relationship between science and architecture with fitting elegance. *rr*

Architektur Architecture RIEPL RIEPL ARCHITEKTEN ZT GmbH, Gabriele Riepl, Peter Riepl, Christof Pernkopf, www.rieplriepl.com
Mitarbeit Assistance Debby Haepers, Hanna Hüthmair (Kepler Hall), Alexander Jaklitsch (LIT), Vanessa Konec (LIT)
Bauherrschaft Client BIG Bundesimmobiliengesellschaft m.b.H., www.big.at
Tragwerksplanung Structural engineering Bollinger + Grohmann ZT GmbH
Landschaftsarchitektur Landscape architecture DnD Landschaftsplanung ZT KG
Kunst (am Bau) Artwork Gilbert Bretterbauer
Planungs- und Bauzeit Duration of design and construction 2016–2019
Nutzfläche Floor area 4.207 m² (Kepler Hall), 6.595 m² (LIT)
Adresse Address Altenberger Straße 69, 4040 Linz, Oberösterreich

Holzbaupreis Oberösterreich 2022

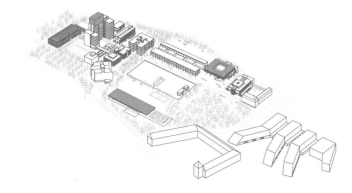

Pädagogische Hochschule Salzburg
Salzburg

Architektur Architecture riccione architekten, Clemens Bortolotti, Tilwin Cede, www.riccione.at
Mitarbeit Assistance Melanie Hammenschmidt, Türkan Tanriöver
Bauherrschaft Client BIG Bundesimmobiliengesellschaft m.b.H., www.big.at
Tragwerksplanung Structural engineering ingena Innsbruck
Planungs- und Bauzeit Duration of design and construction 2014 – 2020
Nutzfläche Floor area 14.900 m²
Adresse Address Akademiestraße 23 – 25, 5020 Salzburg

Bauherr:innenpreis der ZV 2022
Anerkennung Architekturpreis Land Salzburg 2022

Im Salzburger Stadtteil Nonntal werden schon lange Menschen in pädagogischen Berufsfeldern ausgebildet. Das Gebäudeensemble stammt ursprünglich aus den 1960er-Jahren. Die Plattenbauten sollten im Sinne der Nachhaltigkeit als Gerüst erhalten bleiben und mit neuem Leben erfüllt werden. Aus dieser Haltung wurde ein Gestaltungsprinzip. Sichtbare Decken, offene Leitungen und unverputzte Wände machen die Veränderungen gut ablesbar. Von außen sind lediglich zarte metallene Sonnenschutzläden als einzig wahrnehmbare Veränderung vor die Betonplatten der Fassade gehängt worden: ein schöner Kontrast. *kjb*

People have been coming to the Nonntal district of Salzburg for an education in the teaching arts for a long time. The building ensemble dates back to the 1960s. With an eye towards sustainability, the the structural framework of the panelized buildings was refurbished and injected with new life. This approach was turned into the design principle. Visible ceilings, open ductwork, and unplastered walls make the changes easy to identify. From the outside, the only discernible alteration is the addition of delicate metal sunshades that now front the concrete panels: a nice contrast. *kjb*

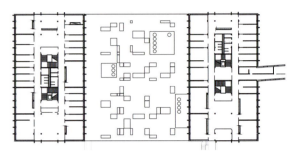

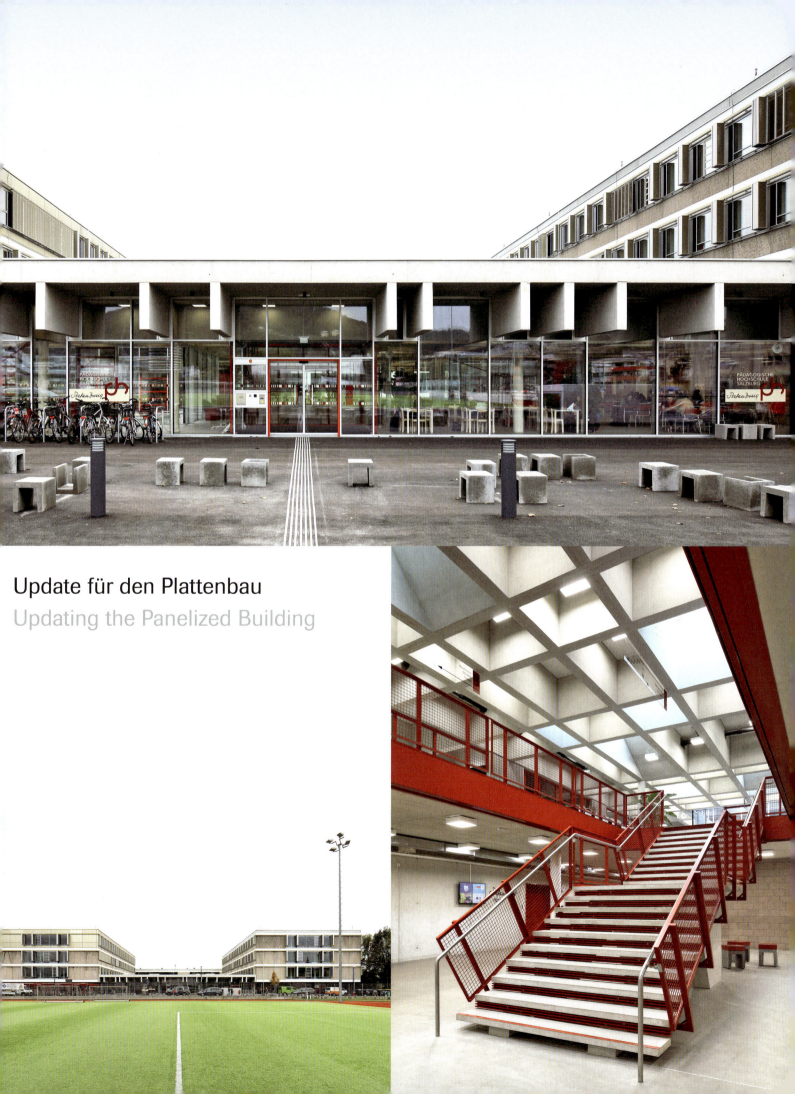

Update für den Plattenbau
Updating the Panelized Building

HTL Bau Informatik Design
Innsbruck, Tirol

Architektur Architecture ao-architekten ZT GmbH, Andrea Zeich, Michael Felder, Walter Niedrist, www.ao-architekten.com
Mitarbeit Assistance Ingo Parth
Bauherrschaft Client BIG Bundesimmobiliengesellschaft m.b.H., www.big.at
Tragwerksplanung Structural engineering DIBRAL – Alfred Brunnsteiner ZT GmbH
Planungs- und Bauzeit Duration of design and construction 2016–2021
Nutzfläche Floor area 1.600 m² (Erweiterung Extension)
Adresse Address Trenkwalderstraße 2, 6020 Innsbruck, Tirol

Holzbaupreis Oberösterreich 2022
Auszeichnung des Landes Tirol für Neues Bauen 2022
Holzbaupreis Tirol 2023

Das Hauptgebäude der Höheren Technischen Lehranstalt für Bau und Design in Innsbruck ist ein lang gestrecktes vierstöckiges Gebäude aus den 1970er-Jahren. Es wurde um ein Geschoß aufgestockt. Ein umlaufendes Fensterband trennt Alt und Neu. Auch farblich setzt sich die Aufstockung, eine Konstruktion aus Holz und Stahl, mit ihrer dunklen Fassade aus gekantetem schwarzem Metallblech deutlich von dem hell verputzten Bestand ab. Im Inneren bringt ein weitgehend stützenfreies Lamellendach gleichmäßiges Tageslicht in die Räume und schafft in der Mitte eine lichtdurchflutete, interdisziplinär nutzbare Zone. *ai*

The main building of the technical high school in Innsbruck is an elongated four-story structure from the 1970s. Another floor has been added, with a surrounding band of windows dividing the old and new. The coloration of the wood and steel extension—a dark façade made of profiled black sheet metal—stands out clearly from the pale stucco of the existing building. Inside, a largely column-free louvre roof brings uniform daylight into the rooms, creating a light-flooded, interdisciplinary zone at the center. *ai*

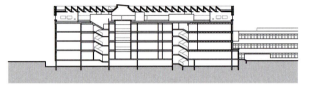

Lichtvolles Dachgeschoß
A Light-filled Penthouse

Raum zum Wachsen
Room to Grow

Haus der elementaren Bildung
Flachau, Salzburg

Den Kleinsten ansprechende Räume zur Verfügung zu stellen ist eine zentrale Aufgabe des Bildungssystems. In Reitdorf finden sie auf nun mehr als 2.000 Quadratmetern ein Angebot, das Raum zur Entfaltung bietet. Das Projekt umfasst die Sanierung der ehemaligen Schule, ihre Erweiterung um einen zweigeschoßigen Holzbau und eine Verbindungszone. Die neuen nach Süden orientierten Gruppenräume werden durch eine vorgelagerte, gedeckte Veranden-Terrassen-Konstruktion als Schnittstelle zum Garten erweitert. Der in allen Bereichen sichtbare konstruktive Holzbau schafft eine heimelige Atmosphäre, große Glasscheiben bieten Sichtbeziehungen und Offenheit. *bf*

Providing attractive spaces for the youngest children is a central task of the education system. In Reitdorf, you will find more than 2,000 square meters of space with room for them to evolve. The project includes the renovation of the former school, a two-story timber building extension, and a connecting zone. The new south-facing group rooms are connected by a covered veranda-terrace structure that was added as an interface to the garden. The timber construction, visible throughout, creates a homey atmosphere, while large glass panes provide visual connection and openness. *bf*

Architektur Architecture LP architektur ZT GmbH, Tom Lechner, www.lparchitektur.at
Mitarbeit Assistance Manfred Schitter
Bauherrschaft Client Gemeinde Flachau, www.flachau.salzburg.at
Tragwerksplanung Structural engineering Gruber ZT
Örtliche Bauaufsicht und Projektsteuerung Site supervision and Project management bauzeitplan Baumanagement GmbH
Planungs- und Bauzeit Duration of design and construction 2020 – 2022
Nutzfläche Floor area 2.117 m² (1.180 m² Bestand Existing building, 937 m² Neubau New building)
Adresse Address Kreuzmoosstraße 4, 5542 Flachau, Salzburg

BIGSEE Architecture Award – Grand Prix 2023

Kinderhaus Kreuzfeld
Altach, Vorarlberg

Architektur Architecture Innauer Matt Architekten ZT GmbH, Markus Innauer, Sven Matt, www.innauer-matt.com
Mitarbeit Assistance Tobias Franz (Projektleitung Project management), Sandra Violand
Bauherrschaft Client Gemeinde Altach, www.altach.at
Tragwerksplanung Structural engineering merz kley partner GmbH, M+G Ingenieure ZT GmbH
Örtliche Bauaufsicht Site supervision BauProjektLeitung Paul & Simon Martin
Landschaftsarchitektur Landscape architecture Planstatt Senner
Planungs- und Bauzeit Duration of design and construction 2019 – 2023
Nutzfläche Floor area 1.654 m²
Adresse Address Längleweg 1, 6844 Altach, Vorarlberg

Holzbaupreis Vorarlberg 2023

Das Kinderhaus ist Teil einer neuen Quartiersmitte in einer für das Vorarlberger Rheintal typischen, konturlosen Streusiedlung. Mit zwei weiteren Gebäuden soll dazu ein Platz und ortsräumliche Identität entstehen. Das zweigeschoßige Kinderhaus zeigt in Perfektion eine windmühlenartige Typologie, die mit ihren Einsprüngen geschützte Vorbereiche und Loggien schafft und aus einem zentralen Atrium mit breiten, vielfältig nutzbaren Spielfluren in alle vier Himmelsrichtungen schaut. Umgesetzt als hochwertiger Holzbau dessen selbstverständliche konstruktionsbewusste Gliederung und funktionelle Tektonik eine aktuelle Sprache spricht. *rf*

The preschool is part of a new district center in an amorphous scattered settlement typical of the Vorarlberg Rhine Valley. Two additional buildings create a square and local identity. The two-story children's center is a perfect example of a windmill-like typology, with its projections creating protected entrance areas and loggias while looking out in all four directions from a central atrium with wide, multi-purpose play corridors. Implemented as a high-quality wooden structure, its natural, throughtfully designed build and pragmatic tectonics speak a contemporary language. *rf*

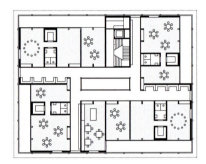

In alle Himmelsrichtungen
In All Directions

Im richtigen Maßstab
At the Right Scale

Kindergarten Münichsthal
Münichsthal, Niederösterreich

Architektur Architecture Treberspurg & Partner Architekten ZT GmbH, Martin Treberspurg, Christoph Treberspurg, Bernhard Kollmann, Doris Österreicher, www.treberspurg.at
Mitarbeit Assistance Julia Wildeis, Matthias Klapper
Bauherrschaft Client Stadtgemeinde Wolkersdorf im Weinviertel, www.wolkersdorf.at
Örtliche Bauaufsicht Site supervision Bieber Bau GmbH
Planungs- und Bauzeit Duration of design and construction 2020–2022
Nutzfläche Floor area 559 m²
Adresse Address Hauptstraße 103, 2122 Münichsthal, Niederösterreich

Vorbildliches Bauen in Niederösterreich 2022

Die umgebende Bebauungsstruktur aufgreifend fügen sich die Bauteile des neuen Kindergartens sehr passend in das schmale, lang gestreckte Grundstück, indem sie eine Kombinationsform der ortsüblichen Haken- und Streckhöfe bilden. Auch die Dachformen der drei durch einen funktional erweiterten Erschließungstrakt verbundenen Baukörper orientieren sich an den benachbarten Satteldächern. Die Gruppenräume sind bunt, öffnen sich mit Eckfenstern zum Garten und haben räumliche Raffinessen wie kleine Galerien. Auch klimatechnisch zeigt sich der Passivbau vorbildlich mit ökologischen Materialien wie Ziegel und Holz, Photovoltaik und teilweise Gründächern. *mk*

Picking up on the surrounding structures, the components of the new kindergarten fit perfectly into the long and narrow plot of land by using a combination of the local hook-shaped and elongated courtyards. The roof shapes of the three buildings are drawn from the adjacent gable roofs and connected by a functionally expanded access wing. The group rooms are colorful, with corner windows opening to the garden, and with spatial refinements such as small galleries. The passive house structure is exemplary in terms of climate technology as well, using ecological materials like bricks and wood, photovoltaics, and partial green roofs. *mk*

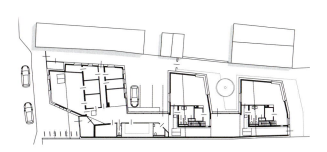

MED Campus Graz
Graz, Steiermark

Der MED Campus Graz vereint Spitzenforschung, Lehre und Verwaltung an einem Standort. Mit zahlreichen Kommunikations- und Freiräumen wie der Campusebene oder einer Fuß- und Radwegbrücke mit Anbindung an das Landeskrankenhaus Graz erweitert sich das 90.000 Quadratmeter große Universitätsareal zu einem lebendigen Stadtquartier. Auf das heterogene Raumprogramm reagierten die Architekten mit einer vertikalen Staffelung der Nutzungsbereiche in schmalen, parallel angeordneten Baukörpern, die eine Frischluftschneise in das Grazer Becken bilden. Nachhaltigkeit war ein zentraler Aspekt und wurde in den unterschiedlichsten Bereichen umgesetzt. *gh*

The MED Campus Graz combines top-level research, teaching, and administration in one location. Equipped with a variety of outdoor spaces as well as a pedestrian and bicycle bridge connecting to the Graz Regional Hospital, the 90,000 square meter university site is expanding to become a lively urban quarter. The architects responded to the heterogeneous spatial program by vertically staggering the functional areas in narrow, parallel structures that create a fresh air corridor into the Graz Basin. Sustainability was a central consideration implemented throughout the campus. *gh*

Architektur Architecture   Riegler Riewe Architekten ZT GmbH, Florian Riegler, Roger Riewe, Christian Story, Michael Münzer, www.rieglerriewe.co.at
Mitarbeit Assistance   Manuela Müller, Susanne Mayr
Bauherrschaft Client   BIG Bundesimmobiliengesellschaft m.b.H., www.big.at, ZWT GmbH, ZWT Accelerator GmbH, www.zwt-graz.at
Tragwerksplanung Structural engineering   Peter Mandl ZT GmbH
Landschaftsarchitektur Landscape architecture   Land in Sicht
Lichtplanung Lighting concept   Day & Light Lichtplanung GbR
Kunst (am Bau) Artwork   Matt Mullican, Manfred Erjauz, Esther Stocker, Misha Stroj
Planungs- und Bauzeit Duration of design and construction   2010 – 2023
Nutzfläche Floor area   51.905 m²
Adresse Address   Neue Stiftingtalstraße 6, 8010 Graz, Steiermark

Staatspreis Architektur 2023

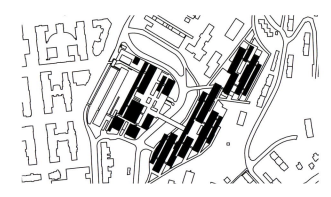

Vom Campus zur Stadt
From Campus to City

Ganztagesschule Hörzendorf
St. Veit an der Glan, Kärnten

Architektur Architecture Architekturbüro Eva Rubin
Mitarbeit Assistance Florian Anzenberger (Projektleitung Project management)
Bauherrschaft Client Stadtgemeinde St. Veit an der Glan, www.sv.or.at
Tragwerksplanung Structural engineering Lackner | Egger Bauingenieure ZT GmbH
Kunst (am Bau) Artwork Zorka Weiß
Planungs- und Bauzeit Duration of design and construction 2018 – 2020
Nutzfläche Floor area 953 m²
Adresse Address Unterberg 3a, 9300 St. Veit an der Glan, Kärnten

Anerkennung Kärntner Landesbaupreis 2022

Als erste Ganztagsvolksschule Kärntens bietet die Schule Hörzendorf den Kindern eine offene Lernlandschaft mit ineinanderfließenden Räumen, Blickbeziehungen zwischen innen und außen und differenzierten Lern- und Ruhezonen. Der eingeschoßige, lang gestreckte Holzbau beherbergt vier durch Sichtbetonscheiben voneinander getrennte nordseitig orientierte Klassen. Diese sind wohnlich in unterschiedlichen Holzarten eingerichtet und werden über ein südseitiges Oberlichtband zusätzlich belichtet. Nordseitig den Klassen vorgelagert liegt ein gedeckter Freibereich, der das Lernen in den Außenraum erweitert. *am*
The first all-day elementary school in Carinthia offers children an open learning landscape with flowing spaces, visual connections between inside and outside, and differentiated learning and quiet areas. The single-story, elongated wooden building houses four north-facing classrooms separated by exposed concrete slabs. The rooms are pleasantly fitted out in different types of wood and have additional illumination from a south-facing skylight. On the north side of the classrooms, a covered outdoor area brings learning to the outdoors. *am*

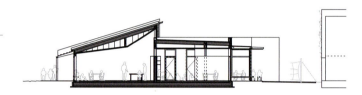

Offene Lernlandschaft
Open Learning Landscape

Kinderbildung, höchst bewertet
Childhood Education, Highly Rated

Kindergarten Hallwang
Hallwang, Salzburg

Das Gelände der bestehenden Volkschule in Hallwang wurde vom selben Architekturbüro mit dem Neubau des Kindergartens zu einem „Bildungscampus für die Kleinsten" ergänzt. Entstanden ist ein überaus stimmiges Konglomerat, das sich um eine zentral gelegene Grünfläche ordnet. Der sympathische Holzbau des Kindergartens fügt sich wie selbstverständlich in die Bestandsbauten vor Ort. Großzügige Loggien öffnen sich Richtung Mitte, die klare, reduzierte Formensprache setzt sich im Innenraum fort und beschreibt mit dem durchgängig eingesetzten Werkstoff Holz ein angenehm warmes, luxuriös anmutendes Ambiente. *mk*

The same architecture firm added a new kindergarten to the site of the existing elementary school in Hallwang to create an "educational campus for the little ones". The result is a harmonious conglomerate arranged around a central greenspace. The kindergarten's attractive timber construction blends in naturally with the existing buildings of the site. Spacious loggias open to the center with a clear, reduced design language that continues inside, using wood throughout to create a warm and luxurious atmosphere. *mk*

Architektur Architecture LP architektur ZT GmbH, Tom Lechner, www.lparchitektur.at
Mitarbeit Assistance Sandra Ramböck
Bauherrschaft Client Gemeinde Hallwang, www.hallwang.at
Tragwerksplanung Structural engineering Baucon ZT GmbH
Projektleitung Project management Bernhard Nutzenberger
Planungs- und Bauzeit Duration of design and construction 2018–2022
Nutzfläche Floor area 3.070 m² (760 m² Bestand Existing building, 2.310 m² Neubau New building)
Adresse Address Schulweg 5, 5300 Hallwang, Salzburg

Holzbaupreis Salzburg 2023

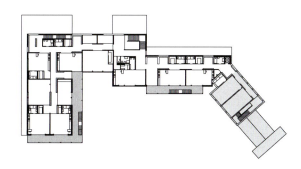

IST Austria Chemistry Lab
Klosterneuburg, Niederösterreich

Labore, Lager, Lehr- und Lernstätten bilden am ISTA Klosterneuburg einen Kosmos der Forschung. Die meisten sind Solitäre. Das LAB 5 teilt sich mit Bibliothek und Graduate School einen Baukörper aus rostrotem Beton mit durchgehenden Fensterbändern. Nonchalant umarmt sein L-förmiger Westflügel den begrünten Innenhof über der Tiefgarage. Die terrassierte Südflanke folgt dem Gelände, jede Ebene mündet auf eine Sonnenterrasse. Souverän überwindet die Kaskadentreppe am Rand die 13 Meter bis zum Dachgarten und verbindet alle drei Geschoße. Innen: Lufträume, Galerien, Durchblicke. Im Norden übernimmt das Labor. Auch rot, auch Fensterband. *im*

Laboratories, warehouses, teaching, and study facilities form a cosmos of research at ISTA Klosterneuburg. Most of the buildings are solitaires. LAB 5 shares a rust-red concrete structure with continuous windows with the library and graduate school. Its L-shaped west wing nonchalantly embraces the green courtyard above an underground car park. The terraced southern flank follows the terrain, each level leading to a sundeck. The cascading staircase at the edge confidently rises 13 meters to the roof garden, connecting all three floors. Inside: atriums, galleries, views. The laboratory is to the north, also red, with a window band. *im*

Architektur Architecture ARGE Maurer&Partner und and Franz&Sue; Architekten Maurer&Partner ZT GmbH, Ernst Maurer, Christoph Maurer, Thomas Jedinger, www.maurer-partner.at; Franz und Sue ZT GmbH, Christian Ambos, Michael Anhammer, Robert Diem, Björn Haunschmid-Wakolbinger, Harald Höller, Erwin Stättner, Corinna Toell, www.franzundsue.at
Bauherrschaft Client Amt der NÖ Landesregierung, Abteilung Wissenschaft und Forschung, www.noe.gv.at
Tragwerksplanung Structural engineering Woschitz Engineering ZT GmbH
Landschaftsarchitektur Landscape architecture EGKK Landschaftsarchitektur
Planungs- und Bauzeit Duration of design and construction 2018 – 2021
Nutzfläche Floor area 14.992 m²
Adresse Address Am Campus 1, 3400 Klosterneuburg, Niederösterreich

Vorbildliches Bauen in Niederösterreich 2022

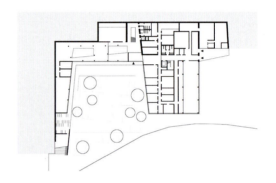

Rostrot und cool
Rusty Red and Cool

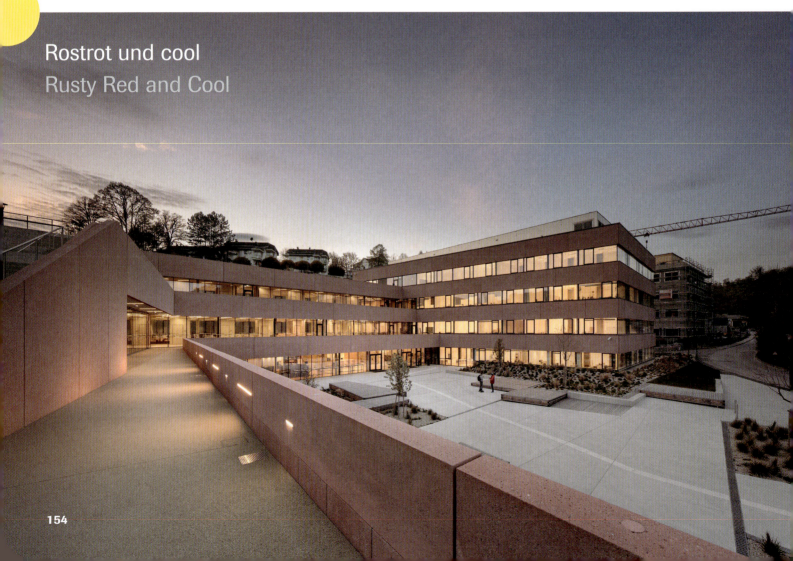

Qualitäten weiterbauen
Building on Quality

Volksschule Brixlegg
Brixlegg, Tirol

Architektur Architecture ARGE Architekturhalle Raimund Wulz, www.architekturhalle.at, und and ILIOVAarchitektur, Todorka Iliova, www.iliovaarchitektur.at
Mitarbeit Assistance Thomas Hörmann, Simon Schnegg, Anton Mangweth
Bauherrschaft Client Gemeinde Brixlegg, www.brixlegg.tirol.gv.at
Tragwerksplanung Structural engineering Peter Stippler
Planungs- und Bauzeit Duration of design and construction 2018–2020
Nutzfläche Floor area 2.800 m²
Adresse Address Römerstraße 18a, 6230 Brixlegg, Tirol

ETHOUSE Award 2022

Das Schulgebäude aus den 1960er-Jahren entsprach nicht mehr den technischen Standards, hatte aber ein spannendes räumliches Grundkonzept – das einer Atriumschule mit offener Aula und der zentralen Treppe als bestimmendes Raumelement. Dies wurde in der Sanierung wertgeschätzt und durch sensible Eingriffe zeitgemäß und in hoher ökologischer Qualität weiterentwickelt. Das Untergeschoß wurde gänzlich neu organisiert und das Gesamtgebäude klarer, übersichtlicher und offener gestaltet. Wesentlich war auch die Verlegung des Eingangs in den Osten, wo ein sonniger Pausenhof als neues Zentrum des Schulareals entstanden ist. *nw*

The 1960s school building was no longer up to technical standards, but had an exciting underlying spatial concept—an atrium school with an open auditorium and a central staircase defining the space. This was respected during the renovation and, using careful interventions, further developed in a contemporary way. The basement level was completely reorganized, and the entire building redesigned to be clearer, more easily surveyable, and more open. An important step was to move the entrance to the east, where a sunny playground was created as the new center of the schoolgrounds. *nw*

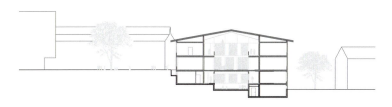

Bildungscampus Nüziders
Nüziders, Vorarlberg

Die Volksschule in Nüziders ist ein Meilenstein aus den 1960ern, das Erstlingswerk der Architektengemeinschaft C4 und das erste Gebäude, das je den Bauherrenpreis bekam. Eingeschoßige Trakte mit Pultdach um einen Hof, zweiseitig belichtet, große Fenster, Holzdecken, Beton, mit Klinker ausgefacht. Fink Thurnher erkannten, wahrten und mehrten ihre Qualität. Sie sanierten behutsam, ersetzten einen Riegel mit einem wesensverwandten Neubau und ließen die aufgeständerte Erweiterung von Bruno Spagolla leben. Ihr U-förmiger Zubau schenkt der Schule einen neuen Hof, ein Innenatrium mit Terrasse und großzügige Cluster. Alle Bauphasen finden zusammen. *im*

The elementary school in Nüziders is a 1960s milestone, the first work of the C4 architecture group and the first building to ever receive the Bauherrenpreis award. Single-story wings with pent roofs surround a courtyard with incoming light from two sides, large windows, wooden ceilings, concrete, and infilled with clinker bricks. Fink Thurnher recognized, preserved, and augmented the existing qualities. They carefully renovated the building, replacing a block with a similar new building and giving life to the elevated extension by Bruno Spagolla. Their U-shaped addition gives the school a new courtyard, an interior atrium with terrace, and spacious clusters. All construction eras are brought together. *im*

Architektur Architecture Fink Thurnher Architekten ZT GmbH, Markus Thurnher, Josef Fink, www.fink-thurnher.at
Mitarbeit Assistance André Sallmayer, Katharina Berchtold
Bauherrschaft Client Gemeinde Nüziders, www.nueziders.at
Tragwerksplanung Structural engineering Mader Flatz Schett ZT GmbH
Landschaftsarchitektur Landscape architecture Cukrowicz Landschaften GmbH
Planungs- und Bauzeit Duration of design and construction 2017–2021
Nutzfläche Floor area 5.300 m²
Adresse Address Schulgasse 10, 6714 Nüziders, Vorarlberg

Bauherr:innenpreis der ZV 2022

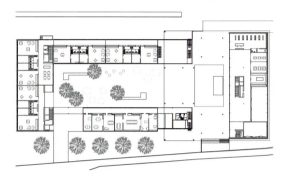

Großes Erbe wahren und mehren
Preserving and Growing

MED Campus Linz
Linz, Oberösterreich

Das Klinikum der Johannes Kepler Universität ist ein disperses Konglomerat medizinischer Bauten verschiedener Dekaden. Diesem Chaos schafft der MED Campus III einen identitätsstiftenden Ort. Vier Quader, jeder anders, insgesamt 12.500 Quadratmeter für 1.800 Studierende und einen 250-köpfigen Lehrkörper. Im Westen das Büro: gläserner Sockel, anthrazitgraue Stahlfassade, schneckenförmige Treppe. Im Osten die Lehre: ein Bau aus hellem Betonrahmen mit Sonnenlamellen vor raumhohen Glasscheiben. Le Corbusier lässt grüßen. Eine Luftbrücke führt ins rostrote Laborgebäude. Schräg gegenüber: die Bibliothek, lang, nieder, Holzfassade. In der Mitte ein offener, urbaner Platz für freien Austausch. *im*

The hospital of Johannes Kepler Universität hospital is a dispersed conglomerate of medical buildings from various decades. MED Campus III brings identity to the chaos. Four cubes, each different, provide a total of 12,500 square meters for 1,800 students and 250 teaching staff. Offices to the west: glass base, anthracite steel façade, spiral staircase. Lessons to the east: a light-toned concrete-frame building with floor-to-ceiling glass protected by sun louvers. Greetings from Le Corbusier. A floating bridge leads into the rust-colored laboratory building. Diagonally across: the library with a long, low, wooden façade. At the center, an open, urban space for free interaction. *im*

Architektur Architecture   LORENZATELIERS ZT GmbH, Peter Lorenz, Giulia Decorti, www.lorenzateliers.at
Mitarbeit Assistance   Arno Reiter, Siegfried Gurschler, Gabriel Garcia
Bauherrschaft Client   Kepler Universitätsklinikum GmbH, www.krpleruniklinikum.at
Tragwerksplanung Structural engineering   Thomas Lorenz ZT GmbH
Kunst (am Bau) Artwork   Melitta Moschik, Hubert Lobnig, Iris Andraschek
Planungs- und Bauzeit Duration of design and construction   2015 – 2021
Nutzfläche Floor area   12.500 m²
Adresse Address   Krankenhausstraße 40, 4040 Linz, Oberösterreich

Daidalos Architekturpreis Oberösterreich 2022

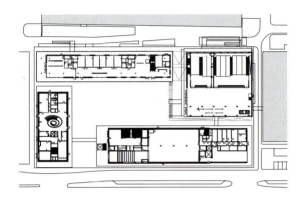

Freier Raum für freie Gedanken
Free Space for Free Thoughts

Himbeeren naschen im Lesegarten
Raspberries in the Reading Garden

Volksschule Graz Neuhart
Graz, Steiermark

Durch die Erweiterung des Bestandsgebäudes aus den 1940er-Jahren sollte die Anzahl der Klassen auf 16 verdoppelt werden und auch für die Ganztagsschule bestand erhöhter Raumbedarf. In die Innenecke zwischen Hauptgebäude und Turnsaal wurde ein holzverkleideter Baukörper mit allgemeinen Räumen im Erdgeschoß und Klassenclustern im Obergeschoß gesetzt. Im zentralen Atrium befindet sich ein „Lesewald". Der Haupteingang ist nun an der Stelle des Verbindungsgangs zwischen Schule und Turnhalle – eine Maßnahme, die strukturell und im städtebaulichen Kontext Vorteile bringt. Das Bestandsgebäude wurde saniert und die Außenflächen erfuhren eine Aufwertung. *eg*

The extension of the existing building from the 1940s was needed to double the number of classrooms to 16 and create more space for the day school. A timber-clad structure with common rooms on the ground floor and classroom clusters upstairs was positioned at the inside corner between the main building and the gymnasium. The central atrium is home to a "book jungle". The main entrance is now situated at the connecting corridor between the school and the gymnasium—a measure that is beneficial both structurally and in terms of urban planning. The existing building was renovated and the outdoor areas upgraded. *eg*

Architektur Architecture dreiplus Architekten ZT GmbH, Stephan Hoinkes, Thomas Heil, www.dreiplus.at
Mitarbeit Assistance Monika Raczyńska-Piller
Bauherrschaft Client Stadt Graz, Abteilung für Bildung und Integration, www.graz.at
Tragwerksplanung Structural engineering Wolfgang Rauch
Planungs- und Bauzeit Duration of design and construction 2018–2021
Nutzfläche Floor area 4.572 m²
Adresse Address Kapellenstraße 100, 8053 Graz, Steiermark

GerambRose 2022

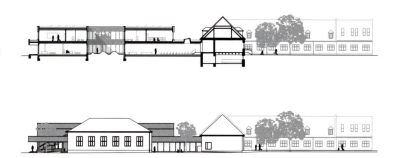

Lebenshilfe Werkstätte Civitas Nova
Wiener Neustadt, Niederösterreich

Der pragmatische Bau kann noch viel mehr, als mit unaufgeregter Gestaltung sämtliche Funktionen für eine neue große Lebenshilfe Werkstatt mit Tischlerei plus ein eigenes Gebäude für die Landesleitung der Lebenshilfe Niederösterreich sowie einen neuen Standort für den Dienstleistungsbetrieb „flying hands" unter einem Dach zu vereinen. Die hier gelebte Inklusion wird durch gekonnte räumliche Positionierung und die fein durchdachte Gestaltung der Gemeinschaftsbereiche wie Café, Speisesaal, Konferenzräume und Innenhof architektonisch unterstützt, indem die Wege aller Nutzer*innen in diesen Bereichen zusammenführen und somit ein Miteinander evoziert wird. mk

This pragmatic building with a serene design does much more than just combine all the functions of the new and larger Lebenshilfe workshop with a carpentry area, add a separate building for the Lebenshilfe Lower Austria regional office, and create a new site for the "flying hands" services company under one roof. The inclusion practiced here is supported architecturally through skillful positioning in space and the carefully thought-through design of communal areas such as the café, dining room, conference rooms, and inner courtyard, bringing the paths of all users to a confluence in these areas and thus evoking a sense of togetherness. mk

Architektur Architecture atelier hochstrasse, Gabriele Schöberl, www.atelierhochstrasse.at
Mitarbeit Assistance Leonhard Panzenböck, Elke Blum, Stefan-Franz Hoblaj
Bauherrschaft Client Lebenshilfe Niederösterreich, www.noe.lebenshilfe.at
Tragwerksplanung Structural engineering Harrer & Harrer ZT GmbH
Leitsystem Guidance system look! Design
Planungs- und Bauzeit Duration of design and construction 2019–2022
Nutzfläche Floor area 4.113 m²
Adresse Address Nikolaus-August-Otto-Straße 17–19, 2700 Wiener Neustadt, Niederösterreich

Vorbildliches Bauen in Niederösterreich 2023

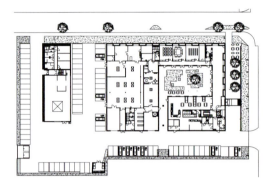

Inklusives Raumerlebnis
Inclusive Spatial Experience

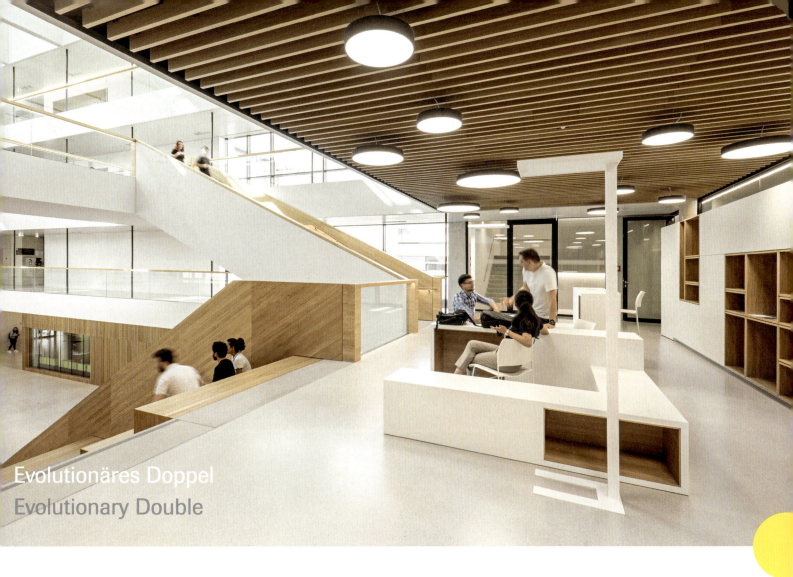

Evolutionäres Doppel
Evolutionary Double

FH Campus St. Pölten
St. Pölten, Niederösterreich

Die Fachhochschule aus 2007 war ein Markstein in der Bildungs- und Stadtlandschaft von St. Pölten. Eine Promenade vor dem Entree, darüber ein silbermatter Baukörper, in der Mitte eine viergeschoßige Halle, reihum Hörsäle. 14 Jahre später dockt der Neubau mit einer gläsernen Mensa an. An derselben Promenade, innen, verbindet ein lichter Gang die beiden. Eine starke Achse zu Bibliothek, Lernzonen und Future Lab im Neubau. Die Treppe in der Halle wurde zur Kaskade durch einen 20 Meter hohen Luftraum, der schwebende Baukörper schimmert perlmuttfarben, die Fensterbänder haben integrierten Sonnenschutz. 2007 gab es das noch nicht. Eine Evolution. *im*

The completion of the polytechnic college in 2007 was a milestone in the educational and urban landscape of St. Pölten. A promenade in front of the entrance, above this a matte silver building, a four-story hall at the center, and lecture halls all around. Fourteen years later, a new building with a glazed cafeteria has docked on. Inside the promenade, a bright corridor connects the two. A strong axis to the library, study areas, and Future Lab of the new building. The staircase in the hall cascades through a 20-meter-high atrium, the floating structure shimmering in mother-of-pearl. The windows have integrated sunshades. This did not exist in 2007. An evolution. *im*

Architektur Architecture NMPB Architekten ZT GmbH, Manfred Nehrer, Herbert Pohl, Sascha Bradic, www.nmpb.at
Mitarbeit Assistance Sascha Bradic (Projektarchitekt Project architect), Andrea Neuwirth (Projektleitung Project management), Benjamin Aumayer
Generalplanung General planning ARGE NMPB Architekten + FCP
Bauherrschaft Client Stadt St. Pölten, www.st-poelten.at
Tragwerksplanung Structural engineering FCP – Fritsch, Chiari & Partner ZT GmbH
Landschaftsarchitektur Landscape architecture DnD Landschaftsplanung ZT KG
Planungs- und Bauzeit Duration of design and construction 2016 – 2021
Nutzfläche Floor area 14.625 m²
Adresse Address Campus-Platz 1, 3100 St. Pölten, Niederösterreich

Vorbildliches Bauen in Niederösterreich 2022

Volksschule Kaindorf an der Sulm
Kaindorf an der Sulm, Steiermark

Architektur Architecture epps Ploder Simon ZT GmbH, Elemer Ploder, Petra Simon, www.epps.at
Mitarbeit Assistance Robert Unger, Michael Moitzi
Bauherrschaft Client Stadtgemeinde Leibnitz, www.leibnitz.at
Tragwerksplanung Structural engineering Pliz & Partner ZT GmbH
Planungs- und Bauzeit Duration of design and construction 2018 – 2021
Nutzfläche Floor area 2.580 m²
Adresse Address Sulmhofsiedlung 4, 8430 Kaindorf an der Sulm, Steiermark

GerambRose 2022

Sichtbeton und Holzoberflächen dominieren das Erscheinungsbild der Schule, deren räumliche Struktur in beiden Geschoßen jeweils um 90 Grad verdreht ist. Das Eingangsfoyer ist durchgesteckt, entlang der Nordseite gibt es Nebenräume, südseitig Bereiche für Kochen, Essen und Freizeit. Darüber sind – jeweils an der Ost- bzw. Westseite – die Klassenräume mit dazwischenliegender Lern- und Spielzone sowie eine eingeschnittene Terrasse. Verbunden werden die Geschoße durch eine symmetrische zweiläufige und zweiarmige Stiege. Der Platz vor der Schule ist als verkehrsberuhigte Zone angelegt und versteht sich als für alle nutzbarer Begegnungsraum. eg

Exposed concrete and wooden surfaces dominate the appearance of the school, the two floors of which have a spatial structure rotated by 90 degrees. The entrance foyer is set through, with adjoining rooms along the north and areas for cooking, eating, and hanging out on the south side. Above this—on the east and west sides—classrooms sandwich a learning and play area, as well as a recessed terrace. The stories are connected by a symmetrical two-story, double-flight staircase. The square in front of the school is designed as a traffic-calmed zone and acts as a meeting point for all. eg

Schule mit Durchblick
School with Perspective

Lebensraum Schule
School as a Habitat

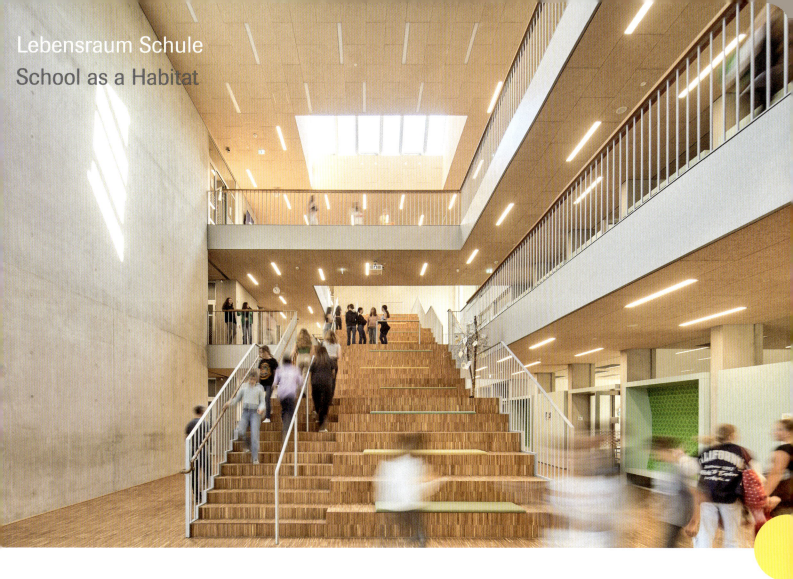

Konrad Lorenz Gymnasium
Gänserndorf, Niederösterreich

Architektur Architecture Franz und Sue ZT GmbH, Christian Ambos, Michael Anhammer, Robert Diem, Björn Haunschmid-Wakolbinger, Harald Höller, Erwin Stättner, Corinna Toell, www.franzundsue.at
Mitarbeit Assistance Lucie Vencelidesová (Projektleitung Project management)
Bauherrschaft Client BIG Bundesimmobiliengesellschaft m.b.H., www.big.at
Tragwerksplanung Structural engineering Petz ZT GmbH
Landschaftsarchitektur Landscape architecture EGKK Landschaftsarchitektur
Planungs- und Bauzeit Duration of design and construction 2018 – 2022
Nutzfläche Floor area 8.098 m²
Adresse Address Gärtnergasse 5 – 7, 2230 Gänserndorf, Niederösterreich

Vorbildliches Bauen in Niederösterreich 2023

Das alte Gymnasium war eine dunkle, großteils eingeschoßige Gangschule. Für die Sanierung des Gebäudes wurden der Straßentrakt und die Turnsäle belassen, die dazwischenliegenden alten Klassen entfernt und ein neuer, heller, luftiger Bauteil mit drei Ebenen eingefügt, der über eine von oben belichtete Aula mit großer Freitreppe samt Sitzstufen und Spielbereich alle Geschoße verbindet. Der Bestand wurde saniert, der Neubau zoniert die Klassen und bietet dezentrale Pausenflächen sowie transparente Erschließungen. Die durchgehende Holzlamellenfassade verbindet Alt und Neu und liefert mit dem großen Garten die richtige Atmosphäre fürs Lernen. rt

The old high school was a dark hallway structure, most of it one-story high. The renovation left the street wing and gymnasiums as they were, while removing the old classrooms in between and adding a new, bright, airy building with three levels and an auditorium lit from above that connects all floors via a large open staircase with seating steps and a play area. The existing building was renovated, the new building zones the classrooms and offers decentralized break areas and transparent circulation. The continuous wooden slat façade combines old and new and, together with the large garden, provides the right atmosphere for learning. rt

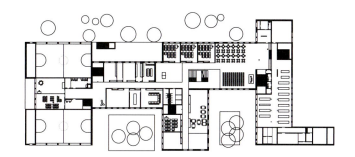

Mozarteum Foyers
Salzburg

Architektur Architecture maria flöckner und hermann schnöll gnbr, floecknerschnoell.com
Bauherrschaft Client Internationale Stiftung Mozarteum, www.mozarteum.at
Tragwerksplanung Structural engineering gbd ZT GmbH
Klimaengineering Climate engineering Transsolar
Lichtplanung Lighting concept podpod design
Akustik Acoustics Müller-BBM
Planungs- und Bauzeit Duration of design and construction 2017–2022
Nutzfläche Floor area 1.200 m² (Umbau Transformation), 600 m² (Neubau New building)
Adresse Address Schwarzstraße 26–28, 5020 Salzburg

Staatspreis Architektur 2023
Nominierung Mies van der Rohe Award 2023

Die Verbindung der beiden Trakte der Internationalen Stiftung Mozarteum war schon seit der Baufertigstellung 1914 funktional mangelhaft. Mit der Errichtung der neuen Foyers wurden nun nicht nur die historischen Defizite behoben, sondern auch die zeitgenössischen Anforderungen an einen intensivierten Konzertbetrieb (Barrierefreiheit etc.) erfüllt. Die zweigeschoßige Konstruktion aus Schwarzstahlbändern und Weißglas ist taktvoll zwischen den Bestandsbauten eingehängt und verwandelt den Innenhof in durchlichtete Zwischen- und Übergangsräume. Dank Abbruch eines bauzeitlichen Verbindungstrakts ist nun auch der Mirabellgarten Teil der Szenerie. gk

The connection between the two wings of the International Mozarteum Foundation had been functionally inadequate ever since the building was completed in 1914. The construction of the new foyers not only remedied these historical deficits, but also fulfilled contemporary requirements for increased concert operations (universal access and more). The two-story structure of black steel strips and white glass is tactfully suspended between the existing buildings, transforming the inner courtyard into light-filled intermediate and transitional spaces. The demolition of an old connecting wing brings the Mirabell Gardens into the scene. gk

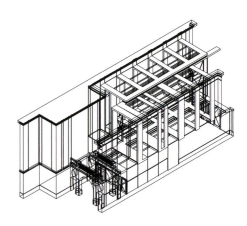

Gläserne Verknüpfung
Transparent Connection

ÖFFENTLICHE BAUTEN
PUBLIC BUILDINGS

168	**Generalsanierung des österreichischen Parlamentsgebäudes**	Wien Jabornegg & Pálffy Architekten
170	**Rathaus Prinzersdorf**	Prinzersdorf, Niederösterreich ARGE Ernst Beneder & Anja Fischer
171	**Pavillon Umhausen**	Umhausen, Tirol Architekt Armin Neurauter
172	**Neue Ortsmitte Arriach**	Arriach, Kärnten Hohengasser Wirnsberger Architekten
173	**Vorarlberger Landesbibliothek**	Bregenz, Vorarlberg Ludescher + Lutz Architekten
174	**Ortszentrum Stanz**	Stanz im Mürztal, Steiermark Nussmüller Architekten
175	**Bezirkshauptmannschaft Schwaz**	Schwaz, Tirol Thomas Mathoy Architekten
176	**Einsatzzentrum Mallnitz**	Mallnitz, Kärnten Hohengasser Wirnsberger Architekten
177	**Gemeindezentrum Großweikersdorf**	Großweikersdorf, Niederösterreich smartvoll Architekten
178	**Dorfzentrum Pöttelsdorf**	Pöttelsdorf, Burgenland VIA Architektur
179	**Bezirkshauptmannschaft Salzburg Umgebung**	Seekirchen am Wallersee, Salzburg SWAP Architektur
180	**Stadthalle Kapfenberg**	Kapfenberg, Steiermark .tmp architekten
181	**Gemeinschaftshaus Hühnersberg**	Lendorf, Kärnten Hohengasser Wirnsberger Architekten
182	**Turnsaal und Musikverein**	Kirchberg am Wagram, Niederösterreich Laurenz Vogel Architekten
183	**Drauforum**	Oberdrauburg, Kärnten Architekturbüro Eva Rubin

Generalsanierung des österreichischen Parlamentsgebäudes
Wien

Theophil Hansens klares Konzept für ein bereits 1874 modern strukturiertes Parlamentsgebäude als Zentrum der Demokratie wurde mit der aktuellen Sanierung und räumlichen Erweiterung respektvoll fortgeführt. Die bau- und materialtechnisch zeitgemäßen architektonischen Eingriffe – das Besucherfoyer, Ausstellungsbereiche, Gastronomie und interne Stiegenhäuser – wurden subtil in den Bestand integriert. Das Kernstück, der denkmalgeschützte Plenarsaal, erhielt neben zahlreichen technischen Innovationen einen verglasten Umgang, der auch einer breiteren Öffentlichkeit Einblick in das parlamentarische Geschehen unter dem imposanten neuen Glasdach verschaffen soll. *mk*

Theophil Hansen's clear concept for a modernly structured parliament building, a true center of democracy, from 1874, has been respectfully carried forward with this recent renovation and expansion. The interventions use contemporary construction and materials—in the visitor foyer, exhibition areas, dining, and interior stairwells—and have been subtly integrated into the historic building. The centerpiece is the listed National Council Chamber, now with a glazed gallery and numerous technical innovations that give a broader public insight into the parliamentary proceedings taking place beneath the impressive new glass roof. *mk*

Architektur Architecture   Jabornegg & Pálffy Architekten ZT GmbH, Christian Jabornegg, András Pálffy, www.jabornegg-palffy.at
Generalplanung in Zusammenarbeit mit General planning in co-operation with   AXIS Ingenieurleistungen ZT GmbH, www.axis.at
Mitarbeit Assistance   Gerhard Schnabl, Markus Hafner, Martin Klikovits
Bauherrschaft Client   Parlamentsdirektion, Republik Österreich, www.parlament.gv.at
Tragwerksplanung Structural engineering   AXIS Igenieurleistungen ZT GmbH
Örtliche Bauaufsicht Site supervision   Werner Consult, Wendl ZT-GmbH
Lichtplanung Lighting concept   Pokorny Lichtarchitektur
Planungs- und Bauzeit Duration of design and construction   2014 – 2022
Nutzfläche Floor area   62.000 m²
Adresse Address   Dr.-Karl-Renner-Ring 3, 1017 Wien

Nominierung Mies van der Rohe Award 2023

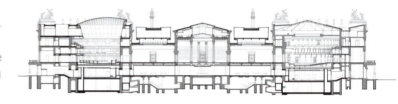

Hightech im antiken Kostüm
High-tech in Classical Guise

Rathaus Prinzersdorf
Prinzersdorf, Niederösterreich

Architektur Architecture ARGE Ernst Beneder & Anja Fischer, www.benederfischer.at
Bauherrschaft Client Marktgemeinde Prinzersdorf, www.prinzersdorf.gv.at
Tragwerksplanung Structural engineering Reinhard Schneider
Planungs- und Bauzeit Duration of design and construction 2020–2021
Nutzfläche Floor area 840 m²
Adresse Address Hauptplatz 1, 3385 Prinzersdorf, Niederösterreich

Österreichischer Betonpreis 2023

Das Rathaus entstand in den 1970er-Jahren und bildet zusammen mit der Raiffeisenbank einen Platz vor der expressionistischen Kirche aus den 1960er-Jahren. Das Gebäude mit außen liegenden Stahlbetonstützen und Bandfenstern bietet außen wie innen hochwertige Materialien: Keramikparapete in Blaugelb, Natursteinböden, Holzvertäfelungen und ein Kupferdach. Nach Prüfung mehrerer Szenarien entschied man sich glücklicherweise für eine sanfte Sanierung mit weitgehend erhaltener Originalsubstanz, ergänzt durch barrierefreie Erschließung mit Rampe und neuem Lift. Ebenso wurde die Nutzungsverteilung (Bücherei, Amtszimmer, Lounge, Sitzungssaal) verbessert. *rt*

The city hall was built in the 1970s and, together with the Raiffeisenbank, forms a square in front of the 1960s expressionist church. The building has external reinforced concrete columns and ribbon windows and uses high-quality materials both inside and out: Ceramic parapets in blue and yellow, natural stone floors, wood paneling, and a copper roof. After examining several scenarios, a fortunate decision was made in favor of a gentle renovation with largely preserved original structure, supplemented by a barrier-free ramp access and new elevator. The functional distribution (library, office, lounge, meeting room) was also improved. *rt*

Erhaltung und Verbesserung
Preservation and Improvement

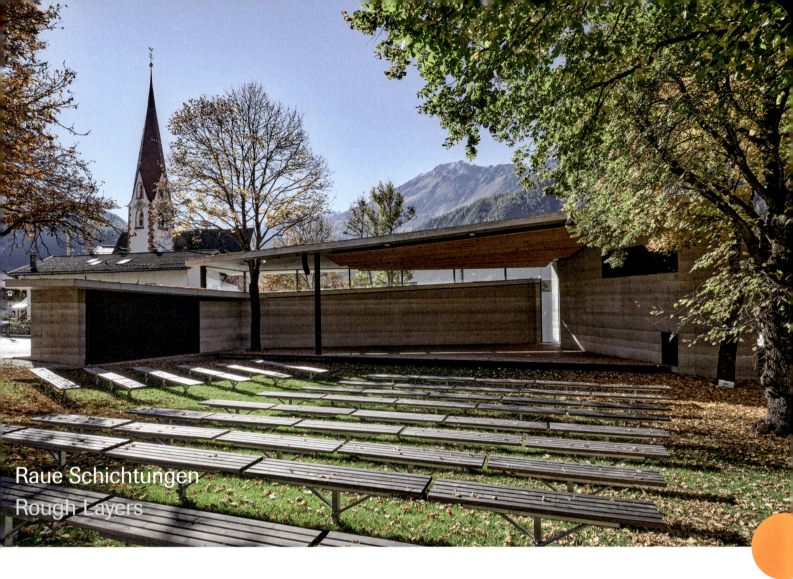

Raue Schichtungen
Rough Layers

Pavillon Umhausen
Umhausen, Tirol

Architektur Architecture Architekt Armin Neurauter ZT GmbH
Mitarbeit Assistance Dominik Larcher, Vitus Auer
Bauherrschaft Client Gemeinde Umhausen, www.umhausen.gv.at
Tragwerksplanung Structural engineering Aste Weissteiner ZT GmbH
Lichtplanung Lighting concept Franz Stark
Akustik Acoustics Karl Bernd Quiring
Planungs- und Bauzeit Duration of design and construction 2018 – 2021
Nutzfläche Floor area 301 m²
Adresse Address Mure, 6441 Umhausen, Tirol

Anerkennung des Landes Tirol für Neues Bauen 2022

Die auffällige Gesteinsschichtung des lokalen Hausbergs lieferte die Initialzündung für die Materialität des neuen Musikpavillons und findet sich in den 40 Zentimeter dicken, unbewehrten Stampfbetonwänden wieder, die je nach Licht in vielfältigen Ocker- bis Grautönen changieren. Der halb umschlossene Bühnenraum wird von einer extrem filigranen Deckenplatte überspannt und bildet zusammen mit der leicht ansteigenden Wiese einen stimmungsvollen Ort. Der raue, haptische und zugleich urbane Charakter des Bauwerks setzt einen Kontrapunkt in der herausgeputzten Tourismusgemeinde und verbindet sich dennoch mit der Region. *nw*

The local mountain's striking layers of stone provided the initial spark for the materiality concept of the new music pavilion, reflected in 40-centimeter-thick rammed concrete walls, the hues of which shift between ochre and grey depending on the light. The half-enclosed stage area is spanned by an extremely filigree ceiling panel and, together with the slightly upward-sloping meadow, creates an atmospheric spot. The rough, tactile, and, at the same time, urban character of the building acts as a counterpoint in the spruced up tourist town, still successfully connecting with the region. *nw*

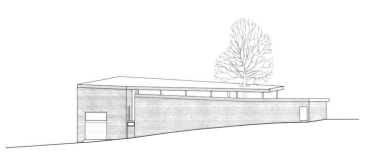

Neue Ortsmitte Arriach
Arriach, Kärnten

Architektur Architecture Hohengasser Wirnsberger Architekten ZT GmbH, Sonja Hohengasser, Jürgen Wirnsberger, www.hwarchitekten.at
Mitarbeit Assistance Tobias Küke
Bauherrschaft Client Gemeinde Arriach, www.arriach.gv.at
Tragwerksplanung Structural engineering DI Markus Lackner
Landschaftsarchitektur Landscape architecture WLA Winkler Landschafts Architektur
Örtliche Bauaufsicht Site supervision Ing. Bernhard Unterköfler
Planungs- und Bauzeit Duration of design and construction 2018 – 2021
Nutzfläche Floor area 435 m² Sanierung Gemeindeamt Renovation municipal office, 265 m² Neubau Nahversorger New grocery store
Adresse Address Arriach 43, 9543 Arriach, Kärnten

Kärntner Landesbaupreis 2022

Um den Nahversorger im Ortszentrum zu halten, erwarb und bezog die Gemeinde Arriach das im 19. Jahrhundert erbaute „Scherzerhaus" und ließ für den Nahversorger südlich daran angrenzend einen eingeschoßigen Holzbau errichten. Von der Straße zurückgesetzt, spannt dieser mit dem Altbau einen Dorfplatz auf, der nun mit Dorfbrunnen und Schwarzkiefern das Zentrum des Ensembles mit Kirche und Pfarrhof bildet. Der auch innen in Massivholz ausgekleidete Neubau nimmt den Fassadenrhythmus des Altbaus auf, welcher thermisch saniert und in Eschenholz ausgestattet wurde. am

In order to keep the grocer in the center of town, the municipality of Arriach purchased and moved into a nineteenth-century building and, to the south of it, erected a single-story wooden structure for the store. Set back from the road, the new building maps out a village square together with the old building, which has become the center of an ensemble comprising the church and vicarage, village fountain, and black pines. The new building, lined with solid wood inside and out, picks up the façade rhythm of the old, which has undergone energetic refurbishment and been outfitted with ash wood. am

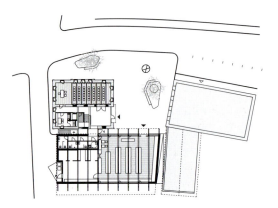

Gelungene Belebung
Successful Revival

Von der Stifts- zur Landesbibliothek
From Abbey to State Library

Vorarlberger Landesbibliothek
Bregenz, Vorarlberg

Architektur Architecture Ludescher + Lutz Architekten ZT GmbH, Elmar Ludescher, Philip Lutz, www.ludescherlutz.at
Mitarbeit Assistance Philipp Giselbrecht
Bauherrschaft Client Land Vorarlberg, www.vorarlberg.at
Tragwerksplanung Structural engineering Gaisberger ZT GmbH
Örtliche Bauaufsicht Site supervision gbd ZT GmbH
Planungs- und Bauzeit Duration of design and construction 2019–2021
Nutzfläche Floor area 600 m² (Umbau Transformation)
Adresse Address Fluherstraße 4, 6900 Bregenz, Vorarlberg

best architects 23

Am Hang des Gebhartsbergs oberhalb der Innenstadt liegt das ehemalige Benediktinerkloster St. Gallus, 1907 bis 1916 durch Bestandserweiterung entstanden, das in den 1980er-Jahren die Vorarlberger Landesbibliothek aufnahm und nun städtebaulich neu gegliedert und saniert wurde. Der neue Eingang über eine Freitreppe befindet sich im Mittelrisalit und führt in die ebenfalls neue, helle Eingangshalle, von der aus alle Bereiche erschlossen sind, unveränderte ebenso wie die neuen Gruppenräume im ersten Stock. Materialität und Atmosphäre werden von Terrazzoböden und Möblierung aus Eiche bestimmt und orientieren sich an der alten Stiftsbibliothek. rt

On the slope of Gebhartsberg mountain, rising up above the city center, is the former Benedictine monastery of St. Gallus, brought about from 1907 to 1916 by expanding the existing building. As of the 1980s, the complex housed the Vorarlberg State Library and that has now been restructured and renovated. The new entrance via an outside staircase is in the central avant-corps and leads into a bright new vestibule that accesses all other areas, the unchanged ones as well as the new group rooms on the first floor. The materiality and atmosphere are informed by terrazzo floors and oak furniture, inspired by the old monastery library. rt

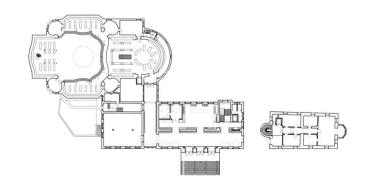

Ortszentrum Stanz
Stanz im Mürztal, Steiermark

Architektur Architecture Nussmüller Architekten ZT GmbH, Stefan Nussmüller, www.nussmueller.at
Mitarbeit Assistance Werner Nussmüller, Jakob Kocher
Bauherrschaft Client Gemeinde Stanz im Mürztal, www.stanz.at; Wohnbaugruppe Ennstal, www.wohnbaugruppe.at
Tragwerksplanung Structural engineering Ingenieurbüro Peter Rath
Planungs- und Bauzeit Duration of design and construction 2017–2021
Nutzfläche Floor area Neubau Wohnen New building living 845 m², Neubau Gewerbe New building commerce 336 m², Neubau Gemeinde New building municipality 130 m², Sanierung Gemeinde Renovation municipality 240 m²
Adresse Address Stanz 46, 8653 Stanz im Mürztal, Steiermark

Anerkennung Architekturpreis Land Steiermark 2023

Stanz ist eine kleine Gemeinde in einem Seitental des Mürztals. Auf Initiative des Bürgermeisters und des Gemeinderats wurde 2016 ein Revitalisierungs- und Ortskernerneuerungsprozess in Gang gesetzt, im Zuge dessen Nussmüller Architekten im Rahmen eines Bürger*innenbeteiligungsprozesses Bestandssanierungen sowie Neu- und Umbauten planten, die unter anderem einen Holzwohnbau für Junge und Senior*innen, einen Nahversorger, Bankstelle und Frisör beinhalten. Das Gemeindeamt wurde modernisiert, ein Veranstaltungssaal eingebaut und die städtebauliche Situation dahingehend geändert, dass ein attraktiver Hauptplatz mit Begegnungszone entstanden ist. *eg*

Stanz is a small community in a side valley of the Mürztal. At the initiative of the mayor and the municipal council, a revitalization and renewal process of the town center was launched in 2016. In a process that invited citizen participation, Nussmüller Architekten planned the renovation of existing buildings and designed new structures and conversions, including a timber apartment building for young and senior citizens, the general store, a bank, and a hairdresser. In addition, the municipal offices were modernized, an events hall was installed, and the urban layout was changed to create an attractive main square with a meeting area. *eg*

Ortskernkompetenz
Local Competence

Passage wird Platz
Passage into Space

Bezirkshauptmannschaft Schwaz
Schwaz, Tirol

Die Aufgabe, das Amtsgebäude aus den 1990er-Jahren aufzustocken und zu modernisieren, gerät angesichts der städtebaulichen Komponente dieses Projekts fast in den Hintergrund. Wie nebenbei wird aus der bisherigen Passage ein Innenhof, aus dem Zweckkorridor ein qualitätvoller städtischer Platz für vielerlei Veranstaltungen. Was so selbstverständlich wirkt, wurde durch präzise gesetzte Elemente erzeugt, allen voran die markante, überdachte Freitreppe als raumbildende Bühne und der fast skulpturale Aufzugsturm aus schwarzem Sichtbeton. Die Gebäudeaufstockung als Holzbau auszuführen war nicht nur statisch und ökologisch, sondern auch logistisch intelligent. *nw*

The task of adding stories and modernizing the 1990s office building almost fades into the background when looking at the urban development aspect of this project. As if by chance, the former passageway becomes an interior courtyard and the functional corridor a high-quality urban space hosting a variety of events. This matter-of-factness was created by precise placement, above all of a striking covered staircase that provides a stage and shapes the space along with an almost sculptural elevator tower in black concrete. The timber building extension is not only structurally and ecologically sound, but also logistically intelligent. *nw*

Architektur Architecture Thomas Mathoy Architekten, www.thomas-mathoy.com
Bauherrschaft Client Land Tirol, Abteilung Hochbau, www.tirol.gv.at
Tragwerksplanung Structural engineering Plantec Dr. Christian Rehbichler ZT GmbH
Planungs- und Bauzeit Duration of design and construction 2017–2022
Nutzfläche Floor area Innenhof Inner courtyard 600 m², Hofüberdachung Courtyard roofing 254 m², Erweiterung Extension 650 m², Umbau und Sanierung Bestand Reconstruction and redevelopment 1.800 m²
Adresse Address Franz-Josef-Straße 25, 6130 Schwaz, Tirol

Anerkennung des Landes Tirol für Neues Bauen 2022

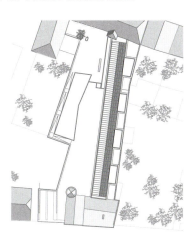

Einsatzzentrum Mallnitz
Mallnitz, Kärnten

Für die Gemeinde Mallnitz, die am Südportal der Tauernbahn und im Nationalpark Hohe Tauern liegt, wurde ein neues Einsatzzentrum für Feuerwehr und Bergrettung errichtet. Der eingeschoßige Baukörper ist neben dem markanten Bestandsgebäude des Gemeindeamtes positioniert und bildet zu diesem ein zeitgemäßes Pendant am Ortseingang. Die Fahrzeughalle ist zur Landesstraße hin nach Südosten orientiert, während sich die Gemeinschaftsräume zum Gemeindeamt nach Südwesten öffnen. Über ein Oberlichtband im Dachkörper gelangt Tageslicht in den kompakten Holzbau, der in handwerklich hoher Qualität ausgeführt wurde. *am*
A new station for the fire brigade and mountain rescue has been built for the municipality of Mallnitz, at the southern end of the Tauern Railway in the Hohe Tauern National Park. The single-story building is positioned adjacent to the striking existing municipal hall, creating a contemporary counterpart at the entrance to the town. The vehicle hall is oriented towards the highway to the southeast, while the common rooms face the municipal hall and open to the southwest. The compact wooden structure was built with excellent craftsmanship, and is supplied with natural light through a skylight strip in the roof. *am*

Architektur Architecture Hohengasser Wirnsberger Architekten ztgmbh, Sonja Hohengasser, Jürgen Wirnsberger, www.hwarchitekten.at
Mitarbeit Assistance Tobias Küke
Bauherrschaft Client Gemeinde Mallnitz, www.mallnitz.gv.at
Tragwerksplanung Massivbau Structural engineering heavyweight Urban & Glatz ZT GmbH
Tragwerksplanung Holzbau Structural engineering wood ZT Wolfgang Steiner
Örtliche Bauaufsicht Site supervision BUILD.ING Baumanagement GmbH
Planungs- und Bauzeit Duration of design and construction 2019–2022
Nutzfläche Floor area 528 m²
Adresse Address Mallnitz 11, 9822 Mallnitz, Kärnten

Anerkennung Holzbaupreis Kärnten 2023

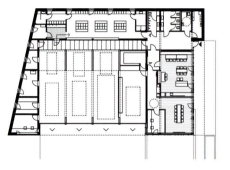

Holz im Einsatz
Wood in Action

Gebaute Bürgernähe
Focusing on Citizens

Gemeindezentrum Großweikersdorf
Großweikersdorf, Niederösterreich

Das neue Gemeindezentrum im niederösterreichischen Großweikersdorf schaut auf den ersten Blick aus wie ein einfaches Haus mit Satteldach. In Wirklichkeit sind es aber mehrere leicht zueinander versetzte Baukörper, die durch Vor- und Rücksprünge schöne Platzsituationen entlang der beiden längsseitigen Gassen erschaffen. Betritt man das Haus, gelangt man in einen hohen, lichtdurchfluteten Raum mit einer sichtbaren Holzkonstruktion. Eine Treppenanlage mit breiten Sitzstufen führt in den Sitzungssaal im ersten Obergeschoß. Große Fenster bieten Ein- und Ausblicke. So stellt man sich ein bürgernahes Gemeindezentrum vor. *ai*

At first glance, the new community center in Großweikersdorf, Lower Austria, looks like a simple house with a gabled roof. In reality, however, several buildings have been slightly offset from one another, with projections and recesses that create lovely pocket plazas along the two side streets. Entering the building, one arrives in a lofty, light-filled room with a visible timber construction. A staircase with broad steps that can be used for seating leads to the second-floor meeting room. Large windows offer views in and out. This is truly a community center that focuses on its citizens. *ai*

Architektur Architecture smartvoll Architekten ZT KG, Philipp Buxbaum, Christian Kircher, www.smartvoll.com
Mitarbeit Assistance Olya Sendetska, Simona Slavova, Dimitar Gamizov
Bauherrschaft Client Marktgemeinde Großweikersdorf, www.grossweikersdorf.gv.at
Tragwerksplanung Structural engineering Buschina & Partner ZT GmbH
Landschaftsarchitektur Landscape architecture EGKK Landschaftsarchitektur
Planungs- und Bauzeit Duration of design and construction 2017–2020
Nutzfläche Floor area 1.240 m²
Adresse Address Hauptplatz 7, 3701 Großweikersdorf, Niederösterreich

Vorbildliches Bauen in Niederösterreich 2022

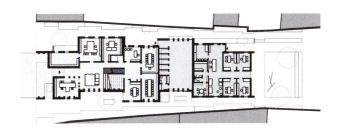

Dorfzentrum Pöttelsdorf
Pöttelsdorf, Burgenland

Architektur Architecture VIA Architektur ZT KG, Alexander Mayer, Johanna Aufner, www.hallovia.at
Bauherrschaft Client Gemeinde Pöttelsdorf, www.pöttelsdorf.at
Tragwerksplanung Structural engineering Bergmann ZT
Planungs- und Bauzeit Duration of design and construction 2020 – 2022
Nutzfläche Floor area 450 m²
Adresse Address Hauptstraße 54 – 56, 7025 Pöttelsdorf, Burgenland

Anerkennung Architekturpreis des Landes Burgenland 2023

Zentrale Funktionen (wieder) ins Ortszentrum zu holen ist eine wichtige Aufgabe für viele Gemeinden. In Pöttelsdorf gelingt dies durch ein stimmiges Ensemble aus Dorfladen, Dorfcafé und Dorfsaal. Die drei Baukörper greifen die regionaltypische Bauform des Streckhofs auf und transformieren sie ins Heute. Durch die gestaffelte Anordnung ergeben sich zwei kleine Plätze, die vielfältig nutzbare Aufenthaltsqualität auch im Freiraum bieten. Im Inneren sorgen holzverkleidete Untersichten der Giebeldächer für eine warme Atmosphäre. Mit Photovoltaik, Wärmepumpe und Wärmerückgewinnung ist das Ensemble energieautark. So geht Ortskernbelebung. *bf*

Bringing key functions (back) to the town center is a crucial task for many communities. In Pöttelsdorf, this has been achieved by a harmonious ensemble of village shop, village café, and village hall. The three buildings riff on the elongated courtyard building shape of the region, transforming it for the present day. The staggered arrangement creates two small plazas that offer a variety of usable outdoor spaces. Inside, the wood-clad undersides of the gable roofs create a warm atmosphere. With photovoltaics, heat pumps, and heat recovery, the ensemble is energy self-sufficient. Now this is how to revive a village center *bf*

So geht Ortskernbelebung
How to Revive the Center

Standard: Gold
Gold Standard

Bezirkshauptmannschaft Salzburg Umgebung
Seekirchen am Wallersee, Salzburg

Architektur Architecture SWAP Architektur ZT GmbH, Rainer Maria Fröhlich, Christoph Falkner, Thomas Grasl, Georg Unterhohenwarter, www.swap-ZT.com
Mitarbeit Assistance Matthias Jahn
Bauherrschaft Client Amt der Salzburger Landesregierung, www.salzburg.gv.at
Tragwerksplanung Structural engineering Bollinger + Grohmann ZT GmbH
Planungs- und Bauzeit Duration of design and construction 2021–2023
Nutzfläche Floor area 7.837 m²
Adresse Address Dr.-Hans-Katschthaler-Platz 1, 5201 Seekirchen am Wallersee, Salzburg

best architects 24

Es steht dem Sitz einer Bezirkshauptmannschaft wohl an, nach „Gebäudestandard klimaaktiv Gold" zertifiziert zu sein. Erreichen konnte SWAP Architektur dies vor allem durch die Planung des Gebäudes als konstruktiven Holzbau, der als Antwort auf die Hochwässer der nahen Fischach auf einem mineralischen Sockel ruht. Die konsequente Anwendung eines materialgerechten Rasters und die klare Organisation der Grundrisse zu lichterfüllten Raumfolgen erhöhen ihrerseits die Nachhaltigkeit der Anlage. Dank der klugen Detailausbildung ist die Konstruktion ebenso langlebig wie rückbaufähig, zukünftige Nutzungen bleiben somit variabel. *rr*

It is quite fitting that the seat of the district administration be built and certified to the "Gold Climate Active Standard". SWAP Architektur achieved this feat primarily by planning the building as a timber structure that rests atop a mineral base, in response to eventual flooding by the nearby Fischach river. The consistent use of a grid suited to the materials, and floor plans clearly organized into light-filled spatial sequences increase the sustainability of the complex. Thanks to clever design details, the construction is durable and yet can be dismantled, keeping the possibility of variable future uses open. *rr*

Stadthalle Kapfenberg
Kapfenberg, Steiermark

Architektur Architecture .tmp architekten, Uli Tischler, Martin Mechs, www.t-m-p.org
Mitarbeit Assistance Josef Ebner, Friedrich Mosshammer, Thomas Schütky
Bauherrschaft Client Stadtgemeinde Kapfenberg, www.kapfenberg.gv.at
Tragwerksplanung Structural engineering Engelsmann Peters GmbH
Landschaftsarchitektur Landscape architecture .tmp architekten mit with Land in Sicht
Projektbegleitung Project support architekturbüro b+p
Planungs- und Bauzeit Duration of design and construction 2015–2023
Bruttogeschoßfläche Gross floor area 7.560 m²
Adresse Address Johann-Brandl-Gasse 23, 8605 Kapfenberg, Steiermark

Anerkennung Österreichischer Stahlbaupreis 2023

Eine Eis- und Mehrzweckhalle transformiert zu einer Stadthalle. Bestandserhaltung, Modernisierung, Sanierung und Erweiterung – umfassend erhält die Hallenstruktur eine technische und funktionale Aufwertung. Stete Herausforderung: getrennte Nutzungsmöglichkeit von Hallenbad und Eishalle – und die angepasste Belichtung. Wesentliche Ergänzungen im Raumangebot sind das Foyer an der Nordseite und der Garderobentrakt an der Südseite. Das neue Ensemble ist gewachsen, zeigt die Spuren und lässt etwas Neues entstehen. Fensterbänder, Niveauausgleich und intelligente Wegeführungen schaffen den Gesamteindruck von Großzügigkeit. Eine Halle mit Nähe zur Stadt. *mh*

An ice rink and multi-purpose hall has been transformed into a civic center. Maintaining the structure while modernizing, renovating, and expanding—the building has been given a comprehensive technical and functional upgrade. A constant challenge is the separate use of the indoor swimming pool and ice rink—and adapted lighting. Significant additions to the space are a foyer to the north and cloakroom wing to the south. The new ensemble has grown, and evidence of that process has not been suppressed. Windows bands, level adjustments, and intelligent circulation create an overall impression of spaciousness. A hall that fits the town. *mh*

Sportliche Lösung
Sporty Solution

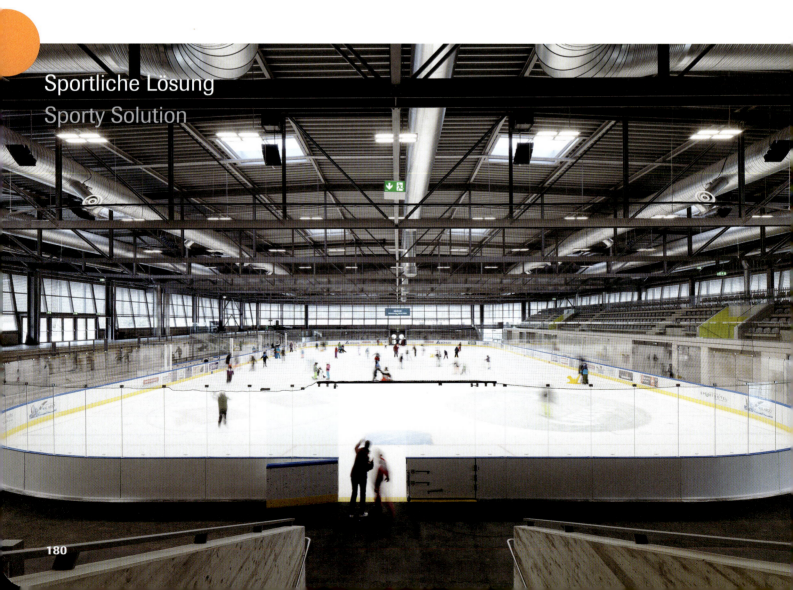

Gemeinschaftlich gestapelt
Collaborative Stacking

Gemeinschaftshaus Hühnersberg
Lendorf, Kärnten

Architektur Architecture Hohengasser Wirnsberger Architekten ztgmbh, Sonja Hohengasser, Jürgen Wirnsberger, www.hwarchitekten.at
Bauherrschaft Client Gemeinde Lendorf, www.lendorf.at
Tragwerksplanung Structural engineering DI Markus Lackner
Örtliche Bauaufsicht Site supervision Baudienst Spittal
Planungs- und Bauzeit Duration of design and construction 2019 – 2021
Nutzfläche Floor area 348 m²
Adresse Address Hühnersberg 48, 9811 Lendorf, Kärnten

Anerkennung Holzbaupreis Kärnten 2023

Das Gemeinschaftshaus Hühnersberg vereint Feuerwehr, Dorfjugend und Vereine unter einem Dach. Das dreigeschoßige Gebäude wurde auf einem steilen Grundstück in 1.000 Meter Seehöhe als Holzriegelbau auf massivem Sockel geplant. Im erdberührten Untergeschoß befindet sich die Fahrzeughalle der Feuerwehr mit talseitiger Feuerwehrzufahrt. Das Erdgeschoß orientiert sich mit einem Gemeinschaftsraum zum kleinen Dorfplatz hin. Darüber liegt der Jugendraum mit Talblick. Durch die Stapelung der Geschoße und das markante Pultdach wird auch der Schlauchturm im Gebäude integriert und nur durch vertikale Lamellen in der Fassade angedeutet. *am*

The Hühnersberg Community Center brings the fire brigade, village youth, and several clubs together under one roof. The three-story building was designed as a timber frame construction on a massive base set on a steep plot at 1,000 meters altitude. The fire department's vehicle hall is on the lower level, accessed from the side facing downhill. The ground floor has a common room that faces the small village square. A youth room with a view of the valley is located above. The stacking of the floors and distinctive pent roof made it possible to integrate the hose tower as well, indicated only by vertical slats in the façade. *am*

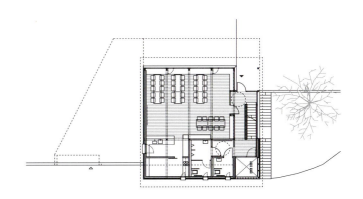

Turnsaal und Musikverein
Kirchberg am Wagram, Niederösterreich

Architektur Architecture Laurenz Vogel Architekten, www.laurenzvogel.at
Mitarbeit Assistance Florian Haim, Alexander Fiby
Bauherrschaft Client Marktgemeinde Kirchberg am Wagram, www.kirchberg-wagram.at
Tragwerksplanung Structural engineering Kraftfluss GmbH
Projektmanagement Project management Yes We Plan
Planungs- und Bauzeit Duration of design and construction 2019 – 2021
Nutzfläche Floor area 1.100 m²
Adresse Address Auf der Schanz 5A, 3470 Kirchberg am Wagram, Niederösterreich

Vorbildliches Bauen in Niederösterreich 2022
Holzbaupreis Niederösterreich 2023
Holzbaupreis Steiermark 2023

Die gründerzeitliche Schule brauchte eine Ausweichklasse und einen Turnsaal, der rührige Musikverein einen zum Proben. Das Stiegenhaus verbindet den Bestand mit einem eleganten Zubau. Seine klug verschachtelte Raumfolge funktioniert wie eine Partitur: Zuerst der Turnsaal, ein Geschoß abgesenkt, daneben die Ausweichklasse an der schönen Allee, darüber Proben- und Aufenthaltsräume. Dann der krönende Abschluss: ein Musiksaal mit Galerie, innen holzverkleidet wie eine Schatulle, mit Kassettendecke und Schaufenster ins Freie. Rundherum eine raffinierte Holzfassade. Der Zwischenraum ihrer Latten variiert. Wird abends gespielt, schimmert er hell. *im*

The Gründerzeit-era school needed an extra classroom, gymnasium, and rehearsal space for the active music club. A staircase connects the existing building with the elegant extension. Cleverly nested spatial sequences function like a musical score: first the sunken gym, next to it the new classroom along the beautiful boulevard, and above rehearsal and break rooms. The crowning glory: a music room with a gallery and wood interior paneling like a jewelry box, a coffered ceiling, and a great window with a view of outdoors. A sophisticated wooden façade with varied spacing between slats. The space lights up bright when concerts are played. *im*

Raumpartitur
Spatial Score

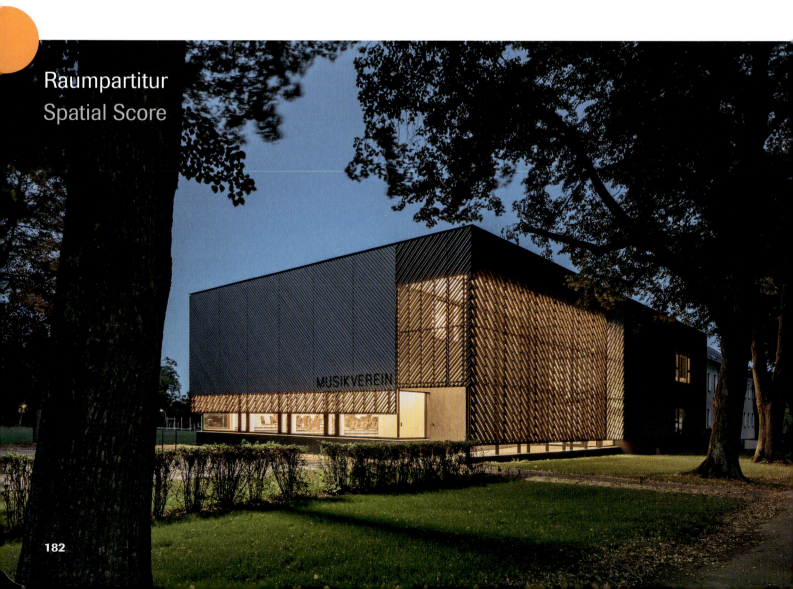

Den Ortskern stärken
Strengthening the Village Center

Drauforum
Oberdrauburg, Kärnten

Nach einem Architekturwettbewerb wurde über dem bestehenden Supermarkt im Ortskern von Oberdrauburg das Drauforum, ein Kulturzentrum, errichtet. Der Neubau in Holz schließt in Höhe und Form direkt an den historischen Bestandsbau des lokalen Museums an und sitzt leicht verdreht auf der eingeschoßigen Supermarkthalle, um so die rundum vorhandenen, überkommenen baulichen Dimensionen wieder herzustellen. Die kleinteilige Südfassade zitiert die transparenten Ziegelgitter an den lokalen Stadeln, sie ist gleichzeitig kontextuell und zeitgemäß. Der Saal mit offenem Satteldach ist hell und liegt an einer Terrasse auf dem Hallendach. *rt*

After an architecture competition, the Drauforum cultural center was built above the existing supermarket in downtown Oberdrauburg. The height and shape of the new wooden building connect directly to the historic existing building holding the local museum. Set slightly rotated atop the single-story supermarket, it restores the dimensions of the existing traditional structures all around. The intricacy of the south façade cites the transparent brick lattices of the local barns, both contextual and contemporary. The hall has an open gable roof that is bright and situated on a terrace on the roof of the hall. *rt*

Architektur Architecture Architekturbüro Eva Rubin
Mitarbeit Assistance Florian Anzenberger (Projektleitung Project management)
Bauherrschaft Client Marktgemeinde Oberdrauburg, www.oberdrauburg.at
Tragwerksplanung Structural engineering Lackner | Egger Bauingenieure ZT GmbH
Planungs- und Bauzeit Duration of design and construction 2020–2023
Nutzfläche Floor area 400 m² (Neubau New building)
Adresse Address Marktplatz 1, 9781 Oberdrauburg, Kärnten

Holzbaupreis Kärnten 2023

BÜRO
VERWALTUNG
OFFICE
ADMINISTRATION

186	**Arbeiten im Hof**	Pörtschach am Wörthersee, Kärnten Lendarchitektur
188	**Terra Mater**	Wien Berger+Parkkinen Architekten
189	**Fabrikatur**	Wien A.C.C.
190	**Neue Bürowelt Haberkorn**	Wolfurt, Vorarlberg NONA Architektinnen
191	**raiffeisen corner**	St. Pölten, Niederösterreich feld72 Architekten mit Hoffelner Schmid Architekten
192	**Haberkorn Pavillon**	Wolfurt, Vorarlberg Erden Studio
193	**Tabakfabrik Linz – HAUS HAVANNA**	Linz, Oberösterreich Kaltenbacher ARCHITEKTUR und STEINBAUER architektur+design
194	**Headquarter DELTABLOC**	Wöllersdorf, Niederösterreich Kaltenbacher ARCHITEKTUR
195	**Bürogebäude ASI Reisen**	Natters, Tirol Snøhetta Studio Innsbruck
196	**Kantine Starlinger**	Weissenbach an der Triesting, Niederösterreich Baukooperative
197	**MAM Competence Center**	Großhöflein, Burgenland INNOCAD Architektur

Arbeiten im Hof
Pörtschach am Wörthersee, Kärnten

Architektur Architecture   Lendarchitektur ZT GmbH, Markus Klaura, Sebastian Horvath, www.lendarchitektur.at
Mitarbeit Assistance   Massimo Vuerich, Magdalena Binder
Bauherrschaft Client   priorIT EDV-Dienstleistungen GmbH, www.priorit-services.com
Tragwerksplanung Structural engineering   DI Kurt Pock; Lackner | Egger Bauingenieure ZT GmbH
Planungs- und Bauzeit Duration of design and construction   2019–2021
Nutzfläche Floor area   650 m²
Adresse Address   Werftenstraße 2, 9210 Pörtschach am Wörthersee, Kärnten

Holzbaupreis Kärnten 2023

Die Veränderung der Arbeitswelt durch die Digitalisierung findet beim neuen Standort eines IT-Unternehmens eine räumlich passende Antwort. Angesiedelt im Kärntner Zentralraum zwischen Villach und Klagenfurt, besteht der Firmensitz aus mehreren Baukörpern, die einen teilweise überdeckten Innenhof umschließen und Innen- und Freiräume unterschiedlicher Qualitäten bilden. Die Gebäude sind als Holzriegelkonstruktion errichtet und zum Innenhof mit naturbelassenen Holzlatten verkleidet. Straßenseitig schützt eine Trapezblechfassade vor der Witterung und vermittelt den Charakter eines modernen Unternehmens. *am*

The changes brought to the work world by digitalization have found a spatially fitting rejoinder in the new location of this IT company. In central Carinthia between Villach and Klagenfurt, the company headquarters consists of several buildings bordering a partially covered courtyard to form interior and outdoor spaces with varying atmospheres. The buildings are timber frame constructions clad with natural wooden slats towards the inner courtyard. Facing the street, a corrugated metal façade protects from weathering and conveys the character of a modern company. *am*

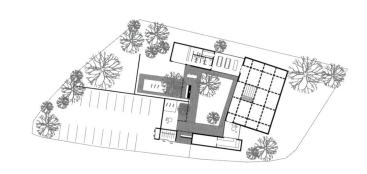

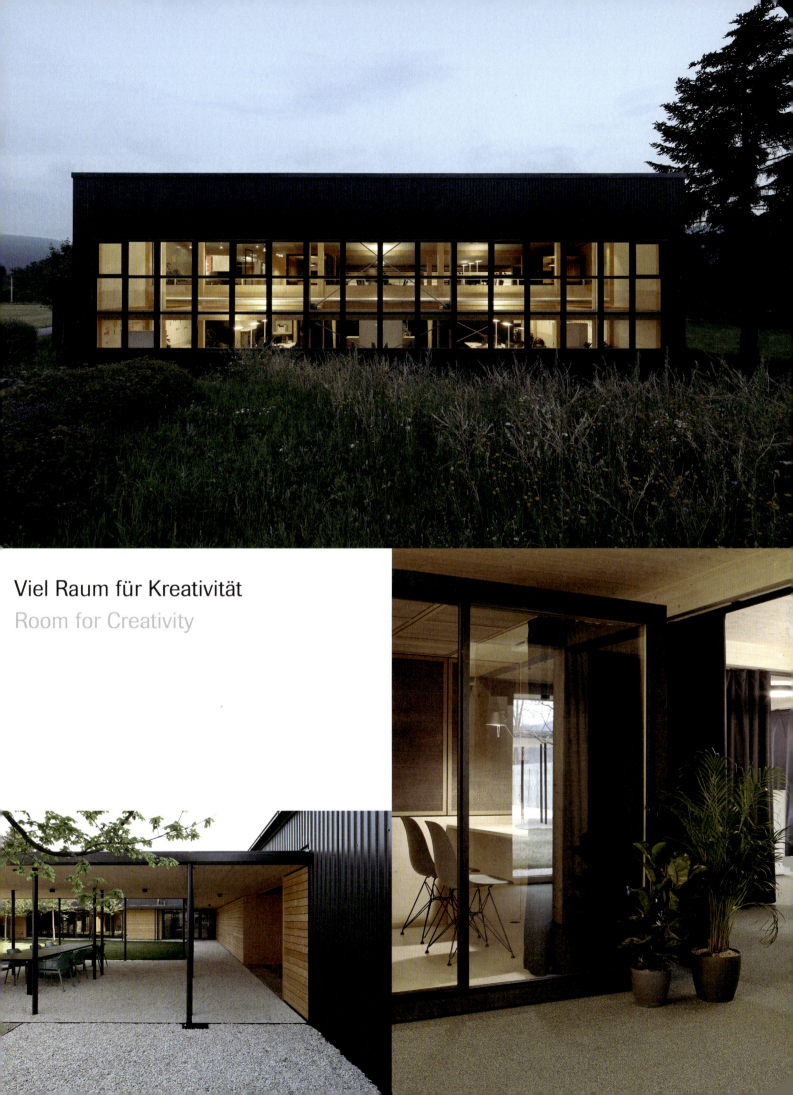

Viel Raum für Kreativität
Room for Creativity

Terra Mater
Wien

Architektur Architecture Berger + Parkkinen Architekten ZT GmbH, Alfred Berger, Tiina Parkkinen, www.berger-parkkinen.com
Mitarbeit Assistance Jure Kozin, Lukas Rückerl
Bauherrschaft Client Terra Mater Studios GmbH, www.terramater.at
Tragwerksplanung Structural engineering DI Reinhard Schneider
Landschaftsarchitektur Landscape architecture Lindle + Bukor Atelier für Landschaft
Planungs- und Bauzeit Duration of design and construction 2019 – 2021
Nutzfläche Floor area 350 m²
Adresse Address Wambachergasse 2, 1130 Wien

Nominierung Mies van der Rohe Award 2023

Der Gartenpavillon mit Büros und Besprechungsräumen für ein auf Naturfilme spezialisiertes Filmstudio intensiviert den Naturbezug auf mehrfache Weise. Seine Position stärkt im Ensemble einer Jugendstilvilla samt Nebengebäuden die Präsenz des Hausbaums und die Zugänglichkeit des Gartens. Die ausgeklügelte Holzkonstruktion, bei der je zwei Brettschichtholzträger auf zwei Brettschichtholzstützen liegen, ist sichtbar belassen. Die vorvergraute hinterlüftete Lärchenholzfassade wurde allseitig mit einer Rankkonstruktion aus Flachstahl umwebt, die den künftigen Bewuchs vorwegnimmt. Die Server- und Kältezentrale liegt unsichtbar unter dem Neubau. *gk*

The garden pavilion with offices and meeting rooms for a film studio specializing in nature documentaries intensifies the connection to nature in several ways. Its position in an Art Nouveau villa ensemble with outbuildings intensifies the perception of the formidable tree and the interaction with the garden. The sophisticated wooden construction, with two glue-laminated timber beams rest on two columns of the same material, remains visible. The pre-greyed, ventilated larch façade was covered on all sides with a flat steel trellis construction, anticipating future growth. The server and cooling center is hidden beneath the new building. *gk*

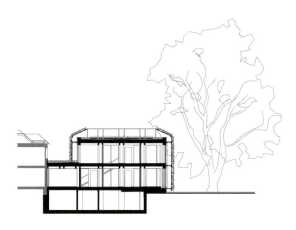

Holz, umrankt
Wood, Intertwining

So modern wie eh und je
As Modern as Ever

Fabrikatur
Wien

Architektur Architecture A.C.C. ZT GmbH, Kurt-Peter Heinrich, Peter Klein, Romain Thiltges, www.acc-zt.com
Mitarbeit Assistance Martin Lindtner, Valentyn Blazhko, Beatrix Leithner
Bauherrschaft Client Amisola Immobilien AG, www.amisola.at
Tragwerksplanung Structural engineering DI Gerhard Kidery
Planungs- und Bauzeit Duration of design and construction 2018–2021
Nutzfläche Floor area 6.000 m²
Adresse Address Barichgasse 38, 1030 Wien

Anerkennung Österreichischer Betonpreis 2023

Das Gebäude entstand um 1900 als Geschäfts- und Ausstellungshaus mit Musterwohnungen, dahinter befanden sich ein Fabriktrakt, Depot und Werkstätten. Architekt war der Otto-Wagner-Schüler Max Fabiani, eine Größe der Wiener Jugendstilarchitektur. Diese Anlage wurde nach hundertjährigem Betrieb auf neuen Stand gebracht. Es wurde alles mit Ausnahme der Fassaden auf eine Art Edelrohbau mit loftartig-freien Grundrissen zurückgebaut. Dadurch entstand viel freier Raum mit heutiger Technik, wodurch die Bedürfnisse von Mietern erfüllt werden konnten, ohne den charmanten industriellen Charakter des Jahrhundertwendebaus aus Beton und Ziegeln zu verlieren. *kjb*

This structure was constructed around 1900 as a commercial and exhibition building with model apartments, with a factory wing, storage, and workshops behind it. The architect was Otto Wagner's student Max Fabiani, a major figure in Viennese Art Nouveau architecture. After a century of operation, the facility has been brought up to date. Everything except the façades was reduced to a kind of shell, with loft-like open floor plans. This created loads of free space outfitted with modern technology, meeting the needs of the tenants without losing the charming industrial character of the turn-of-the-century concrete and brick building. *kjb*

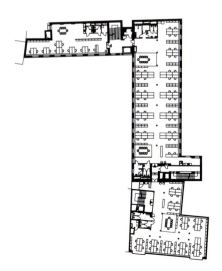

Neue Bürowelt Haberkorn
Wolfurt, Vorarlberg

Architektur Architecture NONA Architektinnen, GesbR, Anja Innauer, Nora Heinzle, www.nona-architektinnen.at
Bauherrschaft Client KISA Immobilien Verwaltung GmbH
Tragwerksplanung Structural engineering IFS Ziviltechniker GmbH
Örtliche Bauaufsicht Site supervision BISCHOF & ZÜNDEL GmbH
Planungs- und Bauzeit Duration of design and construction 2021–2023
Nutzfläche Floor area 1.370 m²
Adresse Address Hohe Brücke, 6961 Wolfurt, Vorarlberg

Holzbaupreis Vorarlberg 2023

Aus einem kleinen Wettbewerb für die Umnutzung einer bestehenden Halle entstand eine Bürowelt. Der eingestellte Holzbaukörper mit sichtbarer Konstruktion schafft auf zwei Geschoßen abgeschlossene Funktionsflächen, Büro- und Besprechungsräume. Drumherum ergeben sich offene Büroflächen mit luftiger Raumhöhe, abgehängten Akustikdecken und Platz für Nebenräume. Die Architektinnen finden über ihr Interesse am Weiterbauen und an nachhaltig funktionalen Lösungen immer wieder zu einer frischen, sehr tektonischen Architektursprache, in der sie Farbigkeit und Materialität, Ready-mades und Grafikdesign konstruktiv verbinden. *rf*

A small competition for the conversion of an existing warehouse gave rise to true experimentation. The inserted wooden structure with visible construction creates closed functional areas, offices, and meeting rooms on two floors. All around are open office spaces with lofty room heights, suspended acoustic ceilings, and space for adjoining rooms. The architects' interest in ongoing building and in functional, sustainable solutions repeatedly leads to a fresh, very tectonic architectural vocabulary that constructively combines color and materiality, ready-made elements, and graphic design. *rf*

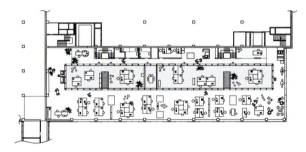

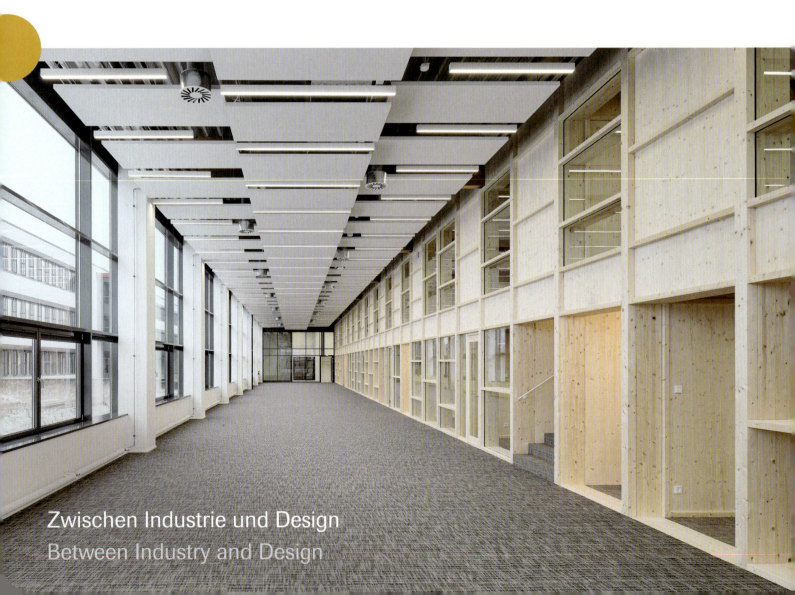

Zwischen Industrie und Design
Between Industry and Design

Ein urbanes Zeichen
An Urban Symbol

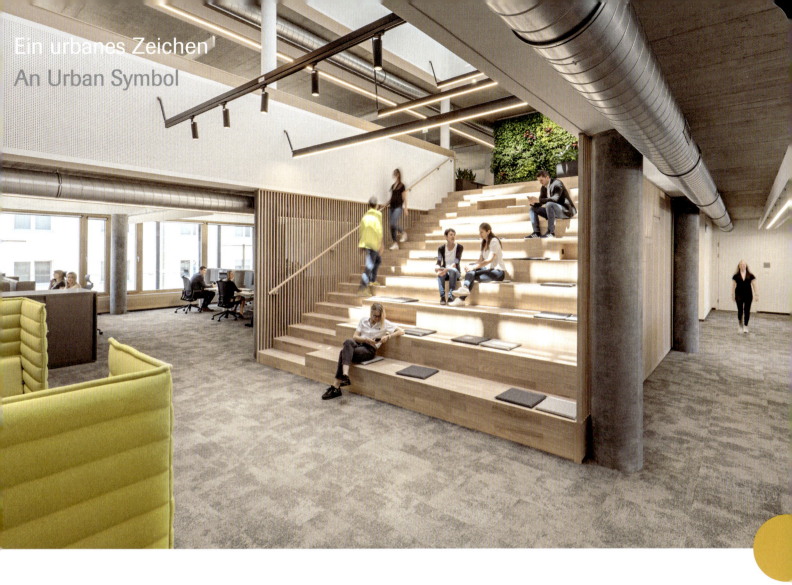

raiffeisen corner
St. Pölten, Niederösterreich

Der Neubau der Raiffeisenbank-Zentrale Region St. Pölten setzt ein Zeichen in ein städtebauliches Hoffnungsgebiet. An einer Straßenecke prägnant viergeschoßig mit zurückspringendem Dachaufbau ausgebildet, wird der Baukörper von einer Hülle umfasst, deren Dreidimensionalität das Gebäude als Zusammenspiel von Räumen anstelle einer Stapelung von Stockwerken lesbar macht. Ein Gastronomiebetrieb und ein Veranstaltungssaal beleben unabhängig von den Bank-Öffnungszeiten das Quartier. Das eingeschnittene Atrium bringt Tageslicht in die Tiefe des Gebäudes und verbindet die offenen Arbeitslandschaften in den Obergeschoßen untereinander. *rr*

The new Raiffeisenbank headquarters building serving the St. Pölten region sets a precedent for an area with urban development promise. Located on a street corner, the building is a concise four-story construction with a recessed penthouse that is enclosed by a shell with a three-dimensionality that makes the building legible as an interplay of spaces rather than a stacking of floors. A restaurant and events hall bring life to the district regardless of bank opening hours. A recessed atrium draws daylight into the depths of the building and connects the open work landscapes of the upper floors. *rr*

Architektur Architecture feld72 Architekten ZT GmbH, Anne Catherine Fleith, Michael Obrist, Mario Paintner, Richard Scheich, Peter Zoderer, www.feld72.at mit with Hoffelner Schmid Architekten ZT GmbH, Gregor Hoffelner, Sebastian Schmid www.hoffelnerschmid.com
Mitarbeit Assistance Richard Scheich, Gregor Hoffelner
Bauherrschaft Client Raiffeisenbank Region St. Pölten eGen, www.raiffeisen.at
Tragwerksplanung Structural engineering kppk ZT
Projektsteuerung Project management M.O.O.CON
Örtliche Bauaufsicht Site supervision Buchegger 7 Baumanagement
Lichtplanung Lighting concept Designbüro Christian Ploderer
Leitsystem Guidance system buero bauer
Kunst (am Bau) Artwork Andreas Fraenzl & Vilma Pflaum
Planungs- und Bauzeit Duration of design and construction 2018–2022
Nutzfläche Floor area 7.400 m²
Adresse Address Kremser Landstraße 18, 3100 St. Pölten, Niederösterreich

Vorbildliches Bauen in Niederösterreich 2023

Haberkorn Pavillon
Wolfurt, Vorarlberg

Gerade im Kleinen lässt es sich gut experimentieren: Die Firma Haberkorn hat auf ihrem Firmengelände einen Gartenpavillon aus Stampflehm und leimfreiem Schnittholz mit einfachen rückbaubaren Zimmermannsverbindungen errichten lassen. Die Basis bilden zwei offene Treppenhäuser aus Stampflehm, auf denen ein auskragendes Raumfachwerk aus Holz ruht. Im Obergeschoß finden sich Rückzugsräume, die die Mitarbeitenden wie eine Freiklasse zur Erholung und für Besprechungen nutzen können. Im Erdgeschoß steht ihnen eine großzügige überdachte Fläche zur Verfügung. Errichtet wurde der Bau gemeinsam mit Zimmermannslehrlingen und Architekturstudierenden. *ai*

Experimentation comes easy when it is on a small scale: The Haberkorn company built a garden pavilion on its premises using rammed earth and adhesive-free sawn timber with simple, detachable carpentry joining. The base is formed by two open rammed-earth staircases, with a cantilevered wooden space frame resting atop. The upper floor holds lounge spaces that employees can use like an outdoor classroom for meetings or just for relaxing. There is a spacious covered area on the ground floor. The building was constructed together with carpentry apprentices and architecture students. *ai*

Architektur Architecture   Erden Studio, Martin Mackowitz, Martin Rauch, www.erden.at
Mitarbeit Assistance   Franz-Felix Juen
Workshopbeteiligte Workshop participants   BASEhabitat / Kunstuniversität Linz
Bauherrschaft Client   Haberkorn GmbH, www.haberkorn.com
Lehmbau Clay construction   Lehm Ton Erde Baukunst GmbH, Dado Lehm / Dominik Abbrederis (Begleitung Accompaniment)
Landschaftsarchitektur Landscape architecture   Gruber + Haumer / Landschaftsarchitektur
Bauleitung Construction management   BISCHOF & ZÜNDEL GmbH
Planungs- und Bauzeit Duration of design and construction   2020–2022
Nutzfläche Floor area   120 m²
Adresse Address   Hohe Brücke, 6961 Wolfurt, Vorarlberg

Holzbaupreis Vorarlberg 2023

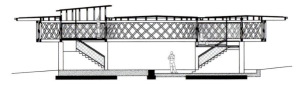

Der Natur Raum geben
Giving Nature Space

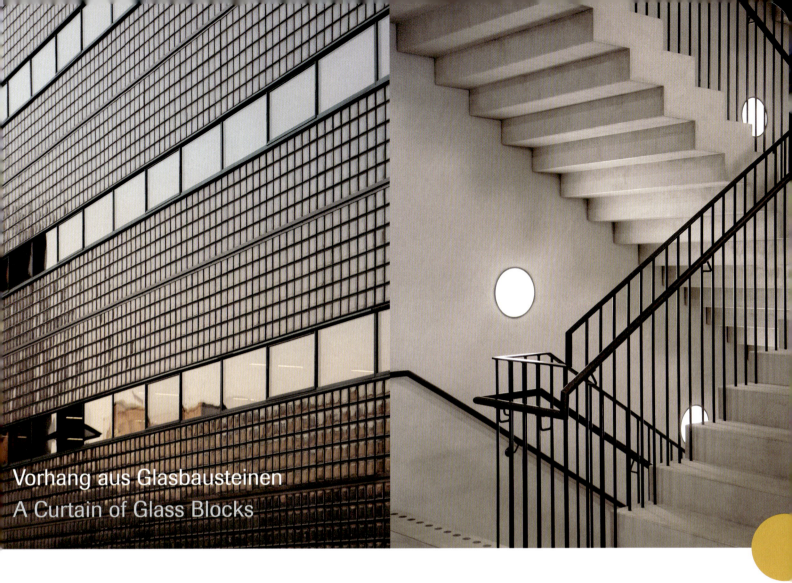

Vorhang aus Glasbausteinen
A Curtain of Glass Blocks

Tabakfabrik Linz – HAUS HAVANNA
Linz, Oberösterreich

Wie bringt man Licht in eine denkmalgeschützte Lagerhalle, die in ein flexibel bespielbares Bürogebäude verwandelt werden soll? Ein gläserner Fassadenvorhang aus 70.000 Glasbausteinen erstreckt sich über die sechs Geschoße des ehemaligen Tabaklagers „Haus Havanna", das nach Plänen von Peter Behrens und Alexander Popp in den 1930er-Jahren errichtet worden war. Die Stahlfenster entsprechen dem Raster der historischen Skelettstruktur, die natürliche Belüftung erfolgt über Schwingflügelöffnungen, die dem bauzeitlichen Typus entsprechen. Auch die Rundfenster im neuen Treppenturm spielen auf die zahlreichen Bullaugen auf dem Fabriksgelände an. *gk*

How do you bring light into a listed warehouse in order to transform it into a flexible-use office building? A curtain wall made of 70,000 glass bricks extends across the six floors of the former "Haus Havanna" tobacco warehouse, built in the 1930s and designed by Peter Behrens and Alexander Popp. The steel windows match the grid of the historic skeleton structure, with natural ventilation provided by pivoting sash openings that correspond to ones typical for the building era. The round windows in the new stairwell allude to the numerous portholes on the factory premises. *gk*

Architektur Architecture Kaltenbacher ARCHITEKTUR, Franz Kaltenbacher, Peter Salem, www.kaltenbacher.at, und and STEINBAUER architektur+design, Oliver Steinbauer, www.steinbauer-architektur.com
Mitarbeit Assistance Andrea Crnjak, Wolfgang Spies
Bauherrschaft Client Immobilien Linz GmbH & Co KG, www.ilg-linz.at
Tragwerksplanung Structural engineering Thomas Lorenz ZT GmbH, KMP ZT-GmbH
Planungs- und Bauzeit Duration of design and construction 2017–2022
Nutzfläche Floor area 8.000 m^2
Adresse Address Peter-Behrens-Platz 4, 4020 Linz, Oberösterreich

best architects 24

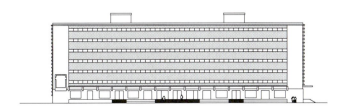

Headquarter DELTABLOC
Wöllersdorf, Niederösterreich

Architektur Architecture Kaltenbacher ARCHITEKTUR ZT GmbH, Franz Kaltenbacher, www.kaltenbacher.at
Mitarbeit Assistance Doris Haidbauer, Martin Schirnhofer, Peter Salem
Bauherrschaft Client DELTABLOC International GmbH, www.deltabloc.com
Tragwerksplanung Structural engineering Simon-Fischer ZT GmbH
Planungs- und Bauzeit Duration of design and construction 2019–2021
Nutzfläche Floor area 1.800 m²
Adresse Address Kirchdorferplatz 2, 2752 Wöllersdorf, Niederösterreich

Vorbildliches Bauen in Niederösterreich 2022

Das neue Hauptquartier der Firma DELTABLOC erstreckt sich parallel zur Bundesstraße im niederösterreichischen Wöllersdorf. Beton war das logische Baumaterial, da die Firma die für den Bau benötigten Betonstützen, Hohlwände und Elementdecken selber herstellen konnte. Der zweigeschoßige Baukörper gliedert sich funktional in zwei Bereiche, die auch von außen als solche ablesbar sind: ein geschlossener Werkstatttrakt und ein gläserner Büroteil. Vor der dunklen Pfosten-Riegel-Fassade liegen Betonlamellen, die das Fassadenbild rhythmisieren, passend zu der Geschwindigkeit der auf der Straße vorbeifahrenden Autos. *ai*
The new DELTABLOC headquarters stretches parallel along the federal highway in Wöllersdorf, Lower Austria. Concrete was the logical building material of choice, as the company was able to produce the concrete columns, cavity walls, and prefabricated ceilings required for construction itself. The two-story building is functionally divided into two areas, which can be easily identified from inside and out: a closed workshop wing and a glazed office section. In front of the dark post-and-rail façade, concrete slats create a rhythm that matches the speed of the cars driving past on the road. *ai*

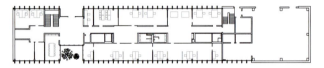

Der Rhythmus der Straße
The Rhythm of the Street

Wertschätzendes Holznest
Appreciative Wooden Nest

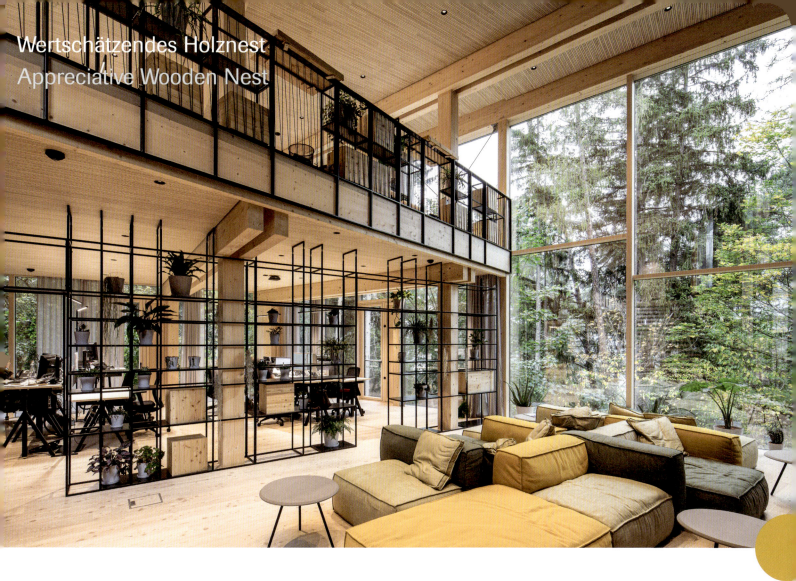

Bürogebäude ASI Reisen
Natters, Tirol

Architektur Architecture Snøhetta Studio Innsbruck ZT GmbH, Patrick Lüth, Kjetil Trædal Thorsen, www.snohetta.com
Mitarbeit Assistance Martina Maier, Carsten Göhler, Angelo Pezzotta
Bauherrschaft Client ASI Reisen, www.asi.at
Tragwerksplanung Structural engineering tragwerkspartner zt gmbh
Planungs- und Bauzeit Duration of design and construction 2017–2019
Nutzfläche Floor area 1.389 m²
Adresse Address In der Stille 1, 6161 Natters, Tirol

Holzbaupreis Tirol 2023

Die Alpinschule Innsbruck bietet seit 1963 nachhaltige Berg- und Aktivreisen an und ist inzwischen weltweit tätig. Die sorgsam gepflegte Unternehmenskultur der Wertschätzung und Ressourcenschonung wurde am Firmensitz authentisch in Architektur übersetzt. Die schwarze Fassade des Holzskelettbaus mit massivem Kern wurde im Yakisugi-Verfahren karbonisiert und haltbar gemacht, davor liegt eine grüne Pufferzone, deren Mikroklima die Gebäudekühlung unterstützt und den Bau zunehmend in der Natur verschwinden lässt. Der offene, vielfältig zonierte Büroraum wurde zusammen mit den Mitarbeiter*innen entwickelt und unterstützt die unhierarchische Arbeitskultur. nw

The Innsbruck Alpine School has been offering sustainable mountain trips and active travel since 1963 and now operates worldwide. The cultivated corporate culture of appreciation and resource conservation has been authentically translated into the architecture of the company headquarters. The black façade of the wood frame building with a solid core was carbonized and made durable using the Yakisugi process. In front is a green buffer zone, the microclimate of which helps cool the building, increasingly blending into nature. The open zoning of the offices was developed with the employees and supports the non-hierarchical work culture. nw

Kantine Starlinger
Weissenbach an der Triesting, Niederösterreich

Architektur *Architecture* Baukooperative GmbH, Thomas Trippl, Siegfried Größbacher, Michael Karasek, www.baukooperative.com
Mitarbeit *Assistance* Christian Kausl
Bauherrschaft *Client* Starlinger & Co GmbH, www.starlinger.com
Planungs- und Bauzeit *Duration of design and construction* 2018–2022
Nutzfläche *Floor area* 7.400 m²
Adresse *Address* Hauptstraße 43, 2564 Weissenbach an der Triesting, Niederösterreich

Holzbaupreis Niederösterreich 2023

Leichtigkeit, Frische und Regionalität ihrer Produkte zeichnet die „neue Küche" aus. Ein Umgang, der auch für die Architektur gilt. Das Motto der Unternehmenskantine: ein gemeinsames Dach und viel Naturverbundenheit. Das Dach bildet einen eigenen Raum (als Luft- und extra Pausenraum) und „erhöht" das Darunter, den großen Speisesaal. Die Konstruktion, ein Holztragwerk mit Spanten aus der heimischen Schwarzkiefer, von ansässigen Bauern geschlagen und regional verarbeitet. Rohe Materialien, Schalsteinmauerwerk und Estrich in Industriegrau – eine Vollverglasung macht den Raum vorne auf und verbindet Terrassen und Freiflächen. Mach mal Pause! *mh*

The "new kitchen" is characterized by the lightness, freshness, and regionality of its products: an approach that also applies to the architecture. The motto of the company canteen: a close connection to nature and a shared roof. The roof creates a separate space (as void and extra break room) and "elevates" the large dining room beneath. The wooden supporting structure is framed in local black pine, felled by local farmers and processed in the region. Raw materials, brickwork, and industrial grey screed—extensive glazing opens the room to the front, connecting the terraces and outdoor spaces. Time to take a break! *mh*

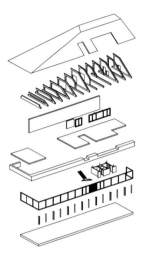

Pausen-Raum
Break Room

Architektonische Zellteilung
Architectural Cell Division

MAM Competence Center
Großhöflein, Burgenland

Ein neues Forschungs- und Entwicklungszentrum als wachsendes Gefüge und mit stetem Platzbedarf. Innocad antwortet mit dem Prinzip der Zellteilung und konzipiert drei kreisförmige ineinandergreifende Baukörper (Zellen), die sich zu einem Organismus aus fünf Segmenten erweitern können. Die Zylinder mit grünen Dächern folgen dem hügeligen Gelände. Bronze-eloxierte Aluminiumlamellen an der Fassade reagieren auf den Sonnenstand. Ganzheitlich rund geht es auch innen zu. Wegeführung, Tageslicht und Materialwahl stellen den Menschen mit seinen psychologischen, physiologischen, kognitiven und sozialen Bedürfnissen in den Mittelpunkt. Gebaute Werte. *mh*

The new research and development center is a growing system with a constant need for more space. Innocad responded with the principle of segmentation, designing three interlocking circular structures (cells) able to expand into an organism with five segments. The green roofs of the cylinders follow the hilly terrain. The bronze-anodized aluminum slats of the façade react to the position of the sun. The interior is also holistically rounded. Circulation, daylight, and material choice all put a focus on the people inside and their psychological, physiological, cognitive, and social needs. Built value. *mh*

Architektur Architecture INNOCAD Architektur ZT GmbH, Martin Lesjak, Peter Schwaiger, Patrick Handler, Oliver Kupfner, Jörg Kindermann, Eva Lesjak, www.innocad.at
Mitarbeit Assistance Oliver Kupfner, Martin Lesjak, Jörg Kindermann
Bauherrschaft Client MAM Health & Innovation GmbH, www.mambaby.com
Tragwerksplanung Structural engineering Pilz & Partner Ziviltechniker GmbH
Örtliche Bauaufsicht Site supervision SCOPE Baumanagement ZT GmbH
Planungs- und Bauzeit Duration of design and construction 2020–2021
Nutzfläche Floor area 4.500 m²
Adresse Address Innovationsplatz 1, 7051 Großhöflein, Burgenland

Architekturpreis des Landes Burgenland 2023

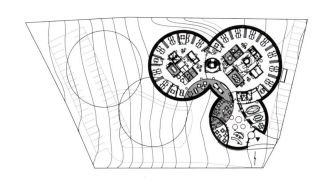

AKTEUR*INNEN
ACTORS

200	**ARTEC Architekten**
201	**Auböck + Kárász Landscape Architects**
202	**einszueins architektur**
203	**Angelika Fitz**
204	**gaupenraub +/−**
205	**Junya Ishigami**
206	**Raffaela Lackner**
207	**mia2 Architektur**
208	**PAUHOF Architekten**
209	**StudioVlayStreeruwitz**
210	**WINKLER + RUCK ARCHITEKTEN**

ARTEC Architekten
Bettina Götz, Richard Mahnal

ARTEC Architekten, Bettina Götz + Richard Manahl, haben sich in ihrer Arbeit und mit ihrer Architekturhaltung immer gegen den Mainstream, mit ihrer Widerständigkeit im Denken, auch im Sinne Hans Holleins, gegen den herrschenden Pragmatismus des Baufunktionalismus gestellt. Es ist der richtige Zeitpunkt, ARTEC Architekten mit dem Kunstpreis auszuzeichnen. In Zeiten einer kapitalgetriebenen Architektur, die gleichzeitig Antworten auf eine kritische Ressourcenknappheit zu geben hat, schaffen sie mit intelligenten Konzepten und entwerferischem Können vielfältige Raumerlebnisse, sowohl innen als auch außen. Durch ihre engagierte und konsequente Übersetzung von Denkprozessen in konkrete Form gestalten ARTEC den aktuellen Diskurs maßgeblich auch auf internationaler Ebene mit. Ihr Engagement in Lehre und Vermittlung schafft bewusst Raum für eine Architektur, die zeigt, dass mehr als Pragmatismus möglich ist.
„Bettina Götz und Richard Manahl sind einfach gute Architekten!"
Auszug aus der Würdigung der Jury
ARTEC Architects, Bettina Götz + Richard Manahl, have always swum against the mainstream with their work, architectural approach, and resistance in thinking, similar to Hans Hollein, who went against the prevailing pragmatism of building functionalism. Now is the right time to award ARTEC Architekten the Art Prize. In an era of finance-driven architecture, which must also provide answers to a critical shortage of resources, they use intelligent concepts and design skill to create diverse spatial experiences, both inside and out. Through their committed and consistent translation of thought processes into concrete action, ARTEC plays a key role in shaping the current discourse, domestically and internationally. Their commitment to teaching and communication consciously creates a space for architecture that shows that more than pragmatism is possible.
"Bettina Götz and Richard Manahl are simply good architects!"
Excerpt from the jury statement

Bettina Götz, *1962 Bludenz, Vorarlberg
Architekturstudium Architectural studies TU Graz, Diplom Graduated 1987; Preis der Stadt Wien für Architektur 2005; Professorin für Entwerfen und Baukonstruktion Professor of Design and Building Construction Universität der Künste Berlin seit since 2006; Kommissärin des österreichischen Beitrags Architekturbiennale Venedig Commissioner of the Austrian contribution to the Venice Architecture Biennale 2008; Vorsitzende Chairwoman Beirat für Baukultur 2009–2013; Vorstandsmitglied Member of the board Wiener Secession seit since 2014; Gastprofessorin Visiting professor Università Iuav di Venezia 2015

Richard Mahnal, *1955 Bludenz, Vorarlberg
Architekturstudium Architectural studies TU Graz, Diplom Graduated 1982; Preis der Stadt Wien für Architektur 2005; Gastprofessor Visiting professor Università Iuav di Venezia 2015; Gastprofessor Visiting professor ENSA Paris-Val de Seine 2017

Architekturbüro in Wien seit Studio in Vienna since **1985**

www.artec-architekten.at

Ausgewählte Projekte Selected projects
Wohnhaus, Nüziders 1989; Ausstellungsarchitektur Exhibition design „Der zerbrochene Spiegel", Wien 1993; Schule Zehdengasse, Wien 1996; Kunstraum Wien, Museumsquartier, Wien 1994 + 1997; Raum Zita Kern, Raasdorf 1998; Wohnbebauung Laxenburgerstraße, Wien 2001; Apotheke zum Löwen von Aspern, Wien 2003; Efaflex Torsysteme, Baden 2004; Hochhaus Kundratstraße, Wien 2007; Wohnhaus Die Bremer Stadtmusikanten, Wien 2010; generationen wohnen am mühlgrund, Wien 2011; Wohn- und Geschäftshaus Raxstraße, Wien 2013; Wohnheim im Olympischen Dorf, Innsbruck 2015; Wohn- und Geschäftshaus „In der Wiesen", Wien 2017; Wohnhaus Maximilianstraße, St. Pölten 2017; Sigmund Freud Museum (mit with Hermann Czech & Walter Angonese), Wien 2020; Büro- und Gewerbebau Gürtelbögen Village im Dritten, Wien 2024

Hans-Hollein-Kunstpreis für Architektur 2022

Auböck + Kárász Landscape Architects
Maria Auböck, János Kárász

Mit der Vergabe (…) an Auböck + Kárász Landscape Architects erfolgt eine Öffnung des Preises Richtung Gestaltung von Landschaft und Städtebau. Im Kontext der Klimakrise stellt sich für die Architektur die Herausforderung, qualitätsvolle Räume für Mensch und Natur zu schaffen und neue Formen des Dialogs zwischen ihnen zu eröffnen. Mit großer gestalterischer Präzision reichern Auböck + Kárász den Städtebau mit ökologischen Fragestellungen an und erweitern auf diese Weise den Gestaltungs- und Handlungshorizont der Architektur. Der projektive Umgang mit ihrem tiefgehenden historischen Wissen bringt bestehende und kommende urbane Strukturen in eine gute Zukunft. Hervorzuheben ist auch ihr über Jahrzehnte kontinuierliches Engagement für den Umgang mit dem architektonischen und landschaftsarchitektonischen Erbe sowie ihr Engagement und ihre Beiträge zu aktuellen Diskursen. (…) Maria Auböck und János Kárász stehen für eine souveräne, weitblickende und theoretisch fundierte Praxis. Aufgaben werden neu gedacht, Kontexte präzise analysiert, Projekte als Entwicklungsprozesse gesehen, Veränderung wird ermöglicht. Ihre umfassende Perspektive ist mehr denn je erforderlich und essenziell.
Auszug aus der Würdigung der Jury

With this award (…) to Auböck + Kárász Landscape Architects, the scope of the prize is being opened up to landscape and urban design. Within the context of the climate crisis, architecture is being faced with the challenge of creating high-quality spaces for people and nature and of opening up new forms of dialogue between them. With tremendous design precision, Auböck + Kárász enrich urban planning to include ecological issues, expanding the design and action horizon of architecture. The project-based application of their in-depth historical knowledge brings existing and soon-to-be urban structures into a positive future. Also worth mentioning is their decades-long continuous commitment to handling our architectural and landscape heritage with care and their dedication and contributions to current discourse. (…) Maria Auböck and János Kárász represent a confident, far-sighted, and theoretically sound practice. Tasks are rethought, contexts are analyzed with precision, projects are seen as development processes, and change is made possible. Their comprehensive perspective is more necessary and essential than ever.
Excerpt from the jury statement

Maria Auböck, *Wien
Architektin mit Spezialisierung auf Landschaftsarchitektur Architect specialized in landscape architecture; Professorin Professor Akademie der Bildenden Künste München / Institut für Freiraumgestaltung; Gastprofessuren Visiting professor Akademie der bildenden Künste Wien, TU Wien, TU München und and Milano; Mitglied in mehreren Beiräten für Stadtgestaltung, Stadtplanung und Kunst im öffentlichen Raum Member of several advisory councils for urban design, city planning, and art in public space (u. a. Berlin, Wien, München, Salzburg)

János Kárász, *Szeged, Ungarn
Architekt und Sozialwissenschaftler, spezialisiert auf Landschaftsarchitektur Architect and sociologist, specialized in landscape architecture; Gastprofessuren an Universitäten in Visiting professor at universities in Wien, München, Budapest, Moskau, Rom, Milano – Lehrtätigkeit für Planungssoziologie, Stadtplanung und Landschaftsarchitektur teaches planning sociology, urban planning, and landscape architecture; UNESCO-Beratungen in Europa und Afrika UNESCO advisor in Europe and Africa

Gemeinsames Atelier für Landschaftsarchitektur in Wien seit Shared studio for landscape architecture in Vienna since 1987; Forschungsprojekte zu Landschaftsarchitektur und Stadtplanung; Revitalisierungen von historischen Gärten Research projects on landscape architecture and urban planning; revitalization of historic gardens; Konzeption und Gestaltung von Ausstellungen zu den Themen Landschaft und Natur, Kulturgeschichte, Stadtkultur und Stadtanthropologie Concept and design of exhibitions on landscape and nature, cultural history, urban culture, and urban anthropology

www.auboeck-karasz.at

Ausgewählte Projekte Selected projects
Furtwängler Garten, Salzburg; Erinnerungsort Turner Tempel, Wien; ERSTE Campus, Wien; Promenade / Flussufer / Senior*innenheim, Innsbruck; Îles Flottantes, Wohnhausanlage „In der Wiesen Süd", Wien; Central Park, Baku / Aserbaidschan

Hans-Hollein-Kunstpreis für Architektur 2023

einszueins architektur
Katharina Bayer, Markus Zilker, Markus Pendlmayr

Neue Formen des gemeinschaftlichen Wohnens wie Baugruppen wurden in den 1970er-Jahren entwickelt, ihre innovativen Impulse gerieten danach jedoch weitgehend in Vergessenheit. Die Renaissance und Weiterentwicklung von Baugruppenprojekten in den letzten zehn Jahren ist wohl niemandem so sehr zu verdanken wie einszueins Architekten. (…) Katharina Bayer, Markus Pendlmayr und Markus Zilker bauen dabei ihre Expertise mit Kompetenz in kollektiven Entscheidungsprozessen, konstruktiver Intelligenz und hohem Anspruch an räumliche Qualität und architektonisches Detail stetig weiter aus. Ihre Wohnprojekte sind alles andere als ein Nischenprodukt, denn sie liefern Innovationsimpulse für den geförderten Wohnbau in Österreich und spiegeln eine gesellschaftliche Verantwortung wider, die weit über das Einzelprojekt hinausreicht, sich den dringenden Aufgaben des Bauens in Zeiten multipler Krisen stellt und das Ideal der Solidarität verräumlicht.
Auszug aus der Jurybegründung

New forms of collective living, such as building groups, were developed in the 1970s, but their innovative impulses were then largely forgotten. The renaissance and further development of building group projects over the last ten years is probably thanks to no one more than einszueins Architekten. (…) Katharina Bayer, Markus Pendlmayr, and Markus Zilker continually expand their expertise with competence in collective decision-making processes, constructive intelligence, and high standards of spatial quality and architectural detail. Their housing projects are anything but niche, providing innovative impulses for subsidized housing in Austria that reflect a sense of social responsibility extending far beyond any one individual project to address the urgent tasks of construction in our times of manifold crises and foster solidarity.
Excerpt from the jury statement

Katharina Bayer, *1975
Architekturstudium Architecture studies TU Wien und and TU Delft; Gründung Founded einszueins Architektur gemeinsam mit with Markus Zilker 2006; Lehraufträge Teaching positions TU Wien 2008–2012; Vorstandsmitglied Member of the board IG Architektur 2008–2016; Gründung Founded einszueins architektur ZT GmbH gemeinsam mit with Markus Zilker und and Markus Pendlmayr 2018

Markus Zilker, *1975
Architekturstudium Architecture studies TU Wien und and ETSA Sevilla; Gründung Founded einszueins Architektur gemeinsam mit with Katharina Bayer 2006; Lehrender für Entwurf Design instructor Nimmerrichter Kurse für Baumeister 2006–2015; Gründung Founded einszueins architektur ZT GmbH gemeinsam mit with Katharina Bayer und and Markus Pendlmayr 2018; Gründungsmitglied „Initiative für gemeinschaftliches Bauen und Wohnen" sowie des Baugruppenprojekts „Wohnprojekt Wien" Founding member of the Initiative for Building and Living Together and the Vienna Living Project, a co-housing endeavor

Markus Pendlmayr, *1983
Architekturstudium Architecture studies TU Graz und and Universitat Politecnica Valencia; Lehrtätigkeit Teaching position TU Graz, Institut für Zeitgenössische Kunst 2009–2010; Lehrtätigkeit Teaching position TU Graz, Institut für Gebäudelehre 2015–2016; Mitarbeit Collaborating with einszueins Architektur seit since 2010, Büroleiter Office manager 2016–2018, Gründung Founded einszueins architektur ZT GmbH gemeinsam mit with Katharina Bayer und and Markus Zilker 2018

einszueins Architektur in Wien seit in Vienna since 2006

wwww.einszueins.at

Ausgewählte Projekte Selected projects
Baugruppenprojekt Co-housing project „Wohnprojekt Wien" 2013; Baugruppenprojekt Co-housing project „Gleis 21", Wien 2015; Wohnbau „Gesundheitsquartier", Wien 2015; Co-housing-Projekt, Wohnprojekt Hasendorf", Sitzenberg-Reidling 2016, Baugruppenprojekt Co-housing project „WILLDA Wohnen", Wien 2016; Baugruppenprojekt Co-housing project „Auenweide", St. Andrä-Wördern 2018; Wohnprojekt „TRIO.inklusiv", Wien 2018; Gemeinwohlorientiertes Gebäude zum Wohnen und Arbeiten Community-oriented building for living and working „die HausWirtschaft", Wien 2019; „vis-à-vis mit vis-à-wien" (zusammen mit with feld72), Wien 2021; Wohnbau Hafenblick 1, Mainz 2023; Zukunft Siedlung – Klimaresiliente Umbaustrategien für die Siedlung Climate-resilient conversion strategies for the development in Erpersdorf 2023

Preis der Stadt Wien für Architektur 2023

Angelika Fitz
*1967

Der Deutsche Werkbund Berlin ehrt [mit dem Preis] eine weit über den österreichischen Kontext hinaus wirkende Seismografin, Kommunikatorin und Impulsgeberin an der Schnittstelle von Architektur und Stadt. (…) Ihre „Werkzeuge" sind die Ausstellungen und Publikationen des Az W, die sie ohne Angst vor schwierigen, bisher kaum angefassten Themen einsetzt. (…) [Es sind] zukunftsweisende Ausstellungen, die man im deutschsprachigen Kontext über Jahre hinweg vermisst hat. Die Bewusstmachung, dass die Idee des Städtischen eine primär gesellschaftliche und keine ökonomische Frage ist und dass in diesem Kontext auch die Frage „Was kann Architektur" beantwortet werden muss, ist heute die vielleicht dringlichste Aufgabe eines Architekturmuseums. Das Az W unter der Leitung von Angelika Fitz ist bei der Suche nach Antworten auf diese Fragen zum internationalen Vorbild geworden. Dazu gehört, dass sie immer wieder neue Wege findet, den Draht zwischen Fachpublikum und einer oftmals schwer erreichbaren „interessierten Öffentlichkeit" zu knüpfen, indem sie das Miteinander von Expertenwissen und Laienwissen als Anstoß für gemeinsame Lernprozesse nutzt.
Auszug aus der Jurybegründung

[With this award], the Deutsche Werkbund Berlin honors a seismograph, communicator, and source of inspiration at the interface of architecture and the city who has made an impact that extends far beyond the Austrian context. (…) Her "tools" are the exhibitions and publications of the Az W, which she uses with no fear of difficult or previously rarely addressed topics. (These are) future-oriented exhibitions that have been missing in the German-speaking context for years. Raising awareness for the idea that urbanity is primarily a social and not an economic issue and that, in this context, the question of "What can architecture do" must also be answered, is perhaps the most urgent task of an architecture museum today. Under the direction of Angelika Fitz, the Az W has become an international role model in the search for answers to these questions. This includes continually finding new ways to build connections between specialist audiences and an often hard-to-reach "interested public" by using the interaction of expert and amateur knowledge as an impetus for shared learning processes.
Excerpt from the jury statement

Angelika Fitz studierte vergleichende Literaturwissenschaft mit dem Schwerpunkt Kulturwissenschaft. Ende der 1990er-Jahre forschte sie in Mumbai und Neu-Dehli zum Thema Megastadt. Als international tätige Kuratorin, Gastprofessorin und Autorin zählen die gesellschaftliche Kontextualisierung von Architektur, der Umgang mit Ressourcen und eine planetarische Perspektive zu ihren Schwerpunkten. 2003 und 2005 war sie Kommissärin für den österreichischen Beitrag zur Architekturbiennale in São Paulo. 2010 kuratierte sie gemeinsam mit Martin Heller für das Deutsche Bauministerium „Realstadt. Wünsche als Wirklichkeit" und 2008 für die Kulturhauptstadt Linz 09 die Wanderausstellung „Linz Texas"; Wichtige Projekte mit dem Goethe-Institute waren Actopolis 2015 – 2017, Weltstadt. Wer macht die Stadt? 2014 – 2016 und We-Traders. Tausche Krise gegen Stadt 2013 – 2015. Seit 2017 ist sie Direktorin des Architekturzentrum Wien und u.a. Mitglied des IBA Expertenrats des Bundes in Berlin und im Advisory Board des EU Mies Award.

Angelika Fitz studied comparative literature with an emphasis on cultural studies and conducted megacities research in the late 1990s in Mumbai and New Delhi. An internationally active curator, visiting professor, and author, her main areas of focus include the social context of architecture, care for resources, and planetary perspectives. In 2003 and 2005 she was commissioner for the Austrian contribution to the Architecture Biennale in São Paulo. In 2010 she curated "Realstadt. Wishes Knocking on Reality's Doors" together with Martin Heller for the German Ministry of Construction and in 2008 the traveling exhibition "Linz Texas" for the Linz 09 Capital of Culture. Important projects with the Goethe Institute were Actopolis 2015 –17, Weltstadt. Who Creates the City? 2014 –16, and We-Traders. Swapping Crisis for City 2013 –15. She has been director of the Architekturzentrum Wien since 2017 and a member of the IBA Federal Expert Council in Berlin and the Advisory Board of the EU Mies Award, among other positions.

Ausgewählte Ausstellungen und Publikationen Selected exhibitions and publications Architekturzentrum Wien: Assemble. Wie wir bauen Assemble. How We Build 2017; Downtown Denise Scott Brown 2018; Critical Care. Architektur für einen Planeten in der Krise Architecture and Urbanism for a Broken Planet (zusammen mit together with Elke Krasny) 2019; Hot Questions – Cold Storage. Die Schausammlung des Az W The Permanent Exhibition at the Az W (zusammen mit together with Monika Platzer) 2022; Yasmeen Lari. Architecture for the Future 2023

Julius Posener Preis 2022

gaupenraub +/–
Alexander Hagner, Ulrike Schartner

„Euch kann man nach China, Tibet, Kalkutta, Somalia oder Kosovo schicken, ihr werdet dort jeweils von selbst jene Aufgaben, jene Projekte finden, die global / lokal die wirklich dringlichen, mit äußerster Intelligenz und Empathie zu bestellenden Problem- und Therapiefelder darstellen – und die Leute und Mittel dazu", so Otto Kapfinger.
Diese Haltung gegenüber Bauaufgaben und künftigen Nutzer*innen sowie die integrativen Methoden und Prozesse der Umsetzung verwirklichen Ulrike Schartner und Alex Hagner auch in Niederösterreich in Umbau- und Sanierungsprojekten. Im Neuinterpretieren des Bestehenden beweisen sie ihre wertschätzende und respektvolle Haltung nicht nur den Menschen gegenüber, sondern auch der Umwelt und der Dimension der Zeit. (…) „Unsere Projekte machen wir als Kampfansage gegen die Marginalisierung von Randgruppen (…) In solche Systeme mit unserer Profession vorzudringen ist sinnstiftend. Mit schöner Architektur können wir Brücken bauen, von materiellem Überfluss zu materiellem Bedarf."
Auszug aus der Würdigungsbroschüre
"You can be sent to China, Tibet, Calcutta, Somalia, or Kosovo and will automatically find the tasks and projects there that are indicative of the truly urgent problems and therapy areas both globally and locally, the spots that must be addressed with utmost intelligence and empathy—and the people and resources capable of doing so," says Otto Kapfinger.
Ulrike Schartner and Alex Hagner implement this approach to building tasks and future users, using integrative methods and implementation processes, for conversion and renovation projects in Lower Austria. Through this reinterpretation of what is already there, they demonstrate their appreciative and respectful attitude towards not only people, but also the environment and the dimension of time. (…) "We make our projects a declaration of battle against the marginalization of fringe groups. (…) It makes sense to use our profession to break through these systems. Beautiful architecture can be used to build bridges between material abundance and material need."
Extract from the award brochure

Alexander Hagner, *1963
Tischlerlehre, anschließend Architekturstudium Carpentry apprenticeship, then architecture studies Universität für angewandte Kunst Wien; selbstständig seit Own firm since 1997; Gründung Founded gaupenraub +/– gemeinsam mit with Ulrike Schartner 1999; Lehraufträge Teaching positions TU Wien 2000 – 2017; Gastprofessur Guest professorship TU Wien 2015 + 2016; Gastprofessur Guest professorship TU Graz 2016/17; Stiftungsprofessur für Soziales Bauen Endowed professorship for social building Fachhochschule Kärnten Spittal an der Drau seit since 2016; zahlreiche Vorträge und Workshops Numerous lectures and workshops

Ulrike Schartner, *1966
Kolleg für Innenausbau und Möbelbau, anschließend Architekturstudium College for interior design and furniture building, then architecture studies Universität für angewandte Kunst Wien und and an der KTH / Stockholm; Partnerin in Partner in architecture firms Architekturbüros in Wien und and Stockholm 1995 – 2004; Gründung Founded gaupenraub +/– gemeinsam mit with Alexander Hagner 1999; Lehrtätigkeit Teaching position KTH Stockholm 2000; Gründung Founded omniplan AB mit with Pelle Norberg und and Staffan Schartner 2005; Lehrauftrag Teaching position TU Graz 2017, Lehrauftrag Teaching position TU Wien 2015, 2020 – 2024; im Sektionsvorstand der Kammer der Ziviltechniker:innen On the section board of the Chamber of Architects Wien, Niederösterreich, Burgenland seit since 2022; zahlreiche Vorträge und Workshops Numerous lectures and workshops

gaupenraub +/– in Wien seit in Vienna since 1999

www.gaupenraub.net

Ausgewählte Projekte Selected projects
Klosterfrau Healthcare Wien 2010; Eiermuseum, Winden am See 2010; Memobil Erinnerungs- und Kommunikationsmöbel für Menschen mit Demenz Memory and communication furniture for people with dementia 2012; VinziRast mittendrin Wien 2013; Think Tank Agenda Austria 2013 + 2017; Würzlmühle, Kirchberg an der Wild 2018; VinziDorf Wien 2018; VinziRast am Land, Mayerling 2023; VinziDorf Marburg seit since 2023
zahlreiche Preise, u.a. Numerous awards including Preis der Stadt Wien für Architektur 2020; Bauherr:innenpreis der ZV 2021 + 2014; Urban Living Award Berlin 2013; Architekturpreis des Landes Burgenland 2010

Kulturpreis des Landes Niederösterreich 2022

Junya Ishigami
*1974

The jury is delighted to award this year's Kiesler Prize to Junya Ishigami, whose inspiring and unique approach to designing the built environment stands out in contemporary architectural practice. His exceptional projects traverse the boundaries of traditional disciplines, thus overcoming the limitations imposed by the construction industry. (…) Ishigami is known for designs with a dreamlike quality that often incorporate natural elements such as caves, plants, and even entire forests, placing humans at the center as part of nature. (…) Ishigami's work is very diverse and, (…) instead of finding a single solution, he sees it as a core task of contemporary architects to find a variety of different solutions that relate to a specific place and a specific task. (…) The jury recognizes Ishigami's uncompromising and outstanding work and his ability to inspire by offering a visionary and poetic alternative to the economically oriented pragmatism of modern-day mainstream architecture. He transcends and expands traditional genres and adds radical new perspectives to the discipline of architecture.
Excerpt from the jury statement

www.jnyi.jp

Junya Ishigami studierte Architektur an der Tōkyō Geijutsu Daigaku, Diplom 2000. Anschließend arbeitete er mit der Architektin Kazuyo Sejima im Büro SANAA zusammen, bevor er 2004 sein eigenes Büro *junya.ishigami+associates* in Tokio gründete. Seine Arbeiten wurden mit zahlreichen Preisen ausgezeichnet. 2009 war er der jüngste Preisträger, der je mit dem Architectural Institute of Japan Prize ausgezeichnet wurde; 2010 erhielt er den Goldenen Löwen der Architekturbiennale Venedig; 2019 war er der erste Preisträger des neu ins Leben gerufenen Obel Award. Seit 2010 lehrt er an der Tohoku University in Japan, 2014 wurde er Kenzo Tange Design Critic an der Harvard Graduate School of Design.

Junya Ishigami studied architecture at the Tōkyō Geijutsu Daigaku, graduating in 2000. He went on to work with architect Kazuyo Sejima in the SANAA office before starting his own company *junya.ishigami+associates* in Tokyo in 2004. His work has been conferred numerous awards. In 2009, he was the youngest ever winner of the Architectural Institute of Japan Prize; in 2010, he received the Golden Lion at the Venice Architecture Biennale; and in 2019, he was the first to win the newly established Obel Award. He has been teaching at Tohoku University in Japan since 2010, and became a Kenzo Tange Design Critic at the Harvard Graduate School of Design in 2014.

Ausgewählte Projekte Selected projects
KAIT Studio Kanagawa Institute of Technology, Atsugi/Japan 2008; House of Peace Kopenhagen/Dänemark 2014; Art Biotop Water Garden, Tochigi/Japan 2018; Museumspark Polytechnisches Museum, Moskau/Russland 2019; Serpentine Pavillion, London/England 2019; House & Restaurant, Ube/Japan 2022

Österreichischer Friedrich Kiesler-Preis für Architektur und Kunst 2023/24

Die Jury freut sich, den diesjährigen Kiesler-Preis an Junya Ishigami zu vergeben, der sich in der gegenwärtigen Architekturpraxis durch seine inspirierende und einzigartige Herangehensweise an die Gestaltung der gebauten Umwelt auszeichnet. Indem er mit seinen außergewöhnlichen Projekten die Grenzen der traditionellen Disziplinen überschreitet, überwindet er jene Einschränkungen, die durch die Bauindustrie vorgegeben werden. (…) Ishigami, der für Entwürfe mit traumartigen Qualitäten bekannt ist, welche häufig natürliche Elemente wie Höhlen, Pflanzen oder sogar ganze Wälder mit einbeziehen, stellt den Menschen als Teil dieser Natur in den Mittelpunkt. (…) Ishigamis Arbeit ist sehr divers und (…) anstatt die eine Lösung zu finden, sieht er es als die Kernaufgabe des zeitgenössischen Architekten an, eine Vielzahl unterschiedlicher Lösungen zu finden, welche sich auf einen bestimmten Ort und eine bestimmte Aufgabe beziehen. (…) Die Jury würdigt Ishigamis kompromissloses und herausragendes Werk und seine Fähigkeit, zu inspirieren, indem er visionäre und poetische Alternativen zum wirtschaftlich orientierten Pragmatismus der heutigen Mainstream-Architektur darstellt. Er überschreitet und erweitert die traditionellen Genres und fügt der Disziplin der Architektur eine radikale neue Perspektive hinzu.
Auszug aus der Jurybegründung

Raffaela Lackner
*1985 Kärnten

Die Bedeutung des Einsatzes von Raffaela Lackner für die baukulturelle Entwicklung in Kärnten ist nicht zu unterschätzen. Seit 2011 leitet sie umsichtig und engagiert das Architektur Haus Kärnten. (…) Unzählige Initiativen zu verschiedensten Veranstaltungen wurden von ihr gesetzt – für Ausstellungen, Vorträge, Publikationen, Architektur-Exkursionen und auch für sehr nachhaltige Projekte im Zusammenwirken mit dem Land Kärnten. Bewusst gewählte Kooperationen (…) hat sie auf den Weg gebracht; (…) Sie kuratiert, programmiert und organisiert interdisziplinäre Vermittlungsformate sowie Prozesse für unterschiedliche Zielgruppen. So hat sich mit durch ihren persönlichen Einsatz eine lebendige Plattform und ein Forum für Baukulturentwicklung in Kärnten etabliert. (…) Die Summe all dieser aktiven und sehr initiativen Tätigkeiten, die Raffaela Lackner mit nahezu unermüdlichem persönlichem Einsatz ausübt, und ihre persönliche Haltung gegenüber Werten eines sozial orientierten Lebensraums und einer intakten Umwelt geben dem Fachbeirat für Baukultur Anlass, sie für den Würdigungspreis für Baukultur vorzuschlagen.
Auszug aus der Würdigung des Fachbeirats für Baukultur
The importance of Raffaela Lackner's commitment to the development of building culture in Carinthia should not be underestimated. She has been managing the Architektur Haus Kärnten with great care and commitment since 2011. (…) She has launched countless initiatives for a wide variety of events—exhibitions, lectures, publications, architecture excursions, and highly sustainable projects in cooperation with the State of Carinthia. She has deliberately initiated select collaborations. (…) She curates, programs, and organizes interdisciplinary educational formats and processes for various target groups. Thanks to her personal commitment, a lively platform and forum for the development of building culture has been established in Carinthia. (…) Raffaela Lackner carries out all these active and highly proactive activities with almost tireless personal dedication, which, taken together with her approach towards the values of social living spaces and intact environments, gives the Advisory Board for Building Culture good reason to nominate her for the Building Culture Achievement Award.
Extract from the statement of the Advisory Board for Building Culture

Raffaela Lackner studierte Architektur an der Fachhochschule Kärnten in Spittal an der Drau. 2009 war sie im Kernteam des Studentenprojekts SCHAP! zur Errichtung eines Schulgebäudes im Selbstbau in einem südafrikanischen Township. 2010 bis 2012 freie Mitarbeiterin im Architekturbüro Eva Rubin sowie tätig an der Fachhochschule Kärnten. Seit 2011 leitet sie das Architekturhaus Kärnten. 2017 Zertifikatslehrgang für Kulturmanagement am Institut für Kulturkonzepte in Wien. 2014 bis 2019 kuratierte und organisierte sie auch das Programm im Domenig Steinhaus am Ossiacher See. Gemeinsam mit Elisabeth Leitner startete sie 2020 den Podcast „Mutige Frauen braucht das Land". 2021 kuratierte sie mit Peter Nigst das BAUKULTURJAHR in Kärnten. 2022 war sie gemeinsam mit section.a für das Schwerpunktjahr „Günther Domenig: DIMENSIONAL" sowie für die Neukonzeption des Kärntner Landesbaupreises verantwortlich. 2023 startete sie den Schwerpunkt „Frauen bauen". Sie publiziert über Architektur- und Baukulturthemen und ist Vorstandsmitglied im Architektur-Spiel-Raum-Kärnten, im Bauarchiv Kärnten, im Verein TINAA und Mitglied in weiteren Vereinen und Institutionen der Baukultur in Kärnten.
Raffaela Lackner studied architecture at the Carinthia University of Applied Sciences in Spittal an der Drau. She was on the core team of the SCHAP! student project to self-build a school in a South African township in 2009. From 2010 to 2012 she freelanced at Eva Rubin's architectural firm and the Carinthia University of Applied Sciences. She has been director of the Architekturhaus Kärnten since 2011. She graduated with a diploma in cultural management from the Institute for Cultural Concepts in Vienna in 2017. From 2014 to 2019 she curated and organized the program for the Domenig Steinhaus on Lake Ossiach. In 2020, she started the podcast *Mutige Frauen braucht das Land* (The Nation Needs Brave Women) together with Elisabeth Leitner. In 2021, she curated the BUILDING CULTURE YEAR in Carinthia with Peter Nigst; and, in 2022, she led the "Günther Domenig: DIMENSIONAL" focus year together with section.a; and revamped the concept of the Carinthia State Building Award. In 2023, she initiated a focus on "Building Women". She publishes regularly on architecture and building culture topics and is a board member of Architektur-Spiel-Raum-Kärnten, the Bauarchiv Kärnten, the TINAA association, and a member of several other Carinthian building culture associations and institutions.

www.architektur-kaernten.at

Kulturpreis des Landes Kärnten / Würdigungspreis für Architektur und Verdienste um die Baukultur 2022

mia2 Architektur
Sandra Gnigler, Gunar Wilhelm

Dieses Jahr fiel die Entscheidung auf ein junges Büro aus Linz, das in besonderer Weise für Vielfältigkeit und ein breites Oeuvre steht: das Büro mia2 (…). In ihrem Werk zeigt sich ein sensibler Umgang mit dem Bestehenden, ein Wieder-in-Gebrauch-Bringen von Raum, eine bewusste Wahl von Materialien. Gestalterisch zeichnen sie sich durch Feinheit und Detailgenauigkeit aus, die schlussendlich einen gesamthaft ästhetischen Anspruch erfüllen. Ihre Arbeit erweist sich als vorrausschauend in ihrer Sparsamkeit im Umgang mit Ressourcen, die Angemessenheit der Mittel ist spürbar. (…) Die [von ihnen] geschaffenen Räume verweben sich atmosphärisch mit der Umgebung, wobei der Umgang mit dem Bestand – sei es der Naturraum oder die nachbarschaftliche Bebauung – mit großem Respekt auf ästhetischem und baukonstruktivem Niveau stattfindet; Bestand wird nicht nur erweitert, er wird umarmt. (…) Eine Haltung, die von Respekt und von Aufmerksamkeit, von visuell geschulter Kraft und einem souveränen Umgang mit Baukultur zeugt.
Auszug aus der Jurybegründung
This year, the award goes to a young firm from Linz that represents diversity and a broad oeuvre: mia2 Architektur. (…) Their work adopts a sensitive approach to existing stock, a special way of drawing space back into use, and a careful choice of materials. Their designs are characterized by finesse and attention to detail, ultimately fulfilling a holistic aesthetic requirement. Their work has proven itself to be foresighted through a frugal use of resources and clearly fitting use of materials. (…) The spaces they create are atmospherically interwoven with the existing structures and surrounding environment—whether natural space or neighboring buildings—treating them with great respect on aesthetic and structural levels. The existing structures are not merely expanded, they are embraced. (…) This stance testifies to their respect and careful attention, to visually trained power and a confident approach to building culture.
Excerpt from the jury statement

Sandra Gnigler *1981
Architekturstudium Architecture studies Kunstuniversität Linz 2000 – 2008; Gründung Founded mia2 Architektur gemeinsam mit together with Gunar Wilhelm 2011; Ziviltechnikerprüfung Licensing examination 2013; Vorstandsmitglied Member of the board afo architekturforum oberösterreich 2014 – 2021; Mitglied Member Gestaltungsbeirat Atterseeregion seit since 2021; Mitglied Member Jury Kunstförderpreis der Stadt Linz seit since 2022; Mitglied Member Gestaltungsbeirat Waidhofen an der Ybbs seit since 2022; Mitglied Member Ortsbildbeirat Land Oberösterreich seit since 2023; Zahlreiche Preise und Stipendien sowie Mitglied in zahlreichen Architekturjurys Numerous prizes and grants and member of many juries

Gunar Wilhelm *1980
Architekturstudium Architecture studies Kunstuniversität Linz 1999 – 2008; Gründung Founded mia2 Architektur gemeinsam mit together with Sandra Gnigler 2011; Ziviltechnikerprüfung Licensing examination 2013; Mitglied Member Ortsbildbeirat Land Oberösterreich seit since 2023

mia2 Architektur in Linz seit in Linz since 2011

www.mia2.at

Ausgewählte Projekte Selected projects
Umnutzung einer ehemaligen Feuerwehrgarage zu einer Landarztordination Conversion of a former fire department garage to a doctor's office Sipbachzell 2016; Dauerausstellung Permanent exhibition Stiftsmuseum Wilhering 2019; Stadthaus Ledergasse Linz 2020; Kindergarten Linz 2020; Wohnbau Forum Oed Linz (mit with Studio uek) 2022; Musikverein und Gemeindeamt Sipbachzell 2024; zahlreiche Um- und Zubauten von Einfamilienhäusern sowie Umnutzungen von ländlichem Leerstand Numerous single-family home renovations and extensions and vacant rural property conversions

Oberösterreichischer Landespreis für Kultur in der Sparte Architektur und Baukunst 2022

PAUHOF Architekten
Michael Hofstätter, Wolfgang Pauzenberger

Mit der Vergabe (…) zeichnet die Jury ein Werk aus, das durch visionäre und radikale Konzepte hervorsticht. Besonders betont werden sollen ihre unbestechliche Haltung und ihre stets kritisch reflektierende, tradierte Regeln und einengende Vorgaben infrage stellende Arbeitsweise. So werden sie ihrem ethisch-moralischen Anspruch gerecht, dass Architektur einen nachhaltigen sozialen und kulturellen Mehrwert für die Gesellschaft generieren muss und nicht nur Dienstleistung ist. Insbesondere hervorheben möchte die Jury die Bedeutung der Arbeit von PAUHOF (…) nach einer übergeordneten, auf das Stadtganze bezogenen, zukunftsgerichteten und nachhaltigen Stadtplanung. (…) Aufgrund ihrer Kompromisslosigkeit gelten PAUHOF als „unbequeme" Architekten. Das spiegelt sich in ihrer Werkliste wider, die nur wenig Gebautes (…) enthält. Doch das weite Spektrum ihrer Aktivitäten in den letzten knapp vier Jahrzehnten bezeugt, dass sie zu den produktivsten und auch vielseitigsten Büros der heimischen Architekturszene zählen. (…) Das große Interesse der Fachwelt zeigt den hohen Stellenwert, den ihre Arbeit innerhalb der internationalen Architekturdebatte genießt.
Auszug aus der Jurybegründung
With the awarding of this prize, (…) the jury recognizes a body of work that stands out for its visionary and radical concepts. Special note must be taken of their incorruptible approach, unwaveringly critical and reflective way of working, and ongoing questioning of traditional rules and restrictive specifications. They live up to their ethical and moral assertion that architecture must generate sustainable social and cultural added value for society and not just be a service. The jury would particularly like to emphasize the importance of PAUHOF's work (…) towards an overarching, future-oriented, and sustainable way of urban planning that relates to the city as a whole. (…) This uncompromising attitude has caused PAUHOF to be considered "uncomfortable" architects, something reflected in their list of works, which includes only a few buildings. (…) However, the broad spectrum of their activities over the last four decades testifies to the fact that they are among the most productive and versatile practices on the domestic architecture scene. (…) The great interest shown by the professional world shows the high esteem their work enjoys within the international architectural debate.
Excerpt from the jury statement

Michael Hofstätter *1953 und **Wolfgang Pauzenberger** *1955 studierten Architektur an der TU Wien und gründeten 1986 PAUHOF Architekten. Lehraufträge und Gastprofessuren an der TU Wien. Zusammen mit Sigrid Hauser und Jan Turnovský Redakteure/Verfasser/Gestalter der Prolegomena-Hefte: u.a. über Lois Welzenbacher, Ricardo Bofill, Tadao Ando, Heinz Bienefeld. Workshops/Vorträge/Seminare/Konferenzen u.a. in Teheran, Yazd, Yogyakarta, Nanjing, Zürich, Frankfurt, Mailand, Orléans, Tokio, London, Berlin, Bukarest. PAUHOFs Aktivitäten bestehen aus urbanistischen Studien, aus experimentellen Architekturprojekten, aus nationalen und internationalen Wettbewerbsbeiträgen, Ausstellungen, Ausstellungsbeteiligungen, Ausstellungsgestaltungen …
Michael Hofstätter *1953 and **Wolfgang Pauzenberger** *1955 studied architecture at the TU Wien and founded PAUHOF Architekten in 1986. Teaching assignments and visiting professorships at the TU Wien. Together with Sigrid Hauser and Jan Turnovský editors/authors/designers of the Prolegomena booklets on Lois Welzenbacher, Ricardo Bofill, Tadao Ando, and Heinz Bienefeld among others. Workshops/lectures/seminars/and conferences in Teheran, Yazd, Yogyakarta, Nanjing, Zurich, Frankfurt, Milan, Orléans, Tokyo, London, Berlin, Bucharest, and more. PAUHOF's activities include urban studies, experimental architectural projects, national and international competition entries, exhibitions, group exhibitions, and exhibition designs.

https://de.wikipedia.org/wiki/Pauhof_Architekten

Publikationen (Auswahl) Selected publications
Götz, Bettina (Hg.): *Before Architecture*, Biennalekatalog Venedig, Springer Wien New York, 2008; Collection du FRAC Centre (Hg): *Architectures expérimentales 1950–2000*; Verlag Hyx, Orléans, 2003; Brayer, Marie-Ange / Migayrou, Frédéric: *ArchiLab Orléans 1999, 2000*, Mairie d'Orléans; Allison, Peter: *Beyond the Minimal, Current Practices 1*, AA Publications, London, 1998; Hauser, Sigrid: *Sprache – z. B. Architektur*, Löcker Verlag, Wien, 1998; AR/GE Kunst Bozen (Hg): *Remixed – Pauhof, Walter Niedermayr, Sigrid Hauser*, 1998; Elena Galvagnini (Hg.): *PAUHOF – New Architectural Experiences in Europe*, Skira, Mailand, 1996; Arno Ritter (Hg.): *PAUHOF*, Architekturforum Tirol, Innsbruck, 1995; Hofstätter, Michael / Pauzenberger, Wolfgang / Hauser, Sigrid: *PAUHOF architekten*, Monografie, Wiese Verlag Basel, 1994

Großer Oberösterreichischer Landespreis für Kultur in der Sparte Architektur und Baukunst – Mauriz-Balzarek-Preis 2022

StudioVlayStreeruwitz
Bernd Vlay, Lina Streeruwitz

Kontinuierlich lotet das StudioVlayStreeruwitz die Grenzen des sozialen Wohnbaus aus und erweitert sie um zeitgemäße Typologien, die gesellschaftliche Transformationsprozesse reflektieren. (…) Das Spektrum des Studios reicht von großmaßstäblichem Städtebau bis zu Theorie und Forschung. Vlay und Streeruwitz entwickeln ihre Konzepte mehrdimensional auf einer profunden theoretischen Basis. (…) Das Büro realisierte [im Sonnwendviertel Ost] das Quartiershaus „Mio", ein Pilotprojekt zum Wohnen und Arbeiten. Die Mini-Geschäfte im zweigeschoßigen Sockel sind auch für Kleinstunternehmer*innen leistbar und wurden mit diesen gemeinsam entwickelt. Balkonpasserellen erschließen Dachterrassen, die Struktur des Gebäudes ist nutzungsoffen. (…) Auch das Leitbild zum Nordbahnhofareal, einem der größten innerstädtischen Entwicklungsgebiete, ist von Vlay und Streeruwitz. Mit dem Erhalt einer jahrzehntelang gewachsenen urbanen Naturlandschaft als „Freie Mitte" sorgt es für internationale Aufmerksamkeit.
Auszug aus der Jurybegründung
StudioVlayStreeruwitz continually explores the limits of social housing, expanding them to include contemporary typologies that reflect social transformation processes. (…) The studio has a spectrum that ranges from large-scale urban planning to theory and research. Vlay and Streeruwitz develop their concepts in multiple dimensions upon a profound theoretical basis. (…) The office realized the "Mio" community building [in the Sonnwendviertel Ost], a pilot project designed for living and working. The mini-shops in the two-story plinth are designed to be affordable for micro-entrepreneurs and were developed together with them. Balcony walkways provide access to rooftop terraces, and the fundamental structure of the building facilitates different uses. (…) Vlay and Streeruwitz also created the overarching concept for the Nordbahnhof area, one of Vienna's largest inner-city development areas. The preservation of a decades-old urban natural landscape at its center has attracted international attention.
Excerpt from the jury statement

Bernd Vlay, *1964 Graz
Architekturstudium Architecture studies TU Graz, Columbia University, New York; Kurator für Architektur Curator of architecture Forum Stadtpark 1996–1997; Generalsekretär General secretary Europan Österreich 1999–2017; Lehrtätigkeiten Teaching positions Cornell University New York, Akademie der bildenden Künste Wien, TU Wien; Gründung Founded STUDIOVLAY 2008 (StudioVlayStreeruwitz seit since 2017); Mitglied wissenschaftlicher Beirat Member of the scientific counsel Europan Europa und and Präsident President Europan Österreich seit since 2017

Lina Streeruwitz, *1977 Wien
Architekturstudium Architecture studies Akademie der bildenden Künste Wien, Universidad de Buenos Aires, Argentinien; Diplom Graduated 2002; Umsetzung von eigenen Architekturprojekten Realization of own architecture projects 2002–2009, Goldschmidt-Gastprofessur Universität Stuttgart 2005; Projektpartnerin und Mitarbeiterin bei Project partner and employee of STUDIOVLAY seit since 2009; Dissertation in Kunst- und Kulturwissenschaften Dissertation in art and cultural studies Akademie der bildenden Künste Wien 2011; Partnerin bei Partner at StudioVlayStreeruwitz seit since 2017

StudioVlayStreeruwitz in Wien seit in Vienna since 2017

www.vlst.at

Ausgewählte Projekte Selected projects
Wohnbauten und Quartiersentwicklung Residential buildings and neighborhood developments: Wohnzimmer Sonnwendviertel 2009–2013; Offene Inseln Leopoldau 2015–2020; Quartiershaus MIO, Wien Hauptbahnhof 2015–2019; Florasdorf am Anger (mit with Freimüller Söllinger Architektur) 2014–2018; MGC Plaza Wien (mit with Lainer + Partner, BEHF Architects) 2014–2023; Gut aufgestellt! Neu Ulm, 2016–2021; „Mut zur Stadt" + The Marks 1, Wien 2014–2022; Quartier Seeterrassen Wien seit since 2018; Parcours Seestadt Aspern Wien, seit since 2021; Städtebauliche Projekte Urban design projects: Freie Mitte – vielseitiger Rand, Wien Nordbahnhof 2014–2025; Der Coup am See, Seestadt Aspern Wien 2018–2020; Am Zoll Lörrach / IBA Basel 2019–2020; Das Städtchen Neu Leo Wien 2020; Forschungsprojekte Research projects: Mischung: Possible! 2015–2016; Mischung: Nordbahnhof 2016–2020; Weitere Projekte Further projects: Volksschule Murfeld Graz 2012–2020; Gestaltung des österreichischen Pavillons, 58 für Discordo Ergo Sum, Renate Bertlmann, Biennale Venedig Design of the Austrian pavilion at the Venice Biennale 2019

Preis der Stadt Wien für Architektur 2022

WINKLER + RUCK ARCHITEKTEN
Roland Winkler, Klaudia Ruck

Winkler Ruck Architekten zählen in vielerlei Hinsicht zu den Ausnahmeerscheinungen in der österreichischen Architekturszene. (…) Innerhalb der letzten zehn Jahre haben sie an sechs Museumswettbewerben teilgenommen, davon vier gewonnen und drei als innovatives Weiterbauen, aus einem denkmalgeschützten Bestand heraus, realisiert: (…) Drei herausragende Museen, aber drei komplett unterschiedliche Lösungsansätze, keines gleicht dem anderen, jedes für sich einzigartig. (…) Zusammenarbeit auf Augenhöhe ist eines der Qualitätsmerkmale von Roland Winkler und Klaudia Ruck. (…) Zusammenarbeit mit Kolleg*innen und interdisziplinären Expert*innen, um bei hoch komplexen Projekten (…) das Wesen des Gebäudes, das Wesen des Ortes herauszuarbeiten. (…)
Über das Wirken des eigenen Büros hinaus setzten und setzen sich Klaudia Ruck und Roland Winkler unermüdlich in vielen unterschiedlichen, zumeist ehrenamtlichen und oft auch unbedankten Positionen für ein baukulturelles Bewusstsein in Kärnten ein (…) Denn sie sehen ihren Beruf als Berufung, weil Architektur „den Menschen und ihrem Tun ein Zuhause gibt". (…)
Architekt*innen müssen, so Winkler Ruck, Kraft ihrer Ausbildung „das Dazwischen" beherrschen. Denn Baukultur sei der „Leim, der die unterschiedlichen Bedürfnisse zusammenhalten vermag". Und aus solchen Bedürfnissen bestehen Stadt, Ort und gebaute Umwelt.
Auszug aus der Laudatio von Volker Dienst
Winkler Ruck Architekten are exceptional examples of the Austrian architecture scene in numerous respects. (…) Over the last ten years, they have taken part in six museum competitions, winning four of them and realizing three as innovative extensions to listed buildings: (…) Three outstanding museums, with three completely different approaches, none like the other, each unique in its own right. (…) One of Roland Winkler and Klaudia Ruck's greatest qualities is their ability to collaborate as equals. (…) This collaboration with colleagues and experts from many different fields brings out the essence of a building and the essence of the site in highly complex projects. (…)
Beyond their own firm's work, Ruck and Winkler have worked tirelessly in many different, mostly volunteer, and often quite thankless capacities to promote the awareness of building culture in Carinthia. (…) They see their profession as a calling, because architecture "gives people and what they do a home". (…) According to Winkler Ruck, architects must, by virtue of their training, master "the in-between". After all, building culture is the "glue that holds many different needs together". And it is these needs that make up cities, places, and the built environment.
Excerpt from the award speech by Volker Dienst

Klaudia Ruck, *1966
Architekturstudium Architectural studies TU Graz, Diplom bei Graduated under Giselbert Hoke; seit since 1994 Zusammenarbeit mit working with Roland Winkler; seit since 1998 Architekturbüro in Klagenfurt mit Roland Winkler; seit since 2016 Winkler + Ruck Architekten ZT GmbH

Roland Winkler, *1965
Architekturstudium Architectural studies TU Graz, Diplom bei Graduated under Giselbert Hoke; seit since 1994 Zusammenarbeit mit working with Klaudia Ruck; seit since 1998 Architekturbüro in Klagenfurt mit Klaudia Ruck; seit since 2016 Winkler + Ruck Architekten ZT GmbH; Lehrtätigkeiten Teaching Universität Innsbruck, Fachhochschule Kärnten Spittal an der Drau

Architekturbüro in Klagenfurt seit Studio in Klagenfurt since 1998

www.winkler-ruck.at

Ausgewählte Projekte Selected projects
Stadtgartenzentrale, Klagenfurt 2007; Schulzentrum Kühnsdorf, 2010; Neue Mittelschule Wölfnitz 2013; Schatzkammer Gurk 2014; Häuser im Wald, Turracherhöhe 2017; EinRaumEinHaus, Kärnten 2021; Kärnten.Museum, Klagenfurt (mit with Ferdinand Certov) 2022; Wien Museum, Wien (mit with Ferdinand Certov) 2023

Kulturpreis des Landes Kärnten / Würdigungspreis für Architektur und Verdienste um die Baukultur 2023

INDEX

Der Index dokumentiert jene Architekturpreise, deren Siegerprojekte – und in manchen Fällen sowie bei internationalen Preisen teilweise auch Nominierungen – im Buch präsentiert werden. Die Auswahl der aufgenommenen Preise erfolgte entsprechend ihrer Architekturrelevanz. Das bedeutet, dass Architekturfachleute in der Jury vertreten waren und architektonische Aspekte im Vordergrund standen sowie der regionale Rahmen nicht zu eng gesteckt war; dabei wurde als kleinste Einheit für die vorgenommene Auswahl eine zumindest bundeslandweite Ausschreibung herangezogen.

Berücksichtigung fanden Preisvergaben der Jahre 2022 und 2023, sofern Projekte – in Österreich bzw. von österreichischen Architekt*innen im Ausland geplant und ausgeführt – ausgezeichnet wurden. Ebenso dokumentiert werden Personen sowie Teams, die in diesen Jahren mit Architekturpreisen gewürdigt wurden.

Der Index ist so aufgebaut, dass ein kurzer Text über die Intention des Preises, den Auslober / die Ausloberin sowie die Art der Vergabe informiert. Ergänzt werden diese allgemeinen Informationen um spezifische Angaben zu den Preisvergaben der Jahre 2022 und 2023. Genannt werden hier die Mitglieder der Jury, die Anzahl der Einreichungen, die Preisträger*innen, weiters Daten zur Preisverleihung und allfällige Ausstellungen.

Der Index ist damit sowohl eine Dokumentation der wichtigsten Architekturpreise als auch der von hochkarätigen Jurys ausgewählten Preisträger*innen. Er zeigt den Stand der Architektur in und aus Österreich der Jahre 2022 und 2023.

The index lists the architectural awards and winning projects— and nominations for international awards and some other cases as well—presented in this book. Awards were selected according to their architectural relevance, determined by the presence of architectural specialists on the judging panel and architectural aspects being at the forefront. Another criterion was having broad regional scope, the smallest unit for selection being a state-wide invitation process.

Projects built or planned in Austria, or realized by Austrian architects abroad in 2022 and 2023, were eligible. Individuals and teams who recieved architecture prizes during these years are also documented.

Each index entry includes a brief text about the aims of the contest, the sponsor, and the type of award. This general information is supplemented with specific details about the awards in 2022 and 2023. Members of the jury, number of submissions, award winners, information about awarding procedures, and exhibitions are listed here.

Consequently, this index is a documentation of the most important architectural contests as well as of the award winners chosen by the experienced jury members. The index portrays the state of architecture in and from Austria in 2022 and 2023.

Index Architekturpreise Architecture Awards 2022_2023

1_Nationale Preise National Awards

Bauherr:innenpreis der ZV – Zentralvereinigung der Architektinnen und Architekten Österreichs 2022 + 2023
jährlich seit annually since 1967
Auslober Sponsored by Zentralvereinigung der Architekt:innen Österreichs

Der Bauherr:innenpreis honoriert Persönlichkeiten oder Personenkreise, die sich als Bauherr*in oder Auftraggeber*in und Mentor*in für die Baukultur in besonderer Weise verdient gemacht haben. Eingereicht werden können in Österreich ausgeführte Bauten oder Freiraumgestaltungen sowie städtebauliche Lösungen, die in architektonischer Gestalt und innovatorischem Charakter vorbildlich sind und darüber hinaus einen positiven Beitrag zur Verbesserung unseres Lebensumfeldes leisten. Exzeptionelle Lösungen, die in intensiver Kooperation von Bauherr*innen und Architekt*innen realisiert wurden.
Seit 2010 werden die eingereichten Projekte in einem zweistufigen Verfahren beurteilt. Regionale Bundesländerjurys wählen dabei pro Bundesland maximal drei Bauten, die von der Hauptjury vor Ort besichtigt werden.
The Bauherr:innenpreis honors individuals or groups of people who have shown outstanding service to architecture as a client, contractor, or mentor. Buildings, designs for the outdoors, and urban planning solutions completed in Austria that embody excellent architectural design, have an innovative character, and make a positive contribution to the improvement of our living environment can be submitted. The award focuses on exceptional solutions that have come true through the intense collaboration of client and architect.
Since 2010, submitted projects have been assessed in a two-stage procedure. Regional juries choose a maximum of three buildings for each state, which are then visited on site by the main jury.

Preis Award Bauherrenpreis-Würfel der ZV aus Plexiglas (Entwurf: Franz Kiener) plus Urkunde ZV Bauherrenpreis Plexiglas Cube (designed by Franz Kiener) and certificate
Informationen Information Broschüre Brochures „Bauherr:innenpreis der ZV", www.zv-architekten.at

Preis Award **2022**
Hauptjury Main jury Wojciech Czaja, Armando Ruinelli, Michaela Wolf
Anzahl der Einreichungen Number of submissions 86; 18 in der zweiten Runde, 18 in the second round

Preisträger Winners

Wohnanlage Friedrich-Inhauser-Straße, Salzburg
Architektur Architecture cs-architektur & stijn nagels | architecture atelier
Bauherrschaft Client Heimat Österreich
Seite Page 38

Weinhof Locknbauer, Tieschen, Steiermark
Architektur Architecture Architektin Mascha Ritter
Bauherrschaft Client Lukas Jahn
Seite Page 126

IKEA, Wien
Architektur Architecture querkraft architekten
Bauherrschaft Client IKEA Einrichtungs GmbH
Seite Page 116

Pädagogische Hochschule Salzburg, Salzburg
Architektur Architecture riccione architekten
Bauherrschaft Client BIG Bundesimmobiliengesellschaft m.b.H.
Seite Page 144

Bildungscampus Nüziders, Nüziders, Vorarlberg
Architektur Architecture Fink Thurnher Architekten
Bauherrschaft Client Gemeinde Nüziders
Seite Page 156

Preisverleihung Award ceremony 4.11.2023 Alte Residenz Salzburg
Ausstellung Exhibition zahlreiche Ausstellungsstationen numerous presentations

Preis Award **2023**
Hauptjury Main jury Angelika Fitz, Regula Harder, Florian Nagler
Anzahl der Einreichungen Number of submissions 110; 25 in der zweiten Runde, 25 in the second round

Preisträger Winners

Wohnbebauung Marburgerhöfe, Graz, Steiermark
Architektur Architecture balloon architekten
Bauherrschaft Client STP Wohnungserrichtungs- u. Immobiliengesellschaft m.b.H.
Seite Page 18

Kärnten.Museum, Klagenfurt, Kärnten
Architektur Architecture Winkler+Ruck Architekten und and Ferdinand Certov Architekten
Bauherrschaft Client Amt der Kärntner Landesregierung, Landesmuseum Kärnten,
Seite Page 72

Wiederbelebung Altstadt Hohenems, Hohenems, Vorarlberg
Architektur Architecture Architekten Nägele Waibel, Bernardo Bader Architekten, Georg Bechter Architektur + Design, HEIN architekten, Imgang Architekt*innen, ma.lo ZT GmbH zusammen mit together with Michael Egger
Bauherrschaft Client Schadenbauer Projekt- und Quartierentwicklungs GmbH, Stadt Hohenems
Seite Page 130

Preisverleihung Award ceremony 13.10.2023 Festspielhaus Bregenz, Vorarlberg
Ausstellung Exhibition zahlreiche Ausstellungsstationen numerous presentations

Staatspreis Architektur 2023
Zumeist biennal seit mostly biennially since 2002

Auslober Sponsored by Bundesministerium für Arbeit und Wirtschaft
Mitauslober Co-Sponsors Wirtschaftskammer Österreich, Bundeskammer der ZiviltechnikerInnen, Architekturstiftung Österreich Gemeinnützige Privatstiftung

Mit dem Staatspreis Architektur werden herausragende architektonische Projekte mit innovativer Konzeption und hoher architektonischer Qualität, die in ihrer Nutzung dem Wirtschaftssektor zuzuordnen sind, ausgezeichnet.
The National Award for Architecture recognizes outstanding architectural projects with innovative concepts and quality architecture with a commercial sector use profile.

Preis Award Urkunde und Trophäe Certificate and trophy
Jury Jury Susanne Fritzer, Daniel Fügenschuh, Marie-Therese Harnoncourt-Fuchs, Werner Müllner, Markus Wimmer
Anzahl der Einreichungen Number of submissions 58

Preisträger Winners

Kategorie Produktion / Handel Category: Production / Trade
IKEA, Wien
Architektur Architecture querkraft architekten
Bauherrschaft Client IKEA Einrichtungs GmbH
Seite Page 116

Kategorie Dienstleistung Category: Service
Mozarteum Foyers, Salzburg
Architektur Architecture maria flöckner und hermann schnöll
Bauherrschaft Client Internationale Stiftung Mozarteum
Seite Page 164

Kategorie Verwaltung / Forschung Category: Administration / Research
Future Art Lab der Universität für Musik und darstellende Kunst, Wien
Architektur Architecture Pichler & Traupmann Architekten
Bauherrschaft Client BIG Bundesimmobiliengesellschaft m.b.H.
Seite Page 140

Sonderpreis Special Award
MED Campus Graz, Graz, Steiermark
Architektur Architecture Riegler Riewe Architekten
Bauherrschaft Client BIG Bundesimmobiliengesellschaft m.b.H.
Seite Page 150

Preisverleihung Award ceremony 7.11.2023 Wien
Informationen Information Broschüre Brochure Staatspreis Architektur 2023
www.architekturstiftung.at/staatspreis-architektur

Aluminium-Architektur-Preis 2023 der Gemeinschaftsmarke Alufenster
Zumeist biennal seit mostly biennially since 1998
Auslober Sponsored by Aluminium-Fenster-Institut, Architekturstiftung Österreich, IG Architektur

Der Aluminium-Architektur-Preis wird für innovative, herausragende architektonische Leistungen verliehen, die die gestalterischen sowie technischen Möglichkeiten von Aluminium aufzeigen. Darüber hinaus werden bei der Beurteilung ästhetische, technische sowie ökonomische und ökologische Aspekte beachtet und bewertet.
The Aluminium Architektur Preis acknowledges exceptional, innovative architectural achievements that showcase the design and technology potentials of aluminum. In addition, aesthetic, technological, economical, and ecological aspects are considered and evaluated.

Preis Prize 10.000 Euro
Jury Jury Tina Parkkinen, Josef-Matthias Printschler, Anton Resch, Thomas Sattler, Malgorzata Sommer-Nawara, Martin Steinhäufl
Anzahl der Einreichungen Number of submissions 35

Preisträger Winner

Großwärmepumpe ebswien – Wien Energie, Wien
Architektur Architecture smartvoll Architekten
Bauherrschaft Client Wien Energie GmbH
Seite Page 134

Preisverleihung Award ceremony 16.4.2024, Wien
Informationen Information www.alufenster.at

Alufenster-Fassaden-Preis 2023
Erstmals for the first time 2023
Auslober Sponsored by Aluminium-Fenster-Institut, Architekturstiftung Österreich, IG Architektur
Kooperationspartner Cooperation partners Arbeitsgemeinschaft der Hersteller von Metall-Fenster / Türen / Tore / Fassaden (AMFT), Fachverband Metalltechnische Industrie, Bundesinnung der Metalltechniker
Medienpartner Media partners ARCHITEKTURJOURNAL / WETTBEWERBE, a3BAU, METALL.

Der Preis wird für hervorragende metallbautechnisch nachhaltige Leistungen vergeben, bei deren Gestaltung und Ausführung Aluminiumkonstruktionen eine bedeutende Rolle einnehmen.
The award honors outstanding sustainable achievements in metal constructions in which aluminum plays a significant role in the design and execution.

Preis Award Urkunde und Trophäe Certificate and trophy
Jury Jury Tina Parkkinen, Josef-Matthias Printschler, Anton Resch, Thomas Sattler, Malgorzata Sommer-Nawara, Martin Steinhäufl
Anzahl der Einreichungen Number of submissions 33

Index Architekturpreise Architecture Awards 2022_2023

Preisträger Winner

DC Tower 3, Wien
Architektur Architecture Dietrich | Untertrifaller Architekten
Bauherrschaft Client S+B Plan & Bau GmbH
Seite Page 22

Preisverleihung Award ceremony 16.4.2024, Wien
Informationen Information www.alufenster.at

Österreichischer Stahlbaupreis 2023
biennal seit biennially since 2007
Auslober Sponsored by Österreichischer Stahlbauverband

Ziel ist es, die Fachkompetenz und die Leistungsfähigkeit des österreichischen Stahlbaus zu präsentieren sowie die architektonische Ausdrucksstärke, das technische Potenzial und die Vielseitigkeit des Stahlbaus zu zeigen.
The goal is to feature the high competency and productivity of Austria's steel building industry as well as the architectural expressivity, technical potential, and immense versatility of steel construction.

Preis Prize Urkunde und Trophäe Certificate and trophy
Jury Jury Dieter Wallmann (Vorsitzender Chair), Josef Fink, Thomas Hoppe, Stefan Halwachs, Romana Ring
Anzahl der Einreichungen Number of submissions 21

Preisträger Winner

ATMOSPHERE by Krallerhof, Leogang, Salzburg
Architektur Architecture Hadi Teherani Architects
Bauherrschaft Client Hotel Krallerhof Altenberger GmbH
Seite Page 60

Anerkennungen Recognitions

Kategorie „Weiterverwendung" Category: Further Use
Stadthalle Kapfenberg, Kapfenberg, Steiermark
Architektur Architecture .tmp architekten
Bauherrschaft Client Stadtgemeinde Kapfenberg
Seite Page 180

Kategorie „Fertigungstechnik" Category: Manufacturing
Neue Eisenbahnbrücke Linz, Linz, Oberösterreich
Architektur und Tragwerksplanung Architecture and structural engineering
ARGE Planung Neue Donaubrücke Linz, Marc Mimram Architecture & Associés, Marc Mimram Ingénierie S.A.S., KMP ZT-GmbH
Bauherrschaft Client Stadt Linz
Seite Page 136

Kategorie „Nachhaltigkeit" Category: Sustainability
Mobile Schwimmhalle, Stadionbad, Wien
Keine Veröffentlichung gewünscht No publication desired

Preisverleihung Award ceremony 15.6.2023, Graz
Informationen Information www.stahlbauverband.at

Österreichischer Betonpreis 2023
In dieser Form erstmals For the first time in this form 2023
Auslober Sponsored by Beton Dialog Österreich

Ziel ist es, nachhaltige Bauprojekte mit dem Baustoff Beton zu würdigen. Neben der Nachhaltigkeit werden Funktionalität, Ausführungsleistung, Innovation und Design als ausschlaggebende Kriterien bewertet.
The aim is to recognize sustainable construction projects that use concrete as a building material. In addition to sustainability, criteria such as functionality, execution, performance, innovation, and design are evaluated.

Preis Prize Urkunde und Trophäe Certificate and trophy
Jury Jury Daniel Fügenschuh (Vorsitzender Chair), Elmar Hagmann, Renate Hammer, Berthold Kren, Franziska Leeb, Stefan Sattler, Ute Schaller
Anzahl der Einreichungen Number of submissions 56

Preisträger Winners

Kategorie Neubau Category: New Building
Wientalterrassen, Wien
Architektur Architecture ARGE KDG / Architekt Christoph Lechner & Partner und and Berger+Parkkinen Architekten
Bauherrschaft Client WBV-GPA Wohnbauvereinigung für Privatangestellte
Seite Page 33

Kategorie Revitalisierung Category: Revitalization
Rathaus Prinzersdorf, Prinzersdorf, Niederösterreich
Architektur Architecture ARGE Ernst Beneder & Anja Fischer
Bauherrschaft Client Marktgemeinde Prinzersdorf
Seite Page 170

Anerkennungen Recognitions

Kategorie Neubau Category: New Building
Gemeindebau Aspern H4, Wien
Architektur Architecture WUP architektur
Bauherrschaft Client WIGEBA
Seite Page 40

Mobilitätszentrum Bahnhof Lienz, Lienz, Tirol
Architektur Architecture ostertag ARCHITECTS
Bauherrschaft Client ÖBB, Stadt Lienz, Land Tirol
Seite Page 137

Kategorie Revitalisierung Category: Revitalization
Fabrikatur, Wien
Architektur Architecture A.C.C.
Bauherrschaft Client Amisola Immobililen AG
Seite Page 189

Burg Heinfels, Heinfels, Tirol
Architektur Architecture Architekt Gerhard Mitterberger
Bauherrschaft Client A. Loacker Tourismus GmbH, Museumsverein Burg Heinfels
Seite Page 75

Preisverleihung Award ceremony 22.6.2023, Wien
Informationen Information baustoffbeton.at/betonpreis; www.zement.at/service/presse/35-2023/436-erster-oesterreichischer-betonpreis-verliehen

ETHOUSE Award 2022
biennal seit biennially since 2008
Auslober Sponsored by Qualitätsgruppe Wärmedämmsysteme

Gewürdigt werden Projekte, die das Thema Energieeffizienz ganzheitlich realisieren und dabei auch architektonisch Impulse mit einem Wärmedämmverbundsystem (WDVS) setzen. Die ausgezeichneten Objekte stehen für Wärmeschutz mit ästhetischer Qualität und zeichnen sich durch einen behutsamen Umgang mit dem Altbestand aus.
This award recognizes projects that holistically implement energy efficiency measures and show architectural pioneering in the use thermal insulation composite systems (ETICS). The winning buildings represent the aesthetic use of thermal insulation and are characterized by a careful treatment of existing stock.

Preis Prize Urkunde und Certificate and 12.000 Euro
Jury Jury Renate Hammer (Vorsitzende Chair), Clemens Hecht, Martin Kargl, Christine Müller, Ralf Pasker, Heinz Plöderl, Christian Pöhn

Preisträger Winners

Kategorie Öffentliche Bauten Category: Public Buildings
Volksschule Brixlegg, Brixlegg, Tirol
Architektur Architecture ARGE Architekturhalle Raimund Wulz und and ILIOVAarchitektur
Bauherrschaft Client Gemeinde Brixlegg
Seite Page 155

Kategorie Wohnbau mit gewerblicher Nutzung Category: Housing with Commercial Use
Stadthaus Lederergasse, Linz, Oberösterreich
Architektur Architecture mia2 Architektur
Bauherrschaft Client Sandra Gnigler & Gunar Wilhelm
Seite Page 27

Kategorie Wohnbau Category: Housing
Wohnanlage Hauffgasse, Wien
Architektur Architecture GSD Gesellschaft für Stadt und Dorferneuerung GmbH
Bauherrschaft Client BWS Gemeinnützige allgemeine Bau-, Wohn- und Siedlungsgenossenschaft, registrierte Genossenschaft mit beschränkter Haftung,
Seite Page 37

Preisverleihung Award ceremony 9.3.2022, Wien
Informationen Information www.waermedaemmsysteme.at/ethouse-award

2_Bundesländer-Preise State Awards

Architekturpreis des Landes Burgenland 2023
biennal seit biennially since 2002
Auslober Sponsored by Kulturabteilung des Landes Burgenland

Der Preis wird für im Burgenland ausgeführte Bauwerke und gestaltete Freiräume verliehen, deren Gestaltung eine Auseinandersetzung mit den Problemen unserer Zeit und des Landes in ästhetischer wie innovatorischer Hinsicht in besonders vorbildlicher Weise zeigt.
This award honors buildings and outdoor spaces realized in Burgenland with designs that take exemplary approaches—in terms of aesthetics and innovation—in the discourse on contemporary issues, in general and specific to Burgenland.

Preis Award Urkunde Certificate
Jury Jury Peter Adam, Irmgard Frank, Hans Gangoly, Marion Gruber, Rudolf Szedenik
Anzahl der Einreichungen Number of submissions 23

Preisträger Winners

Haus H., Frauenkirchen, Burgenland
Architektur Architecture Hausdorf Architekten
Bauherrschaft Client privat private
Seite Page 92

MAM Competence Center, Großhöflein, Burgenland
Architektur Architecture INNOCAD Architektur
Bauherrschaft Client MAM Health & Innovation GmbH
Seite Page 197

Wohnen am Hauptplatz, Pinkafeld, Burgenland
Architektur Architecture Architekt Dietmar Gasser
Bauherrschaft Client Neue Eisenstädter Gemeinnützige Bau-, Wohn- und Siedlungsgesellschaft m.b.H.
Seite Page 32

Anerkennung Recognition

Dorfzentrum Pöttelsdorf, Pöttelsdorf, Burgenland
Architektur Architecture VIA Architektur ZT KG
Bauherrschaft Client Gemeinde Pöttelsdorf
Seite Page 178

Preisverleihung Award ceremony 11.10.2023, Großwarasdorf, Burgenland
Informationen Information www.burgenland.at/themen/kultur/virtueller-kunstraum-burgenland/kunst-und-kultur-burgenland/architekturpreis

Index Architekturpreise Architecture Awards 2022_2023

Kärntner Landesbaupreis 2022
Erstmals for the first time 1998, Relaunch 2022
Auslober Sponsored by Amt der Kärntner Landesregierung, Abteilung für Finanzen, Beteiligungen und Immobilienmanagement, UAbt. Hochbau
Organisation Organization Architektur Haus Kärnten

Mit dem Preis werden in Anerkennung besonderer Leistungen im Bereich der Baukultur im Raum Kärnten Bauwerke hervorgehoben, bei denen der baukünstlerische Raum, seine städtebauliche Beziehung, die Planung, die Funktion, die Verwendung zeitgemäßer Baustoffe und deren Verarbeitung, die Bau-Führung, die sinnvolle Energieverwendung, die Zuordnung zum Ortsbild und zur Landschaft sowie Fragen des Umweltschutzes und der Mobilität vorbildlich berücksichtigt sind.
The award recognizes special achievements in the art of building in Carinthia. Buildings are highlighted that show an exemplary treatment of architectural space, urban planning relationships, planning, function, use and processing of contemporary building materials, construction management, sensible energy use, townscape and landscape integration, and that take environmental protection and mobility into account.

Preis Award Urkunde Certificate
Jury Jury Erich Fercher, Franziska Leeb, Sabine Polesnig, Alessandro Ronco, Gerhard Sailer
Anzahl der Einreichungen Number of submissions 39

Preisträger Winner

Neue Ortsmitte Arriach, Arriach, Kärnten
Architektur Architecture Hohengasser Wirnsberger Architekten
Bauherrschaft Client Gemeinde Arriach
Seite Page 172

Anerkennungen Recognitions

Ganztagesschule Hörzendorf, St. Veit an der Glan, Kärnten
Architektur Architecture Architekturbüro Eva Rubin
Bauherrschaft Client Stadtgemeinde St. Veit an der Glan
Seite Page 152

Sprungturm Millstatt, Millstatt, Kärnten
Architektur Architecture Hohengasser Wirnsberger Architekten
Bauherrschaft Client Gemeinde Millstatt
Seite Page 67

EinRaumEinHaus, Klagenfurt, Kärnten
Architektur Architecture Winkler + Ruck Architekten
Bauherrschaft Client privat private
Seite Page 93

Sonderpreis „Beständige Architektur- und Bauqualität"
Special award: Tried and True Architecture and Construction

Haus Kurrent, Baldramsdorf, Kärnten
Architektur Architecture Architekt Friedrich Kurrent
Seite Page 94

Preisverleihung Award ceremony 1.3.2023, Klagenfurt, Kärnten
Informationen Information www.architektur-kaernten.at/baukultur-in-karnten/preise/landesbaupreis/kaerntner-landesbaupreis-2022

Holzbaupreis Kärnten 2023
biennal seit biennially since 2001
Auslober Sponsored by proHolz Kärnten, Architektur Haus Kärnten

Ausgezeichnet werden Bauvorhaben aus Kärnten, in denen vorrangig der heimische Werkstoff Holz auf materialgerechte, innovative und zeitgemäße Art und Weise unter Ausnützung seiner konstruktiven ökologischen Vorzüge eingesetzt wird.
The Holzbaupreis Kärnten recognizes outstanding buildings in Carinthia that are innovative and contemporary in design, use domestic timber materials in resourceful and relevant ways, and make use of green building technologies.

Preis Prize Insgesamt Total 7.000 Euro, gesponsert von sponsored by Kelag
Jury Jury Anton Kraler, Birgit Maier, Peter Riepl
Anzahl der Einreichungen Number of submissions 82

Preisträger Winners

Drauforum, Oberdrauburg, Kärnten
Architektur Architecture Architekturbüro Eva Rubin
Bauherrschaft Client Marktgemeinde Oberdrauburg
Seite Page 183

Arbeiten im Hof, Pörtschach am Wörthersee, Kärnten
Architektur Architecture Lendarchitektur
Bauherrschaft Client priorIT EDV-Dienstleistungen GmbH
Seite Page 186

Anerkennungen Recognitions

die forelle – Häuser am Wasser, Weißensee, Kärnten
Architektur Architecture Hohengasser Wirnsberger Architekten
Bauherrschaft Client Genießerhotel Die Forelle
Seite Page 56

Gemeinschaftshaus Hühnersberg, Lendorf, Kärnten
Architektur Architecture Hohengasser Wirnsberger Architekten
Bauherrschaft Client Gemeinde Lendorf
Seite Page 181

Einsatzzentrum Mallnitz, Mallnitz, Kärnten
Architektur Architecture Hohengasser Wirnsberger Architekten
Bauherrschaft Client Gemeinde Mallnitz
Seite Page 176

Neues im Dorfzentrum, Teufenbach-Katsch, Steiermark
Architektur Architecture Lendarchitektur mit in co-operation with Scheiberlammer Architekten
Bauherrschaft Client AMRE GmbH
Seite Page 21

Preisverleihung Award ceremony 19.10.2023 Architektur Haus Kärnten, Klagenfurt, Kärnten
Informationen Information www.holzbaupreis-kaernten.at

Vorbildliches Bauen in Niederösterreich 2022 + 2023
jährlich seit annually since 1955
Auslober Sponsored by Land Niederösterreich, Niederösterreichische Baudirektion

Der Preis wird für Projekte in Niederösterreich verliehen, die folgende Kriterien in vorbildlicher Weise erfüllen:
_Gestaltung (Einfügung in das Stadt- und Landschaftsbild, äußere und innere Gestaltung, räumliche Lösung)
_Funktionalität (technische und nutzerorientierte Eignung)
_Konstruktion (werk- und detailgerechte Ausführung, innovative Lösung, Nachhaltigkeit)
This award honors projects in Lower Austria which fulfill the following criteria in an exemplary manner:
_Design (cityscape and landscape placement, exterior and interior design, spatial solution)
_Functionality (technological and user-oriented excellence)
_Construction (integrity of the execution as a whole and in detail, innovative solutions, sustainability)

Preis Award Urkunde für den Planer, Plakette für das Gebäude Certificate for the planner, plaque in building
Informationen Information www.noe.gv.at/noe/Bauen-Neubau/vorbildliches_bauen_in_noe.html

Preis Award 2022

Jury Jury Walter Steinacker (Vorsitzender Chair), Robert Jägerberger, Thomas Jedinger, Paulus Ramstorfer, Martin Schoderböck, Stefan Schraml, Claus Stundner
Anzahl der Einreichungen Number of submissions 73

Preisträger Winners

FH Campus St. Pölten, St. Pölten, Niederösterreich
Architektur Architecture NMPB Architekten ZT GmbH
Bauherrschaft Client Stadt St. Pölten
Seite Page 161

Headquarter DELTABLOC, Wöllersdorf, Niederösterreich
Architektur Architecture Kaltenbacher ARCHITEKTUR
Bauherrschaft Client DELTABLOC International GmbH
Seite Page 194

IST Austria Chemistry Lab, Klosterneuburg, Niederösterreich
Architektur Architecture ARGE Maurer&Partner und Franz&Sue
Bauherrschaft Client Amt der NÖ Landesregierung
Seite Page 154

Turnsaal und Musikverein, Kirchberg am Wagram, Niederösterreich
Architektur Architecture Laurenz Vogel Architekten
Bauherrschaft Client Marktgemeinde Kirchberg am Wagram
Seite Page 182

Wohnhaus Absdorf, Absdorf, Niederösterreich
Architektur Architecture Bogenfeld Architektur
Bauherrschaft Client Katharina Ludwig & Simon Brandstetter
Seite Page 105

Kindergarten Münichsthal, Münichsthal, Niederösterreich
Architektur Architecture Treberspurg & Partner Architekten
Bauherrschaft Client Stadtgemeinde Wolkersdorf im Weinviertel
Seite Page 149

Weltnaturerbezentrum Haus der Wildnis, Lunz am See, Niederösterreich
Architektur Architecture Architekten Maurer & Partner
Bauherrschaft Client Wildnisgebiet Dürrenstein
Seite Page 61

Gemeindezentrum Großweikersdorf, Großweikersdorf, Niederösterreich
Architektur Architecture smartvoll Architekten
Bauherrschaft Client Marktgemeinde Großweikersdorf
Seite Page 177

Preisverleihung Award ceremony 24.10.2022, St. Pölten, Niederösterreich

Preis Award 2023

Jury Jury Walter Steinacker (Vorsitzender Chair), Robert Jägerberger, Thomas Jedinger, Paulus Ramstorfer, Martin Schoderböck, Stefan Schraml, Claus Stundner
Anzahl der Einreichungen Number of submissions 56

Preisträger Winners

Lebenshilfe Werkstätte Civitas Nova, Wiener Neustadt, Niederösterreich
Architektur Architecture atelier hochstrasse
Bauherrschaft Client Lebenshilfe Niederösterreich
Seite Page 160

Konrad Lorenz Gymnasium, Gänserndorf, Niederösterreich
Architektur Architecture Franz&Sue
Bauherrschaft Client BIG Bundesimmobiliengesellschaft m.b.H.
Seite Page 163

Headquarter DELTABLOC, Wöllersdorf, Niederösterreich
Architektur Architecture Kaltenbacher ARCHITEKTUR
Bauherrschaft Client DELTABLOC International
Seite Page 194

raiffeisen corner, St. Pölten, Niederösterreich
Architektur Architecture feld72 Architekten mit with Hoffelner Schmid Architekten
Bauherrschaft Client Raiffeisenbank Region St. Pölten
Seite Page 191

Index Architekturpreise Architecture Awards 2022_2023

Stadthäuser Guntramsdorf, Guntramsdorf, Niederösterreich
Architektur Architecture X42 Architektur
Bauherrschaft Client Kossina & Partner Bauträger
Seite Page 31

Two Houses and a Courtyard, Klosterneuburg, Niederösterreich
Architektur Architecture Mostlikely Architecture
Bauherrschaft Client Olivia & Clemens Hromatka
Seite Page 96

Weingut FJ Gritsch – Mauritiushof, Spitz an der Donau, Niederösterreich
Architektur Architecture ritzinger Architektur
Bauherrschaft Client Weingut FJ Gritsch
Seite Page 52

Preisverleihung Award ceremony 17.10.2023, St. Pölten, Niederösterreich

Holzbaupreis Niederösterreich 2023
jährlich oder biennal seit annually or biennially since 2000
Auslober Sponsored by Land Niederösterreich, proHolz Niederösterreich/ Wirtschaftskammer Niederösterreich und and Landwirtschaftskammer Niederösterreich

Zielsetzung des Preises ist die Förderung und Anerkennung besonderer Leistungen des Holzbaus als Beitrag zur Baukultur sowie die Würdigung von beachtenswerten Ansätzen zur Verbesserung der Einsatzmöglichkeiten des Rohstoffes Holz, bei der Entwicklung von innovativen Produkten aus und für Holz sowie bei nachhaltigen Energiekonzepten.
The aim of the award is to foster and recognize special achievements in timber construction as a contribution to building culture, as well as to honor noteworthy approaches to improving the potential applications of wood, the development of innovative products made of wood, and sustainable energy concepts.

Preis Prize Insgesamt 10.000 Euro + Trophäe des Niederösterreichischen Holzbaupreises = Siegerstatue OIKOS (griech. Hausgemeinschaft) Total of 10,000 Euro + Holzbaupreis Niederösterreich trophy = OIKOS (Greek, lit. household) award statue
Jury Jury Richard Woschitz (Vorsitzender Chair), Georg Bauer, Petra Eichlinger, Fritz Klaura, Christian Murhammer, Bernhard Plesser, Bernd Strahmmer
Anzahl der Einreichungen Number of submissions 82

Preisträger Winners

Kategorie Wohnbauten Category: Housing
Wohnhausanlage Hochleitengasse, Gießhübl, Niederösterreich
Architektur Architecture a-plus architekten
Bauherrschaft Client Trompeter Family Errichtungs-GmbH
Seite Page 26

Kategorie Um- und Zubau Category: Conversions and Additions
Case Study House, Zeiselmauer, Niederösterreich
Architektur Architecture Backraum Architektur
Bauherrschaft Client Gerald Rospini
Seite Page 109

Kategorie Öffentlicher Bau Category: Public Buildings
Turnsaal und Musikverein, Kirchberg am Wagram, Niederösterreich
Architektur Architecture Laurenz Vogel Architekten
Bauherrschaft Client Marktgemeinde Kirchberg am Wagram
Seite Page 182

Kategorie Nutzbau Category: Utility Buildings
Kantine Starlinger, Weissenbach an der Triesting, Niederösterreich
Architektur Architecture Baukooperative
Bauherrschaft Client Starlinger & Co GmbH
Seite Page 196

Preisverleihung Award ceremony 23.05.2023, Korneuburg, Niederösterreich
Informationen Information www.holzbaupreis-noe.at

Architekturpreis Oberösterreich Daidalos 2022
unregelmäßig seit intermittently since 2012
Auslober Sponsored by Oberösterreichische Nachrichten
Partner Partners Kammer der ZiviltechnikerInnen für Oberösterreich und Salzburg, afo architekturforum oberösterreich, Land Oberösterreich, Hypo Oberösterreich, Energie AG Power Solutions, WAG

Es werden Projekte prämiert, die Konzepte für neue Anforderungen der Gesellschaft im Wandel bereitstellen. Es geht darum, weg vom Standard hin zu mutigen, maßgeschneiderten Lösungen zu kommen. Bei seiner vierten Auflage wurde der Daidalos in den Kategorien „Wertvolle Substanz", „Innovative Lösung" und „Bewährte Bauten" vergeben.
Projects featuring concepts that meet the new demands of a changing society are awarded. It is about breaking away from standards and taking a step towards brave, tailor-made solutions. The fourth edition of the Daidalos was conferred in the categories of Valuable Substance, Innovative Solutions, and Tried and True Building.

Preis Award Urkunde, Skulptur Certificate, sculpture
Jury Jury Stefanie Murero, Georg Wilbertz, Carmen Wolf
Anzahl der Einreichungen Number of submissions 76

Preisträger Winners

Kategorie Wertvolle Substanz Category: Valuable Substance
Stadthaus Lederergasse, Linz, Oberösterreich
Architektur Architecture mia2 Architektur
Bauherrschaft Client Sandra Gnigler & Gunar Wilhelm
Seite Page 27

Kategorie Raffinierter Neubau Category: Inspired New Building
MED Campus Linz, Linz, Oberösterreich
Architektur Architecture LORENZATELIERS
Bauherrschaft Client Kepler Universitätsklinikum GmbH
Seite Page 158

Kategorie Bewährte Bauten Category: Tried and True Building
Revitalisierung Vonwiller Areal, Haslach, Oberösterreich
Architektur Architecture Architekturbüro Arkade
Bauherrschaft Client Marktgemeinde Haslach, Textiles Zentrum Haslach
Seite Page 84

Preisverleihung Award ceremony 31.3.2022 Linz, Oberösterreich
Informationen Information www.nachrichten.at/wirtschaft/daidalos/;
www.afo.at

Holzbaupreis Oberösterreich 2022
unregelmäßig seit intermittently since 2003
Auslober Sponsored by Building Innovation Cluster der oö. Standortagentur Business Upper Austria, proHolz Oberösterreich, Landesinnung Holzbau Oberösterreich, Fachvertretung der Holzindustrie Oberösterreich
Unterstützt von supported by Land Oberösterreich

Ziel des Holzbaupreises ist die Förderung und Anerkennung besonderer Leistungen des Holzbaus in Oberösterreich, um Anreize für eine neue Holzarchitektur zu setzen und den verstärkten Einsatz des Rohstoffes Holz zu forcieren.
The goal of the Holzbaupreis is to foster and recognize special achievements in timber construction in Upper Austria, to provide incentives for timber architecture in general, and to promote and intensify the use of the raw material wood.

Preis Award Urkunde und Trophäe Certificate and trophy
Jury Jury Helmut Dietrich, Wolfgang Huber, Markus Klaura, Sylvia Polleres
Anzahl der Einreichungen Number of submissions 157

Preisträger Winners

Kategorie Umbauten, Zubauten und Sanierungen Category: Conversions, Additions, and Refurbishments
Wolf im Schafspelz, Oberösterreich
Architektur Architecture Architektin Melanie Karbasch, Architekt Volker Wortmeyer
Bauherrschaft Client privat private
Seite Page 98

Stadthaus Lederergasse, Linz, Oberösterreich
Architektur Architecture mia2 Architektur
Bauherrschaft Client Sandra Gnigler & Gunar Wilhelm
Seite Page 27

Kategorie Öffentliche Bauten Category: Public Buildings
Zirkus des Wissens – Johannes Kepler Universität, Linz, Oberösterreich
Architektur Architecture Architekten Luger & Maul
Bauherrschaft Client Johannes Kepler Universität
Seite Page 74

JKU Campus Linz – Kepler Hall und LIT Open Innovation Center, Linz, Oberösterreich
Architektur Architecture RIEPL RIEPL ARCHITEKTEN
Bauherrschaft Client BIG Bundesimmobiliengesellschaft m.b.H.
Seite Page 143

Kategorie Landwirtschaftliche Bauten Category: Agricultural Buildings
Wagyu-Stall am Hausruck, Atzbach, Oberösterreich
Architektur Architecture Architekt Herbert Schrattenecker
Bauherrschaft Client Diane & Herbert Huemer
Seite Page 120

Kategorie Gewerbliche Bauten Category: Commercial Buildings
Prüfhalle Siemens Trench, Leonding, Oberösterreich
Architektur Architecture architektur mugrauer
Bauherrschaft Client Trench Austria
Seite Page 125

Kategorie Außer Landes Category: Beyond Borders
HTL Bau Informatik Design, Innsbruck, Tirol,
Architektur Architecture ao-architekten
Bauherrschaft Client BIG Bundesimmobiliengesellschaft m.b.H.
Seite Page 146

Sonderpreis Gelungenes Experiment Special award: Successful Experiment
Gartenpavillons, Wels, Oberösterreich
Architektur Architecture Architekten Luger & Maul
Bauherrschaft Client Maximilian Luger
Seite Page 111

Preisverleihung Award ceremony 25.5.2022 Linz, Oberösterreich
Informationen Information www.holzbaupreis-ooe.at

Architekturpreis Land Salzburg 2022
biennal seit biennially since 1976
Auslober Sponsored by Land Salzburg
Organisation Organization Initiative Architektur Salzburg

Ziel ist es, eine größere Öffentlichkeit für zeitgenössische Architektur zu schaffen, die Baukultur zu fördern und die erbrachten Leistungen zu würdigen. Der Preis wird für Bauwerke im Bundesland Salzburg verliehen.
The goal is to create a broader public awareness of contemporary architectecture, support Baukultur, and honor finished achievements. The award is conferred for buildings in the region of Salzburg.

Preis Prize 10.000 Euro + Urkunde Certificate
Jury Jury Tiina Parkkinen (Vorsitzende Chair), Verena Rauch, Peter Riepl
Anzahl der Einreichungen Number of submissions 31

Preisträger Winner

Franziskanerkloster, Salzburg
Architektur Architecture wiesflecker-architekten
Bauherrschaft Client Orden der Franziskaner
Seite Page 87

Index Architekturpreise Architecture Awards 2022_2023

Anerkennungen Recognitions

Pädagogische Hochschule Salzburg, Salzburg
Architektur Architecture riccione architekten
Bauherrschaft Client BIG Bundesimmobiliengesellschaft m.b.H.
Seite Page 144

Wohnhäuser Saalfelden, Saalfelden, Salzburg
Architektur Architecture LP Architektur und and ir architektin iris reiter
Bauherrschaft Client Breitfuß Real GmbH
Seite Page 28

Preisverleihung Award ceremony 22.9.2022 Salzburg
Informationen Information Katalog Catalogue Architekturpreis Land Salzburg 2022, www.initiativearchitektur.at/architekturpreise/architekturpreis-land-salzburg-2022

Holzbaupreis Salzburg 2023
unregelmäßig seit intermittently since 2003
Auslober Sponsored by proHolz Salzburg, Kammer der ZiviltechnikerInnen für Oberösterreich und Salzburg

Ausgezeichnet werden in Salzburg realisierte Projekte, in denen vorwiegend der Werkstoff Holz auf materialgerechte, innovative, wirtschaftlich, ökologisch und energetisch sinnvolle Weise eingesetzt wurde.
This award honors projects that have been built in Salzburg and that use wood innovatively, economically, and ecologically, while remaining mindful of energy consumption.

Preis Award Glaswürfel mit integriertem Holz-H Glass cube with wooden H inset
Jury Jury Oskar Beer, Stephan Birk, Annette Hafner, Richard Woschitz
Anzahl der Einreichungen Number of submissions 83

Preisträger Winners

Kategorie Öffentliche Bauten Category: Public Buildings
Kindergarten Hallwang, Hallwang, Salzburg
Architektur Architecture LP architektur
Bauherrschaft Client Gemeinde Hallwang
Seite Page 153

Kategorie Gewerbliche Bauten Category: Commercial Building
Suitentürme Familien Natur Resort Moar Gut, Großarl, Salzburg
Architektur Architecture LP architektur
Bauherrschaft Client Josef & Elisabeth Kendlbacher
Seite Page 69

Kategorie Wohnbau Category: Housing
Ronald McDonald Kinderhaus, Salzburg
Architektur Architecture LP Architektur
Bauherrschaft Client Ronald McDonald Kinderhilfe
Seite Page 29

Holzbausiedlung Burgfried, Hallein, Salzburg
Architektur Architecture cs-architektur (Entwurf zusammen mit Design in co-operation with archcollectiv_F4+)
Bauherrschaft Client GSWB
Seite Page 30

Preisverleihung Award ceremony 30.3.2023 Salzburg
Informationen Information www.holzbaupreis-salzburg.at, www.proholz-salzburg.at

Architekturpreis Land Steiermark 2023
biennal oder triennial seit biennially or triennially since 1980
Auslober Sponsored by Land Steiermark
Organisation Organisation HDA Haus der Architektur Graz

Mit dem Preis werden Projekte gewürdigt, die einen Beitrag zur zeitgenössischen qualitätsvollen Architektur in der Steiermark leisten. Die Zuerkennung des Preises erfolgt jeweils über den Beschluss eines Kurators / einer Kuratorin.
This prize is awarded to projects that contribute to high-quality contemporary architecture in Styria. Award decisions are determined by a curator.

Preis Prize 10.000 Euro
Kuratorin Curator 2023 Indira van't Klooster

Preisträger Winner

Steirereck am Pogusch, Turnau, Steiermark
Architektur Architecture PPAG architects
Bauherrschaft Client Steirereck Stadtpark GmbH
Seite Page 50

Anerkennungen Recognitions

Weinhof Locknbauer, Tieschen, Steiermark
Architektur Architecture Architektin Mascha Ritter
Bauherrschaft Client Lukas Jahn
Seite Page 126

Ortszentrum Stanz, Stanz im Mürztal, Steiermark
Architektur Architecture Nussmüller Architekten
Bauherrschaft Client Gemeinde Stanz im Mürztal, Wohnbaugruppe Ennstal
Seite Page 174

Preisverleihung Award ceremony 20.11.2023, Graz, Steiermark
Informationen Information „STYRIANOMICS Architekturpreis des Landes Steiermark 2023", hg. von Haus der Architektur, Beate Engelhorn, jovis 2023, www.hda-graz.at

GerambRose 2022
jährlich seit annually since 1981, biennal seit biennially since 2010
Auslober Sponsored by Verein BauKultur Steiermark

Die „GerambRose" wird als Würdigung für Leistungen verliehen, die im Sinne der Erhaltung oder Schaffung qualitätsvoller Baukultur in der Steiermark erbracht wurden. Nicht der Bauherr, nicht der Planer, nicht die Ausführenden, sondern deren gemeinsame Leistung, das Bauwerk, steht im Mittelpunkt der Preisverleihung. Neben der eigentlichen Würdigung der herausragenden Bauleistungen, ist es auch Ziel, mittels der damit verbundenen Öffentlichkeitsarbeit ein breiteres Bewusstsein für baukulturelle Qualität zu fördern.
The GerambRose award honors achievements contributing to the creation or maintenance of quality architecture in Styria. The focus of the award is not on the client, nor the planner, nor the constructor, but on their shared achievement: the building itself. In addition to recognizing exceptional achievements in building, the goal of the publicity that comes with the award is to encourage a broader awareness for architectural qualities.

Preis Award GerambRose
Jury Jury Gerd Bergmeister, Helga Blocksdorf, Eva Guttmann, Gustav Spener, Much Untertrifaller, Michaela Wolf
Anzahl der Einreichungen Number of submissions 69

Preisträger Winners

Reininghauspark, Graz, Steiermark
Landschaftsarchitektur Landscape architecture zwoPK Landschaftsarchitektur
Bauherrschaft Client Stadt Graz – Abteilung für Grünraum und Gewässer
Seite Page 135

Volksschule Kaindorf an der Sulm, Kaindorf an der Sulm, Steiermark
Architektur Architecture epps Ploder Simon ZT GmbH
Bauherrschaft Client Stadtgemeinde Leibnitz
Seite Page 162

Volksschule Graz Neuhart, Graz, Steiermark
Architektur Architecture dreiplus Architekten
Bauherrschaft Client Stadt Graz, Abteilung für Bildung und Integration
Seite Page 159

Portalgestaltung Wolfgangikirche, Schwanberg, Steiermark
Architektur Architecture Markus Jeschaunig – Agency in Biosphere
Bauherrschaft Client Wolfgangikomitee der Pfarre Hollenegg (Gemeinde Schwanberg)
Seite Page 76

Weinhof Locknbauer, Tieschen, Steiermark
Architektur Architecture Architektin Mascha Ritter
Bauherrschaft Client Lukas Jahn
Seite Page 126

Steirereck am Pogusch, Turnau, Steiermark
Architektur Architecture PPAG architects
Bauherrschaft Client Steirereck Stadtpark GmbH
Seite Page 50

Haus P., Steiermark
Architektur Architecture Gangoly & Kristiner Architekten
Bauherrschaft Client Familie P.
Seite Page 101

Low-Budget-Haus, Feldbach, Steiermark
Architektur Architecture ARGE Habsburg Isele Architekten und and Architektin Ulrike Tinnacher
Bauherrschaft Client Sebastian & Ilona Bruckner
Seite Page 102

Haus Fischer, Grundlsee, Steiermark
Architektur Architecture Architekt Konrad Frey mit with Architekt Florian Beigel
Bauherrschaft Client Jutta & Wolfgang Fischer
Seite Page 103

Preisverleihung Award ceremony 21.10.2022, Tieschen, Steiermark
Ausstellung Exhibition Wanderausstellung an zahlreichen Standorten in der Steiermark 2022 + 2023 Traveling exhibition at numerous sites throughout Styria 2022 + 2023
Informationen Information Katalog Catalogue GerambRose 2022, www.baukultur-steiermark.at

Holzbaupreis Steiermark 2023
biennal seit biennially since 1999
Auslober Sponsored by Landesinnung Holzbau, Besser mit Holz – Steirisches Holzbaumarketing

Ziel ist es, die interessantesten Holzbauten der Steiermark auszuzeichnen und damit die Vielseitigkeit und Leistungsfähigkeit des Baustoffes Holz aufzuzeigen. Neben Funktionalität und Nutzerwert, Nachhaltigkeit, Einfügung in die Umgebung und Innovationsgehalt wurde besonderes Augenmerk auch auf handwerkliche Leistungen und innovative Holzanwendungen gelegt. Ein Fokus lag insbesondere auf Ressourcenschonung und Verdichtung.
The goal is to recognize the most compelling timber structures in Styria and to call attention to the versatility and efficiency of the building material wood. In addition to functionality, usability, sustainability, integration into the environment, and degree of innovation, special attention is also given to craftmanship and pioneering uses of wood. There is a particular focus on conserving resources and densification.

Preis Award Urkunde für Bauherr*in, ausführenden Holzbaubetrieb, Architekt*in und Tragwerksplaner*in sowie Skulptur für Einreicher*in Certificate for client, carpentry firm, architect and structural engineer, and a sculpture for the entrant
Jury Jury Eva M. Hierzer, Friedrich Klaura, Barbara Meisterhofer, Andreas Ringhofer
Anzahl der Einreichungen Number of submissions 145

Preisträger Winners

Katgorie Private Wohnbauten Category: Private Residential Buildings
Haus B16, Knittelfeld, Steiermark
Architektur Architecture Plateau, Michael Moitzi
Bauherrschaft Client privat private
Seite Page 108

Index Architekturpreise Architecture Awards 2022_2023

Low-Budget-Haus, Feldbach, Steiermark
Architektur Architecture ARGE Habsburg Isele Architekten und and Architektin Ulrike Tinnacher
Bauherrschaft Client Sebastian & Ilona Bruckner
Seite Page 102

Kategorie Mehrgeschoßige Wohnbauten Category: Apartment Buildings
Neues im Dorfzentrum, Teufenbach-Katsch, Steiermark
Architektur Architecture Lendarchitektur mit in co-operation with Scheiberlammer Architekten
Bauherrschaft Client AMRE GmbH
Seite Page 21

Kategorie Öffentliche oder gewerbliche Bauten
Category: Public or Commercial Buildings
Voisthalerhütte am Hochschwab, Thörl, Steiermark
Architektur Architecture Dietger Wissounig Architekten
Bauherrschaft Client Alpenverein Austria
Seite Page 53

Kategorie Landwirtschaftliche Bauten Category: Agricultural Buildings
Weinhof Locknbauer, Tieschen, Steiermark
Architektur Architecture Architektin Mascha Ritter
Bauherrschaft Client Lukas Jahn
Seite Page 126

Kategorie Bauten außerhalb der Steiermark Category: Outside Styria
Turnsaal und Musikverein, Kirchberg am Wagram, Niederösterreich
Architektur Architecture Laurenz Vogel Architekten
Bauherrschaft Client Marktgemeinde Kirchberg am Wagram
Seite Page 182

Preisverleihung Award ceremony 21.9.2023, Graz, Steiermark
Informationen Information www.holzbaupreis-stmk.at

Auszeichnung des Landes Tirol für Neues Bauen 2022
biennal seit biennially since 1996
Auslober Sponsored by Land Tirol, Kammer der ZiviltechnikerInnen für Tirol und Vorarlberg – Sektion ArchitektInnen, Zentralvereinigung der ArchitektInnen Österreichs – Landesverband Tirol und and aut. architektur und tirol

Ausgezeichnet werden in Tirol ausgeführte Bauwerke, die von Architekt*innen bzw. Ingenieur*innen geplant wurden und deren im Bauwerk angelegte Auseinandersetzung mit den Problemen unserer Zeit in ästhetischer wie innovatorischer Hinsicht als besonders vorbildlich zu bezeichnen ist.
This award recognizes buildings realized in Tyrol that were planned by architects and engineers and whose designs take exemplary approaches to contemporary problems in terms of aesthetics and innovation.

Preis Award Urkunde Certificate
Jury Jury Sonja Gasparin, Florian Nagler, Armando Ruinelli
Anzahl der Einreichungen Number of submissions 76

Preisträger Winners

Burg Heinfels, Heinfels, Tirol
Architektur Architecture Architekt Gerhard Mitterberger
Bauherrschaft Client A. Loacker Tourismus GmbH, Museumsverein Burg Heinfels
Seite Page 75

Gutmann Pelletsspeicher, Hall in Tirol, Tirol
Architektur Architecture obermoser + partner architekten zusammen mit together with Architekt Hanno Schlögl
Bauherrschaft Client Gutmann GmbH
Seite Page 122

HTL Bau Informatik Design, Innsbruck, Tirol
Architektur Architecture ao-architekten
Bauherrschaft Client BIG Bundesimmobiliengesellschaft m.b.H.
Seite Page 146

Tiroler Steinbockzentrum, St. Leonhard im Pitztal, Tirol
Architektur Architecture ARGE Architekten Rainer Köberl & Daniela Kröss
Bauherrschaft Client Gemeinde St. Leonhard im Pitztal
Seite Page 78

Anerkennungen Recognitions

Bezirkshauptmannschaft Schwaz, Schwaz, Tirol
Architektur Architecture Thomas Mathoy Architekten
Bauherrschaft Client Land Tirol, Abteilung Hochbau
Seite Page 175

Pavillon Umhausen, Umhausen, Tirol
Architektur Architecture Architekt Armin Neurauter
Bauherrschaft Client Gemeinde Umhausen
Seite Page 171

Pippilotta, Innsbruck, Tirol
Architektur Architecture he und du mit with Markus Danzl / Architekturbüro Schlögl
Bauherrschaft Client Lebenshilfe Tirol
Seite Page 64

Schupfen Gröbenhof, Fulpmes, Tirol
Architektur Architecture Studio Colere
Bauherrschaft Client Elisabeth Schüller
Seite Page 107

Preisverleihung Award ceremony 10.11.2022 aut. architektur und tirol, Innsbruck, Tirol
Informationen Information Publikation Publication „Auszeichnung des Landes Tirol für Neues Bauen 2022"; www.aut.cc

Holzbaupreis Tirol 2023
unregelmäßig seit intermittently since 2001
Auslober Sponsored by proHolz Tirol, Kammer der ZiviltechnikerInnen für Tirol und Vorarlberg

Der Holzbaupreis ist eine Auszeichnung für das angemessene Bauen mit dem Werkstoff Holz in Tirol im Spannungsfeld von Wirtschaft, Gesellschaft und Kultur. Dabei spielen die regionale Wertschöpfung, das Handwerk, die Baukultur und nicht zuletzt der Umgang mit den Ressourcen eine wesentliche Rolle.
The Holzbaupreis is an award for excellence in building with wood in Tyrol at the crossroads of business, society, and culture. Regional added value, craftsmanship, building culture, and last but no least care for resources all play important roles.

Preis Award Glaswürfel mit integriertem Holz-H Glass cube with wooden H inset
Jury Jury Oskar Beer, Stephan Birk, Annette Hafner, Richard Woschitz
Anzahl der Einreichungen Number of submissions 158

Preisträger Winners

Kategorie Wohnbau Category: Housing
Appartementhaus Anna Katharina, Fieberbrunn, Tirol
Architektur Architecture Eckert Architekten
Bauherrschaft Client Katharina Trixel
Seite Page 63

Kategorie Öffentliche Bauten Category: Public Buildings
HTL Bau Informatik Design, Innsbruck, Tirol,
Architektur Architecture ao-architekten
Bauherrschaft Client BIG Bundesimmobiliengesellschaft m.b.H.
Seite Page 146

Kategorie Gewerbliche Bauten Category: Commercial Building
Bürogebäude ASI Reisen, Natters, Tirol
Architektur Architecture Snøhetta Studio Innsbruck
Bauherrschaft Client ASI Reisen
Seite Page 195

Kategorie Weiterbauen Category: Building Onward
Schupfen Gröbenhof, Fulpmes, Tirol
Architektur Architecture Studio Colere
Bauherrschaft Client Elisabeth Schüller
Seite Page 107

Preisverleihung Award ceremony 29.3.2023 Innsbruck, Tirol
Informationen Information www.proholz-tirol.at

Holzbaupreis Vorarlberg 2023
jährlich seit annually since 1997, biennal seit biennially since 1999
Auslober Sponsored by vorarlberger holzbau_kunst

Ziel ist es, die Leistungen im Vorarlberger Holzbau auszuzeichnen und zu fördern. Neben der Architektur werden auch das ökologische Bauen sowie der fachgerechte Holzeinsatz und innovative Holzbautechniken bewertet. Schwerpunkt war diesmal das Bauen im Bestand.
The aim is to honor and foster accomplishments in timber construction in Vorarlberg. In addition to the architecture, issues regarding ecological construction, the fitting use of wood, and innovative processing techniques are evaluated. This year's emphasis was on changes to existing fabric.

Preis Award Urkunde Certificate
Jury Jury Christoph Blättler, Melanie Karbasch, Maximilian Luger, Yves Schihin
Anzahl der Einreichungen Number of submissions 129

Preisträger Winners

Kategorie Mehrfamilienhaus / Reihenhaus / Ensemble Category: Multi-family Residential / Row House / Ensemble
Haus Dorf 192, Riefensberg, Vorarlberg
Architektur Architecture Architekt Rene Bechter
Bauherrschaft Client Bilgeri & Neyer Immobilien
Seite Page 20

Kategorie Öffentliche Bauten Category: Public Buildings
Kinderhaus Kreuzfeld, Altach, Vorarlberg
Architektur Architecture Innauer Matt Architekten
Bauherrschaft Client Gemeinde Altach
Seite Page 148

Kategorie Sanierung / Anbau / Aufstockung Category: Renovation / Extension / Floor Addition
Kriechere 70, Bezau, Vorarlberg
Architektur Architecture Innauer Matt Architekten
Bauherrschaft Client Baugruppe Berchtel-Innauer-Matt
Seite Page 45

Kategorie Holzbau außer Landes Category: Wood Construction beyond the Region
Kunstraum Kassel, Kassel, Deutschland
Architektur Architecture Innauer Matt Architekten
Bauherrschaft Client Universität Kassel – Abteilung V (Bau, Technik und Liegenschaften)
Seite Page 79

B&O Holzparkhaus, Bad Aibling, Deutschland
Architektur Architecture HK Architekten, Hermann Kaufmann + Partner
Bauherrschaft Client B&O Parkgelände GmbH
Seite Page 132

Index Architekturpreise Architecture Awards 2022_2023

Sonderpreis Kluges Bauen mit Holz Special award: Smart Building with Timber
Das Neni, Schruns, Vorarlberg
Architektur Architecture madritsch*pfurtscheller
Bauherrschaft Client Peter Raunicher
Seite Page 54

Neue Bürowelt Haberkorn, Wolfurt, Vorarlberg
Architektur Architecture NONA Architektinnen
Bauherrschaft Client KISA Immobilien Verwaltung GmbH
Seite Page 190

HOF 30, Schwarzenberg, Vorarlberg
Architektur Architecture zumtobel.architektur
Bauherrschaft Client Berchthold IM GmbH
Seite Page 42

Sonderpreis Zukunft und Ausbildung Special award: Future and Education
Haberkorn Pavillon, Wolfurt, Vorarlberg
Architektur Architecture Erden Studio
Workshopbeteiligte Workshop participants BASEhabitat / Kunstuniversität Linz
Bauherrschaft Client Haberkorn GmbH
Seite Page 192

Sonderpreise Holz aus der Region Special awards: Regional Timber
HOF 30, Schwarzenberg, Vorarlberg
Architektur Architecture zumtobel.architektur
Bauherrschaft Client Berchthold IM GmbH
Seite Page 42

Wohnanlage Grava, Blons, Vorarlberg
Architektur Architecture Hammerer Architekten
Bauherrschaft Client VOGEWOSI
Seite Page 23

Sonderpreis Gesellschaftliche Relevanz Special award: Societal Relevance
Hägi Wendls Wohnen und Kulturraum, Zwischenwasser, Vorarlberg
Architektur Architecture Martin Mackowitz in enger Kooperation mit in close co-operation with BASEhabitat, Kunstuniversität Linz
Bauherrschaft Client Silvia Keckeis & Johannes Lampert
Seite Page 83

Preisverleihung Award ceremony 14.7.2023, Götzis, Vorarlberg
Informationen Information Broschüre Brochure „Holzbaupreis Vorarlberg 2023", www.holzbaukunst.at, www.v-a-i.at/aktuelles/vorarlberger-holzbau-preis-2023-verliehen

3_Internationale Preise International Awards

Architekturpreis Constructive Alps 2022
erstmals unter dem Namen first time under the name Architekturpreis Konstruktiv 2010, unregelmäßig seit intermittently since 2013 unter dem Namen under the name Constructive Alps
Auslober Sponsors Schweizerische Eidgenossenschaft / Bundesamt für Raumentwicklung ARE und and Regierung des Fürstentums Liechtenstein, unterstützt von supported by Universität Liechtenstein, Alpine Museum der Schweiz Bern und and Internationale Alpenschutzkommission CIPRA

Der Architekturpreis Constructive Alps will den Bogen über die Ländergrenzen hinweg spannen und das Bewusstsein von Architekt*innen und Bauherr*innen für ein verantwortungsvolles und zukunftsfähiges Sanieren und Bauen im gemeinsamen Lebensraum Alpen schärfen.
Constructive Alps aims to bridge national borders and hone the awareness of architects and clients for responsible and sustainable renovation and building practices in our shared alpine living space.

Preis Award 50.000 Euro
Jury Jury Köbi Gantenbein (Vorsitzender Chair), Giancarlo Allen, Anne Beer, Dominique Gauzin-Müller, Andi Götz, Sonja Hohengasser, Robert Mair, Maruša Zorec
Anzahl der Einreichungen Number of submissions 240 (aus 7 Ländern from 7 countries)

Preisträger in Österreich Winners in Austria

Falkenhütte, Hinterriß, Tirol
Architektur Architecture Architekturbüro Rainer
Bauherrschaft Client Sektion Oberland des Deutschen Alpenvereins e.V.
Seite Page 66

Anerkennungen Recognitions

Ernas Haus, Studentenwohnungen, Dornbirn, Vorarlberg
Architektur Architecture Ludescher + Lutz Architekten
Bauherrschaft Client Martin & Peter Winder
Seite Page 36

Wohnanlage Friedrich-Inhauser-Straße, Salzburg
Architektur Architecture cs-architektur & stijn nagels | architecture atelier
Bauherrschaft Client Heimat Österreich
Seite Page 38

Preisverleihung Award ceremony 16.9.2022, Bern, Schweiz
Ausstellung Exhibition Wanderausstellung an mehreren Standorten in den Alpenländern Travelling exhibition to different locations in Alpine countries
Informationen Information Sonderausgabe der Zeitschrift Hochparterre, www.constructivealps.net

Architizer A+ Award 2022 + 2023
Jährlich seit annually since 2013
Auslober Sponsor   Architizer, Wall Street Journal Magazine, and The Webbys

The Architizer A+ Awards are a global architectural award program with 60+ categories and over 200 judges – the largest award program for architecture in the world. A collection of 200 judges chooses five finalists and one winner in each category. The online community also selects a Popular Choice winner in each category.

Preis Award   Trophy designed by Snarkitecture
Jury Jury   mehr als 200 Personen more than 200 persons
Anzahl der Einreichungen Number of submissions   mehr als more than 1.500 (aus mehr als 100 Ländern from more than 100 countries)

Preisträger und Finalisten in / aus Österreich
Winners and Finalists in / from Austria

Preis Award **2022**

Category: Commercial > Retail – Jury Winner
IKEA, Wien
Architektur Architecture   querkraft architekten
Bauherrschaft Client   IKEA Einrichtungs GmbH
Seite Page   116

Category: Commercial-Office – High Rise – Finalist
Montforthaus, Feldkirch, Vorarlberg
Architektur Architecture   HASCHER JEHLE Architektur mit with Mitiska Wäger Architekten
Bauherrschaft Client   Stadt Feldkirch
Seite Page   80

Category: Residential > Private House (1.000 – 2.000 sq. ft.) – Popular Choice Winner
Haus am Eulenwald, Kremstal, Oberösterreich
Architektur Architecture   Berktold Weber Architekten
Bauherrschaft Client   privat private
Seite Page   100

Category: Concepts > Architecture + Affordable Design and Category: Details > Architecture + Stairs – Finalist
Jugendgästehaus Gerlosplatte, Krimml, Salzburg
Architektur Architecture   Architekturbüro Lechner & Lechner
Bauherrschaft Client   Jugendgästehaus Gerlosplatte
Seite Page   59

Category Concepts > Architecture + Sustainability – Jury Winner
Österreichischer Pavillon EXPO Dubai 2020, Ausstellungsgelände EXPO 2020 Dubai, Vereinigte Arabische Emirate
Architektur Architecture   querkraft architekten
Bauherrschaft Client   Bundesministerium für Digitalisierung und Wirtschaftsstandort, Wirtschaftskammer Österreich
Seite Page   89

Preis Award **2023**

Category: Hospitality > Restaurants (>1.000 sq. ft.) – Jury Winner
Category: Built > Sustainable Hospitality Building – Jury Winner
Category: Concepts > Architecture + Landscape – Finalist
Steirereck am Pogusch, Turnau, Steiermark
Architektur Architecture   PPAG architects
Bauherrschaft Client   Steirereck Stadtpark GmbH
Seite Page   50

Informationen Information   http://awards.architizer.com/

Bauwelt Preis 2023
biennal seit bienially since 1999
Auslober Sponsor   Bauwelt

Ausgezeichnet werden junge Architekt*innen weltweit für das erste Werk in eigener Verantwortung.
Awards are given to young architects across the world for their first work completed on their own.

Preis Award   insgesamt in total 30.000 Euro, Publikation in der Zeitschrift Publication in magazine Bauwelt
Jury Jury   Anne Femmer, Jan Friedrich, Martin Haas, Simona Malvezzi, Jórunn Ragnarsdóttir, Peter Cachola Schmal, Henrike Wehberg-Krafft
Anzahl der Einreichungen Number of Submissions   327 (aus 35 Ländern from 35 countries)

Preisträger in Österreich Winner in Austria

Bogen 131, Innsbruck, Tirol
Architektur Architecture   ANA, Lukas Fink, Tobias Fink + David Fink
Bauherrschaft Client   Veloflott
Seite Page   119

Preisverleihung Award ceremony   24.3.2023, Frankfurt, Deutschland
Informationen Information   www.bauwelt.de

best architects award 23 + 24
jährlich seit annually since 2007
Auslober Sponsored by   zinnobergruen Verlag und Agentur

Auszeichnung der besten Architekt*innen und Architekturbüros aus Europa. Als internationale Plattform für Architektur von höchster Qualität ist „best architects" auch ein wichtiges Marketinginstrument.
Award for the best architects and architecture firms in Europe. As an international platform for architecture of the highest quality, best architects is also an important marketing tool.

Preis Award   Aufnahme in die Publikation „best architects" Inclusion in the best architects publication
Informationen Information   Publikationen Publications best architects 23, best architects 24, www.bestarchitects.de

Index Architekturpreise Architecture Awards 2022_2023

Preis Award **23**

Jury Jury Andrew Clancy, Felix Waechter, Daniel Zamarbide

Preisträger in Österreich Winners in Austria

Vorarlberger Landesbibliothek, Bregenz, Vorarlberg
Architektur Architecture Ludescher + Lutz Architekten
Bauherrschaft Client Land Vorarlberg
Seite Page 173

Einfamilienhaus Herzgsell, Radstadt, Salzburg
Architektur Architecture LP architektur
Bauherrschaft Client Johann Herzgsell
Seite Page 95

Haus der Kammern, Weiler, Vorarlberg
Architektur Architecture Marte.Marte Architekten
Bauherrschaft Client Familie Buth
Seite Page 112

Montagehalle Kaufmann, Reuthe, Vorarlberg
Architektur Architecture Johannes Kaufmann Architektur
Bauherrschaft Client Kaufmann Zimmerei und Tischlerei
Seite Page 123

Haltestelle Neulengbach Stadt, Neulengbach, Niederösterreich
Architektur Architecture mohr niklas architekten
Bauherrschaft Client ÖBB Infrastruktur AG
Seite Page 133

Preis Award **24**

Jury Jury David Brodbeck, Silvia Schellenberg-Thaut, Mark Ziörjen

Preisträger in Österreich Winners in Austria

Tabakfabrik Linz – HAUS HAVANNA, Linz, Oberösterreich
Architektur Architecture Kaltenbacher ARCHITEKTUR und and STEINBAUER architektur+design
Bauherrschaft Client Immobilien Linz
Seite Page 193

Das hohe Schwarze, Hagenberg, Oberösterreich
Architektur Architecture Schneider Lengauer Pühringer Architekten
Bauherrschaft Client Andreas & Sandra Pühringer
Seite Page 113

Bezirkshauptmannschaft Salzburg Umgebung, Seekirchen am Wallersee, Salzburg
Architektur Architecture SWAP Architektur
Bauherrschaft Client Amt der Salzburger Landesregierung
Seite Page 179

Cabin, Rheintal, Vorarlberg
Architektur Architecture Architekturbüro Jürgen Haller
Bauherrschaft Client privat private
Seite Page 124

Ronald McDonald Kinderhaus, Salzburg
Architektur Architecture LP Architektur
Bauherrschaft Client Ronald McDonald Kinderhilfe
Seite Page 29

BIGSEE Awards 2022+2023
jährlich seit annually since 2018
Auslober Sponsored by Zavod Big Center for creative economy of Southeast Europe

BIGSEE Awards will work to empower and encourage global creative industries and minds to take up a mission only they can accomplish: to inspire and realize urgent changes in the ways people live, work, and above all consume. Designers and architects must deliver sustainable products and projects that are better, more affordable, and that look great.

Preis Award BIGSEE Cube
Informationen Information www.bigsee.eu

Preis Award **2022**

Preisträger in Österreich Winners in Austria

Architecture Award – Grand Prix
Steg am Wasser, Berlin, Deutschland
Architektur Architecture LOVE architecture and urbanism
Bauherrschaft Client BUWOG Bauträger GmbH
Seite Page 25

Zubau SAL, Kärnten
Architektur Architecture spado architects
Bauherrschaft Client privat private
Seite Page 110

Wood Design Award 2022 – Grand Prix
Die vierte Wand – Aussichtsturm Seekopf, Rossatz-Arnsdorf, Niederösterreich
Architektur Architecture Eldine Heep, Klemens Schillinger, Ursula Knappl
Bauherrschaft Client Marktgemeinde Rossatz-Arnsdorf
Seite Page 68

Wohnsiedlung Maierhof, Bludenz, Vorarlberg
Architektur Architecture feld72 Architekten
Bauherrschaft Client Wohnbauselbsthilfe Vorarlberger gemeinn. reg. Gen.mbH
Seite Page 41

Tourism Award 2022 – Grand Prix
Alpencamping Nenzing, Nenzing, Vorarlberg
Architektur Architecture Hammerer Architekten
Bauherrschaft Client Alpencamping GmbH
Seite Page 55

Preis Award **2023**

Preisträger in Österreich Winners in Austria

Architecture Award – Grand Prix
Infineon, Villach, Kärnten
Architektur Einreichplanung Architecture (planning permission)
Architects Collective und and HWP Planungsgesellschaft
Architektur Ausführungsplanung Architecture (implementation)
Architects Collective und and UNIT4
Bauherrschaft Client Infineon Technologies Austria AG
Seite Page 118

Haus der elementaren Bildung, Flachau, Salzburg
Architektur Architecture LP architektur
Bauherrschaft Client Gemeinde Flachau
Seite Page 147

Interior Design Award – Grand Prix
Naturkundemuseum Weiherburg, Innsbruck, Tirol
Architektur Architecture mahore architekten
Bauherrschaft Client Alpenzoo Innsbruck und and Tiroler Landesmuseen
Seite Page 82

Wood Design Award – Grand Prix
Strohfloh, Murstetten, Niederösterreich
Architektur Architecture Juri Troy Architects mit with Caravan Ateliers
Bauherrschaft Client privat private
Seite Page 97

BLT Built Design Awards 2023
Auslober Sponsored by 3C Group

BLT Built Design Awards recognize and honor the expertise of all professionals involved in the realization of outstanding projects on a global basis—from architecture firms and interior design experts, to construction products and project management.

Preisträger in Österreich Winners in Austria

Jury Favorite in Architectural Design – Hospitality
Peterhof, Alpe Furx, Zwischenwasser, Vorarlberg
Architektur Architecture Baumschlager Eberle Architekten
Bauherrschaft Client F25 Projektgesellschaft
Seite Page 58

Informationen Information www.bltawards.com

DAM Preis für Architektur 2022+2023
jährlich seit annually since 2007
Auslober Sponsored by Deutsches Architekturmuseum (DAM) in Kooperation mit in co-operation with JUNG

Für den Preis nominiert das Museum – unter Berücksichtigung von Vorschlägen der Architektenkammern – 100 bemerkenswerte Gebäude oder Ensembles. Eine Expert*innenjury trifft unter den Nominierungen dann die Auswahl zu den rund 20 Bauten der Shortlist. Daraus werden schließlich drei bis vier Bauten für die Endrunde bestimmt. Bei einem zweiten Jurytreffen werden die Finalist*innen bereist und das Preisträgerprojekt gekürt.
The museum nominates 100 noteworthy buildings or building ensembles for the award, taking the suggestions of the chambers of architecture into consideration. An expert jury selects around 20 buildings for the shortlist from these nominations. From these, three to four structures are chosen for the final round. In a second meeting, the jury visits these finalists and selects a winning project.

Informationen Information www.dam-preis.de

Preis Award **2022**

Jury Jury Uwe Bresan, Kristina Egbers, Oliver Elser, Angelika Fitz, Katharina Matzig, Christoph von Oefele, Dionys Ottl, Jacob van Rijs, Peter Cachola Schmal, Dijane Slavic, Christiane Thalgott

Nominierungen in/aus Österreich Nominations in/from Austria

Haus R – Das Glasgiebelhaus, Albstadt, Deutschland
Architektur Architecture Dietrich | Untertrifaller Architekten
Bauherrschaft Client privat private
Seite Page 104

Dokumentationszentrum Flucht, Vertreibung, Versöhnung, Berlin, Deutschland
Architektur Architecture Marte.Marte Architekten
Bauherrschaft Client Bundesanstalt für Immobilienaufgaben
Seite Page 81

Preisverleihung Award ceremony 28.1.2022 online

Preis Award **2023**

Jury Jury Uwe Bresan, Juliane Greb, Martin Haas, Brita Köhler, Andreas Ruby, Peter Cachola Schmal, Dijane Slavic, Florian Summa, Lena Unger, Jörn Walter, Uta Winterhager

Nominierungen in/aus Österreich Nominations in/from Austria

Steg am Wasser, Berlin, Deutschland
Architektur Architecture LOVE architecture and urbanism
Bauherrschaft Client BUWOG Bauträger
Seite Page 25

Index Architekturpreise Architecture Awards 2022_2023

Bergbauernhof, Tirol
Architektur Architecture architekturbuero eder
Bauherrschaft Client privat private
Seite Page 99

Preisverleihung Award ceremony 27.1.2023 Frankfurt, Deutschland

DETAIL Award 2022
unregelmäßig seit intermittently since 2005
Auslober Sponsored by DETAIL, unterstützt von supported by ESNCAPE, Bayerische Architektenkammer

Prämiert werden Bauwerke, die sich in besonderem Maße durch gut gestaltete, zukunftsorientierte und technisch innovative Details innerhalb eines herausragenden Gesamtentwurfs auszeichnen. Neben der Entwurfsqualität sind dabei eine umfassende Nachhaltigkeitsstrategie, die gelungene konstruktive Umsetzung und eine stimmige Materialwahl von herausragender Bedeutung.
The award is given to buildings that are particularly distinguished by well-designed, future-oriented, and technically innovative details within an outstanding overall design. In addition to assessing design quality, the jury is on the lookout for a comprehensive sustainability strategy, successful structural implementation, and a harmonious choice of materials are of outstanding importance.

Preis Prize 5.000 Euro
Jury Jury Peter van Assche, Sandra Hofmeister, Jan Knippers, Achim Menges, Špela Videčnik

Preisträger in Österreich Winners in Austria

Wohnprojekt Gleis 21, Wien
Architektur Architecture einszueins architektur
Bauherrschaft Client Schwarzatal – Gemeinnützige Wohnungs- & Siedlungsanlagen GmbH, Verein „Wohnprojekt Gleis 21"
Seite Page 24

Preisverleihung Award ceremony 17.11.2022 online
Informationen Information www.detail.de/de_de/detail-award-2022

Häuser des Jahres 2023
Erstmals for the first time in 2011
Auslober Sponsored by Callwey Verlag in Zusammenarbeit mit den Partner in co-operation with Atrium, ORF, werk, bauen + wohnen, architektur.aktuell, ivd, CUBE, DBZ, Bau

„Häuser des Jahres" ist der größte Award für Einfamilienhaus-Architektur im deutschsprachigen Raum und versammelt die schönsten von Architekt*innen-hand geplanten Häuserprojekte.
Häuser des Jahres is the largest award for single-family homes in the German-speaking world and brings together the most beautiful home projects planned by architects.

Preis Prize 10.000 Euro, Publikation Publication „Häuser des Jahres"
Jury Jury Jenny Keller, Judith Lembke, Katharina Matzig, Roland Merz, Ulrich Nolting, Fabian Peters
Anerkennung in Österreich Recognition in Austria

Haus Linalotte, Linz, Oberösterreich
Architektur Architecture Caramel architektInnen gemeinsam mit togehter with strukteur
Bauherrschaft Client Ulrich Aspetsberger & Juliane Seidl
Seite Page 106

Informationen Information www.haeuser-des-jahres.com

ICONIC Architectur Award 2022 + 2023
Auslober Sponsored by Rat für Formgebung / German Design Council

Der Award zeichnet Bestleistungen der Architektur, zukunftsweisendes Interior- und Produktdesign, herausragende Kommunikationskonzepte sowie besonders innovative Materialien aus.
The internationally renowned award honors holistic projects in the fields of urban and architectural design, interior design, product design, and brand communication.

Preis Award Urkunde Certificate
Informationen Information www.innovative-architecture.de/

Preis Award 2022

Jury Jury Michel Casertano, Silvia Olp, Werner Sobek, Lone Wiggers, Song Zhaoqing

Preisträger in Österreich, Kategorie „best of best"
Winners in Austria, Category "best of best"

Steirereck am Pogusch, Turnau, Steiermark
Architektur Architecture PPAG architects
Bauherrschaft Client Steirereck Stadtpark GmbH
Seite Page 50

Preisverleihung Award ceremony 5.10.2022, München, Deutschland

Preis Award 2023

Jury Jury Fabian Peters, Virginia Lung, Lone Wiggers, Wei Wu

Preisträger in Österreich, Kategorie „best of best"
Winners in Austria, Category "best of best"

ATMOSPHERE by Krallerhof, Leogang, Salzburg
Architektur Architecture Hadi Teherani Architects
Bauherrschaft Client Hotel Krallerhof Altenberger GmbH
Seite Page 60

Falginjochbahn, Kaunertal, Tirol
Architektur Architecture Baumschlager Hutter Partners
Bauherrschaft Client Kaunertaler Gletscherbahnen
Seite Page 62

Studienzentrum Montanuniversität Leoben, Leoben, Steiermark

Architektur Architecture Franz&Sue
Bauherrschaft Client BIG Bundesimmobiliengesellschaft m.b.H.
Seite Page 142

Preisverleihung Award ceremony 4.10.2023, München, Deutschland

International Architecture Awards for the best new global design 2022 + 2023
jährlich seit annually since 2004
Auslober Sponsored by The Chicago Athenaeum: Museum of Architecture and Design, The European Center for Architecture Art Design and Urban Studies, and Metropolitan Arts Press, Ltd.

The award has been launched as a way to draw significant world attention to new buildings and urban planning projects being built and designed globally by the best and most prestigious international architecture offices and design firms.

Preis Award **2022**

Preisträger in Österreich Winners in Austria

Marchfeldterrassen, Wien
Architektur Architecture trans_city
Bauherrschaft Client SiedlungsUNION
Seite Page 43

Preis Award **2023**

Preisträger in Österreich Winners in Austria

TrIIIple, Wien
Architektur Architecture Henke Schreieck Architekten
Bauherrschaft Client ARE Austrian Real Estate Development GmbH, SoReal
Seite Page 44

Preis Award Urkunde Certificate
Informationen Information http://internationalarchitectureawards.com

Internationaler Hochhauspreis 2022 / 23
unregelmäßig seit intermittently since 2004/05
Auslober Sponsored by Stadt Frankfurt am Main, Deutsches Architekturmuseum (DAM), DekaBank

Der Preis wird für ein Hochhaus vergeben, das exemplarische Nachhaltigkeit, äußere Gestaltung und innere Raumqualitäten wie auch soziale und städtebauliche Aspekte zu einem vorbildlichen Entwurf verbindet. Innovative Bautechnik und Wirtschaftlichkeit sind weitere Kriterien. Der Internationale Hochhaus Preis basiert auf einem Nominierungsverfahren, Planer*innen werden zur Teilnahme aufgefordert und können sich daher nicht selbst bewerben.
The award is conferred on a high-rise building that combines excellence in sustainability, exterior design, interior space, and social and urban planning aspects into an exemplary design. Innovative construction technology and cost-effectiveness are further criteria. The International Highrise Award is based on a nomination process; only planners who receive an invitation may participate.

Preis Award Urkunde und Statuette, gestaltet von Certificate and statuette, designed by Thomas Demand + 50.000 Euro
Jury Jury Sven Thorissen (Vorsitzender Chair), Eike Becker, Peter Cachola Schmal, Melkan Gursel, Ina Hartwig, Andrea Jürges, Bart Lootsma, Horst R. Muth, Matthias Schuler, Victor Stoltenburg

Finalist in Österreich Finalist in Austria

TrIIIple, Wien
Architektur Architecture Henke Schreieck Architekten
Bauherrschaft Client ARE Austrian Real Estate Development GmbH
und and SoReal
Seite Page 44

Informationen Information www.international-highrise-award.com

IOC / IAKS Award 2023
biennal seit biennially since 1987
Auslober Sponsored by IOC – Internationales Olympisches Komitee und and IAKS – Internationale Vereinigung Sport- und Freizeiteinrichtungen

Der Preis ist der einzige internationale Architekturpreis für Sportstätten. Ausgezeichnet werden seit mindestens einem Jahr im Betrieb befindliche Sportstätten, die damit neben einem überzeugenden Entwurfskonzept, gelungener städtebaulicher Einbindung und landschaftlicher Integration sowie Barrierefreiheit auch ihre Alltagstauglichkeit unter Beweis gestellt haben.
This is the only international award for sports facilities. Prizes go to facilities that have been in operation for at least one year and have proven—in addition to having an excellent design concept, accessibility, and exemplary integration in the cityscape and landscape—that they function well on a day-to-day basis.

Preis Award Urkunde und Medaille Cerfiticate and Medal
Jury Jury Laura Kristine Bjerre, Conrad Boychuk, Gilbert Felli, Klaus Meinel, Steven Mifsud, Ernst-Ulrich Tillmanns

Index Architekturpreise Architecture Awards 2022_2023

Preisträger in Österreich Winner in Austria

Category: Pools, Spas, and Wellness Facilities
Silvretta Therme, Ischgl, Tirol
Architektur Architecture ARGE Krieger & Wimreiter, KRIEGER Architekten | Ingenieure, Wimreiter & Partner GmbH
Bauherrschaft Client Silvrettaseilbahn AG
Seite Page 57

Preisverleihung Award ceremony 24.10.2023, Köln, Deutschland
Informationen Information ww.iaks.sport/award/award-2023

Mies van der Rohe Award 2023/24 – European Union Prize for Contemporary Architecture
biennal seit biennially since 2001
(erstmals for the first time in 1988 als as Mies van der Rohe Award for European Architecture)
Auslober Sponsored by European Commission und and the Fundació Mies van der Rohe

The principal objectives are to recognize and commend excellence in the field of architecture and to draw attention to the important contribution of European professionals in the development of new concepts and technologies. The award also aims to promote the profession by encouraging architects working throughout the European Union and by supporting young architects as they begin their careers.

Preis Prize Insgesamt Total 80.000 Euro + a sculpture evoking the Mies van der Rohe Pavilion in Barcelona

Jury Jury Martin Braathen, Pippo Ciorra, Frédéric Druot, Tinatin Gurgenidze, Adriana Krnáčová, Sala Makumbundu, Hrvoje Njiric
Anzahl der Einreichungen Number of submissions 362 nominations (submitted by the member associations of the Architects' Council of Europe and other European architect associations).

Projekte in Österreich auf der Shortlist
Shortlisted Projects in Austria

IKEA, Wien
Architektur Architecture querkraft architekten
Bauherrschaft Client IKEA Einrichtungs GmbH
Seite Page 116

Stadthaus Neubaugasse, Wien
Architektur Architecture PSLA ARCHITEKTEN
Bauherrschaft Client Margit Veigl & Leonhard Göbel
Seite Page 46

Nominierte Projekte in / aus Österreich
Nominated projects in / from Austria

TrIIIple, Wien
Architektur Architecture Henke Schreieck Architekten
Bauherrschaft Client ARE Austrian Real Estate Development GmbH und and SoReal
Seite Page 44

Steirereck am Pogusch, Turnau, Steiermark
Architektur Architecture PPAG architects
Bauherrschaft Client Steirereck Stadtpark GmbH
Seite Page 50

Weinhof Locknbauer, Tieschen, Steiermark
Architektur Architecture Architektin Mascha Ritter
Bauherrschaft Client Lukas Jahn
Seite Page 126

Kunstraum Kassel, Kassel, Deutschland
Architektur Architecture Innauer Matt Architekten
Bauherrschaft Client Universität Kassel – Abteilung V (Bau, Technik und Liegenschaften)
Seite Page 79

Mozarteum Foyers, Salzburg
Architektur Architecture maria flöckner und hermann schnöll
Bauherrschaft Client Internationale Stiftung Mozarteum
Seite Page 164

Gemeindebau Aspern H4, Wien
Architektur Architecture WUP architektur
Bauherrschaft Client WIGEBA
Seite Page 40

Aufbahrungshalle, Kematen an der Krems, Oberösterreich
Architektur Architecture MOSER UND HAGER Architekten
Bauherrschaft Client Gemeinde Kematen an der Krems, Verein Aufbahrungshalle Neu, Gemeinde Piberbach, Gemeinde Neuhofen
Seite Page 85

Kulturpavillon, Semmering, Niederösterreich
Architektur Architecture Mostlikely Architecture
Bauherrschaft Client Kultur.Sommer.Semmering
Seite Page 86

Terra Mater, Wien
Architektur Architecture Berger + Parkkinen Architekten
Bauherrschaft Client Terra Mater Studios
Seite Page 188

Handelszentrum 16, Salzburg
Architektur Architecture smartvoll
Bauherrschaft Client IMMO-PARTNER
Seite Page 121

Museum Heidi Horten Collection, Wien
Architektur Architecture the next ENTERprise Architects
Bauherrschaft Client Palais Goëss-Horten GmbH
Seite Page 77

Generalsanierung des österreichischen Parlamentsgebäudes, Wien
Architektur Architecture Jabornegg & Pálffy Architekten
Generalplanung in Zusammenarbeit mit General planning in co-operation with AXIS Ingenieurleistungen
Bauherrschaft Client Parlamentsdirektion, Republik Österreich
Seite Page 168

KIUBO 1.0, Graz, Steiermark
Architektur Architecture HOFRICHTER-RITTER Architekten
Bauherrschaft Client ÖWG Wohnbau
Seite Page 35

Stadtbootshaus, Graz, Steiermark
Architektur Architecture Kuess Architektur ZT
Bauherrschaft Client Stadt Graz Sportamt
Seite Page 65

Preisverleihung Award ceremony 14.5.2024 Barcelona, Spanien
Informationen Information www.miesarch.com

New European Bauhaus Awards for existing completed projects 2022
Jährlich, erstmals annually, for the first time 2021
Auslober Sponsored by New European Bauhaus by European Commission

Mit den Preisen werden bereits bestehende, schöne, nachhaltige und integrative Errungenschaften gewürdigt und gefeiert und die jüngere Generation bei der Weiterentwicklung neuer Konzepte und Ideen unterstützt. Es gibt Preise in vier verschiedenen Kategorien:
_Die Verbindung zur Natur wiederherstellen
_Das Gefühl der Zugehörigkeit wiedererlangen
_Priorisierung der Orte und Menschen, die es am meisten brauchen
_Gestaltung eines zirkulären industriellen Ökosystems und Förderung des Lebenszyklusdenkens
The awards recognize and celebrate existing, beautiful, sustainable, and inclusive achievements and support the younger generation in developing new concepts and ideas. There are prizes in four different categories:
_Reconnecting with nature
_Regaining a sense of belonging
_Prioritizing places and people that need it most
_Shaping a circular industrial ecosystem and supporting life-cycle thinking

Preisträger in Österreich Winner in Austria

Kategorie „Das Gefühl der Zugehörigkeit wiedererlangen"
Category: Regaining a Sense of Belonging
Wohnprojekt Gleis 21, Wien
Architektur Architecture einszueins architektur
Bauherrschaft Client Schwarzatal – Gemeinnützige Wohnungs- & Siedlungsanlagen GmbH, Verein „Wohnprojekt Gleis 21"
Seite Page 24

Preis Prize Insgesamt Total 50.000 Euro
Preisverleihung Award ceremony 11.6.2022 Brüssel, Belgien
Informationen Information www.new-european-bauhaus.europa.eu/get-involved/2022-prizes_en

Piranesi Award 2023
jährlich seit annually since 1989
Auslober Sponsored by Obalne galerije Piran, Piranesi Foundation

Every year, five projects per country are selected (by experts from the respective countries) and submitted to the Piranesi Award. The jury consists of the speakers at the International Architectural Conference. The aim of the conference is to assess current trends in architecture and present the most progressive and innovative ideas in architectural and spatial production.

Preis Prize Insgesamt Total 6.000 Euro (financed by the Ministry of the Environment and Spatial Planning of the Republic of Slovenia)
Jury Jury Níall McLaughlin (Vorsitzender Chair), Pedro Domingos, Aitor Fuentes, Janez Koželj, Tom Lechner, Iva Letilovič, Wang Shu
Anzahl der Nominierungen Number of nominees 50

Preisträger in Österreich Winner in Austria

Honorable Mention
RIVUS VIVERE, Wien
Architektur Architecture PPAG architects
Bauherrschaft Client BUWOG Group
Seite Page 34

Preisverleihung Award ceremony 25.11.2023, Portorož, Slowenien
Informationen Information www.pida.si, www.obalne-galerije.si

THE PLAN AWARD 2022 + 2023
Jährlich seit annually since 2015
Auslober Sponsor THE PLAN – Architecture & Technologies in Detail

THE PLAN AWARD is an award created and promoted by THE PLAN to disseminate knowledge of and improve the quality of work done by designers, academics, critics, and students in the architecture, design, and city planning fields, thereby promoting debate on relevant design and planning topics.

Preis Award 2022

Preisträger in Österreich Winner in Austria

IKEA, Wien
Architektur Architecture querkraft architekten
Bauherrschaft Client IKEA Einrichtungs GmbH
Seite Page 116

Index Architekturpreise Architecture Awards 2022_2023

Preis Award 2023

Preisträger in Österreich Winner in Austria

Kapelle im Schlosspark, Graz, Steiermark
Architektur Architecture Berger+Parkkinen Architekten
Bauherrschaft Client privat private
Seite Page 88

Informationen Information www.theplan.it/eng

Rethinking the future award 2022
jährlich seit annually since 2014
Auslober Sponsor Rethinking Internet Media Pvt Ltd

Ziel der Auszeichnungen ist es, das Bewusstsein für die Strategien zu schärfen, mit denen Architekt*innen und Designer*innen die aktuellen globalen Herausforderungen bewältigen, und die besten dieser Projekte vor den Vorhang zu holen, um die nächste Generation zu inspirieren.
The aim of the awards is to raise awareness of the strategies architects and designers are using to tackle today's global challenges and to highlight the best of these projects to inspire the next generation.

Category: Commercial (Built)
IKEA, Wien
Architektur Architecture querkraft architekten
Bauherrschaft Client IKEA Einrichtungs GmbH
Seite Page 116

Informationen Information awards.re-thinkingthefuture.com

4_Personenpreise Personal Prizes

Hans-Hollein-Kunstpreis für Architektur
jährlich seit annually since 2016
Auslober Sponsor Bundesministerium für Kunst, Kultur, öffentlicher Dienst und Sport

Diese Auszeichnung wird in Würdigung von Hans Hollein für ein umfangreiches, auch international anerkanntes Werk vergeben.
This prize is awarded in honor of Hans Hollein to an extensive, internationally recognized work.

Preis Award 20.000 Euro

Preis Award 2022

Jury Jury Angelika Fitz, Lilli Hollein, Bernd Vlay

Preisträger Winner

ARTEC Architekten
Seite Page 200

Preisverleihung Award ceremony 19.1.2023, Wien

Preis Award 2023

Jury Jury Angelika Fitz, Lilli Hollein, Bernd Vlay

Preisträger Winner

Auböck + Kárász Landscape Architects
Seite Page 201

Preisverleihung Award ceremony 23.1.2024, Wien
Informationen Information www.bmkoes.gv.at/kunst-und-kultur/preise/preise-architektur/hans-hollein-kunstpreis.html

Österreichischer Friedrich Kiesler-Preis für Architektur und Kunst 2023/24
biennal seit biennially since 1998
Auslober Sponsored by Kiesler Stiftung Wien
Verleiher Awarded by 2023/24 Bundesministerium für Kunst, Kultur, öffentlicher Dienst und Sport

Die Auszeichnung wird alle zwei Jahre alternierend von der Republik Österreich und der Stadt Wien verliehen. Eine internationale Expert*innenjury aus den Bereichen Theorie, Kunst und Architektur vergibt den Preis für „hervorragende Leistungen im Bereich der Architektur und der Künste, die den innovativen Auffassungen Friedrich Kieslers und seiner Theorie der ‚correlated arts' entsprechen, in jenem grenzüberschreitenden Sinn, der die etablierten Disziplinen der Architektur und der Künste verbindet."
The award is presented alternately by the Republic of Austria and the City of Vienna. An international jury of experts, comprising theorists, artists, and architects, bestows the award for "extraordinary achievements in architecture and the arts that relate to Frederick Kiesler's experimental and innovative attitudes and his theory of 'correlated arts' by transcending the boundaries between the traditional disciplines".

Preis Award 55.000 Euro
Jury Jury Kjetil Thorsen (Vorsitzender Chair), Leonor Antunes, Celine Condorelli, Harald Gründl, Anupama Kundoo

Preisträger Winner
Junya Ishigami
Seite Page 205

Preisverleihung Award ceremony 17.6.2024 Wien
Informationen Information www.kiesler.org

Julius Posener Preis 2022
biennal seit biennially since 2016
Auslober Sponsored by Deutscher Werkbund Berlin, Universität der Künste (UdK) Berlin

Mit dem Preis werden Persönlichkeiten geehrt, deren Arbeit und Engagement im Geiste Julius Poseners gleichzeitig auf das Gestern, Heute und Morgen gerichtet ist, deren Auseinandersetzung mit der Geschichte auf ein heutiges Verständnis und eine zukünftige Gestaltung zielt, Persönlichkeiten, die wie Posener engagiert öffentlich wirken, Stellung beziehen und undogmatisch und ideologiefrei auf die Wirkung von Architektur und Stadt auf den Menschen blicken.
The prize honors personalities whose work and commitment in the spirit of Julius Posener is simultaneously focused on yesterday, today, and tomorrow, whose examination of history is aimed at a present-day understanding and future design, personalities who, like Posener, have a committed public impact, take a stand, and look at the effect of architecture and the city on people in an undogmatic and ideology-free way.

Preis Award 5.000 Euro
Jury Jury Jana Katharina Bolten, Kaye Geipel, Sibylle Hoiman, Theresa Keilhacker, Matthias Noell, Helga Schmidt-Thomsen, Katrin Voermanek

Preisträgerin Winner

Angelika Fitz
Seite Page 203

Preisverleihung Award ceremony 29.1.2023 Berlin
Informationen Information www.werkbund-berlin.de/julius-posner-preis

Kulturpreise des Landes Kärnten. Würdigungspreis für Architektur und besondere Verdienste um die Baukultur 2022 + 2023
jährlich seit annually since 1992
Auslober sponsored by Land Kärnten

Mit dem Kulturpreis des Landes Kärnten, der in unterschiedlichen Kunst- und Kultursparten verliehen wird, werden außergewöhnliche künstlerische und / oder kulturelle Leistungen gewürdigt.
The Kulturpreis des Landes Kärnten is awarded in different artistic disciplines in recognition of exceptional artistic and cultural achievements.

Preis Prize je each 8.000 Euro

Preis Award **2022**

Jury Jury Werner Kircher, Geraldine Klever, Stefanie Murero, Peter Nigst

Preisträgerin Winner

Raffaela Lackner
Seite Page 206

Preisverleihung Award ceremony 28.12.2022, Klagenfurt, Kärnten

Preis Award **2023**

Jury Jury Werner Kircher, Geraldine Klever, Stefanie Murero, Peter Nigst

Preisträger Winner

Winkler + Ruck Architekten
Seite Page 210

Preisverleihung Award ceremony 15.12.2023, Ossiach, Kärnten
Informationen Information www.architektur-kaernten.at

Index Architekturpreise Architecture Awards 2022_2023

Kulturpreise des Landes Niederösterreich 2022
jährlich (in jeweils unterschiedlichen Kunstsparten) seit annually (the artistic discipline varies' from year to year) since 1960
Auslober sponsored by Land Niederösterreich. Kultur

Der Preis dient der Würdigung des vorliegenden Gesamtwerks einer Künstlerin, eines Künstlers von überregionaler Bedeutung. In der Sparte Architektur wird er für Bauwerke zuerkannt, die in Erfüllung der gestellten Aufgabe und unter Bedachtnahme auf ihre Umgebung eine herausragende Leistung darstellen. The award honors the oeuvre of an artist with wide acclaim. In the category of architecture, the award is conferred for works that fulfill the building task with excellency while taking the context into special consideration.

Preis Prize 11.000 Euro

Würdigungspreis Architektur

Jury Jury Petra Bereuter, Veronika Müller, Evelyn Rudnicki, Reinhard Wohlschlager, Jutta Wörtl-Gössler

Preisträger Winner

gaupenraub +/−
Seite Page 204

Anerkennungspreise Recognition prizes
Laurenz Vogel
Eva Rubin

Preisverleihung Award ceremony 4.11.2022, St. Pölten, Niederösterreich
Informationen Information Broschüre Brochure Kulturpreisträgerinnen und Kulturpreisträger des Landes Niederösterreich 2022, www.kulturpreis.noel.gv.at/archiv/archiv-2022

Kulturpreis des Landes Oberösterreich 2022
jährlich (in jeweils unterschiedlichen Kunstsparten) seit annually (artistic discipline varies from year to year) since 1961, Großer Kulturpreis seit since 1989
Auslober sponsored by Land Oberösterreich. Kultur

Mit der Würdigung und Förderung von Künstler*innen und Wissenschaftler*innen möchte das Land Oberösterreich diesen einen Teil davon zurückgeben, was sie einer modernen Gesellschaft an innovativer Kraft und kreativem Potenzial schenken.
The honor and prize money bestowed by Upper Austria aim to recompense artists and scholars for their contributions, which provide innovative force and creative potential to modern society.

Preis Award Großer Landespreis für Architektur und Baukunst („Mauriz Balzarek Preis") 11.000 Euro; Landespreis für Architektur und Baukunst 7.500 Euro

Preisträger Winner Mauriz Balzarek Preis

PAUHOF Architekten
Seite Page 208

Preisträger Winner Landespreis

mia2 Architekten
Seite Page 207

Preisverleihung Award ceremony 15.12.2022, Linz, Oberösterreich
Informationen Information www.land-oberoesterreich.gv.at

Preis der Stadt Wien für Architektur 2022 + 2023
jährlich seit annually since 1947
Auslober sponsored by Stadt Wien Kulturabteilung

Die Stadt Wien stiftet jährlich Preise für hervorragende Leistungen in den Bereichen Musik (Komposition), Literatur, Publizistik, Bildende Kunst, Architektur, Wissenschaften und Volksbildung. Die Preise werden als Würdigung für das bisherige Lebenswerk verliehen, das die Bedeutung Wiens und Österreichs als Pflegestätten der Kunst, Wissenschaft und Volksbildung hervorhebt.
Each year, the City of Vienna funds an award for outstanding accomplishment in the fields of music (composition), literature, journalism, fine arts, architecture, humanities, and adult education. The awards honor the recipient's life work and their contribution to Vienna and Austria's role in fostering the arts, humanities, and adult education.

Preis Award je each 10.000 Euro

Preis Award 2022

Jury Jury Maria Auböck, Gerd Erhartt, Angelika Fitz, Isabella Marboe, Heribert Wolfmayr

Preisträger Winner

Studio VlayStreeruwitz
Seite Page 209

Preisverleihung Award ceremony 15.12.2022, Rathaus, Wien

Preis Award 2023

Jury Jury Maria Auböck, Peter Fattinger, Angelika Fitz, Maik Novotny, Lina Streeruwitz

Preisträger Winner

einszueins Architektur
Seite Page 202

Preisverleihung Award ceremony 20.6.2024, Rathaus, Wien
Informationen Information www.wien.gv.at/kultur/abteilung/ehrungen/preise

Architekt*innen Architects

A.C.C. 189
Agency in Biosphere 76
Ambos Christian 142, 154, 163
ANA 119
Anhammer Michael 142, 154, 163
ao-architekten 146
a-plus architekten 26
Appl Sebastian 60
archcollectiv_F4 30
Architects Collective 118
Architekten LUGER & MAUL 74, 111
Architekten Maurer & Partner 61, 154
Architekten Nägele Waibel 130
Architekturbüro ARKADE 84
architekturbuero eder 99
Architekturbüro Lechner & Lechner 59
Architekturbüro Rainer Schmid 66
Architekturhalle Raimund Wulz 155
architektur mugrauer 125
ARGE Architekt Ernst Beneder & Architektin Anja Fischer 170
ARGE Architekten Rainer Köberl & Daniela Kröss 78
ARGE Architekturhalle Raimund Wulz und ILIOVaarchitektur 155
ARGE Habsburg Isele Architekten und Architektin Ulrike Tinnacher 102
ARGE KDG / Architekt Christoph Lechner & Partner und Berger + Parkkinen Architekten 33
ARGE Krieger & Wimreiter 57
ARGE Maurer&Partner und Franz&Sue 154
ARGE Planung Neue Donaubrücke Linz 136
ARTEC Architekten 200
Aspetsberger Ulrich 106
atelier hochstrasse 160
Auböck + Kárász Landscape Architects 201
Auböck Maria 201
Aufner Johanna 178
Aulinger Christian 43
Backraum Architektur 109
Bader Bernardo 130
Baldauf Oliver 62
balloon architekten 18
BASEhabitat, Kunstuniversität Linz 83
Baukooperative 196
Baumschlager Eberle Architekten 58
Baumschlager Hutter Partners 62
Baumschlager Carlo 62
Bayer Katharina 24, 202
Bechter Georg 130
Bechter Rene 20
Beigel Florian 103
Beneder Ernst 170
Berger Alfred 33, 88, 188
Berger + Parkkinen Architekten 33, 88, 188
Bergmann Christian 60
Berktold Philipp 100
Berktold Weber Architekten 100
bogenfeld Architektur 105
Bortolotti Clemens 144
Bradic Sascha 161
Brandstetter Matthias 31
Buxbaum Philipp 121, 134, 177
Caramel architektInnen 106
Caravan Ateliers 97
Cede Tilwin 144
cs-architektur 30, 38
Danzl Markus 64
Decorti Guilia 158
Diem Robert 142, 154, 163
Dietrich | Untertrifaller Architekten 22, 104
Dietrich Helmut 22, 104
dreiplus Architekten 159
Dunkl Jakob 89, 116
Dünser Christoph 132
Eckert Architekten 63

Eckert Philipp 63
Eder Benjamin 99
Eder Lena Maria 99
Egger Michael 130
einszueins architektur 24, 202
epps Ploder Simon 162
Erden Studio 192
Erhartt Gerd 89, 116
Etzelstorfer Andreas 109
Fahrner Tim 82
Falkner Christoph 179
Felder Michael 146
feld72 Architekten 41, 191
Ferrara Angelo 97
Fink Thurnher Architekten 156
Fink David 119
Fink Lukas 199
Fink Josef 156
Fink Tobias 119
Fischer Anja 170
Fitz Angelika 203
Fleith Anne Catherine 41, 191
Flöckner Maria 164
Franz & Sue 142, 154, 163
Frey Konrad 103
Freydl, Alexander 101
Fröhlich Rainer Maria 179
Fuchs Ernst J. 77
Gaber Christoph 31
Gabriel Andreas 40
Gangoly Hans 101
Gangoly & Kristiner Architekten 101
Gasser Dietmar 32
Gasser Thomas 122
Gastager Alexander 122
gaupenraub +/− 204
Gilbert Mark 43
Gnigler Sandra 27, 207
Götz Bettina 200
Grasl Thomas 179
Gratl Andreas 18
Größbacher Siegfried 196
GSD Gesellschaft für Stadt und Dorferneuerung 37
Habsburg Leo 102
Hadi Teherani Architects 60
Hager Michael 85
Hagner Alexander 204
Haller Jürgen 124
Haller Martin 106
Hammerer Architekten 23, 55
Hammerer Reinhold 23, 55
Hammerl Christian 64
Hampl Roland 26
Handler Patrick 197
Harnoncourt Marie-Therese 77
HASCHER JEHLE Architektur 80
Hascher Rainer 80
Haunschmid-Wakolbinger Björn 142, 154, 163
Hausdorf Architekten 92
Hausdorf Ulrike 92
he und du 64
Heep Eldine 68
Heil Thomas 159
HEIN Architekten 130
Hein Matthias 130
Heinrich Kurt-Peter 189
Heinzle Nora 190
Henke Dieter 44
Henke Schreieck Architekten 44
Hiebeler Stefan 132
HK Architekten, Hermann Kaufmann + Partner 132
HOFRICHTER-RITTER Architekten 35

238

Hofrichter-Ritter Veronika 35
Hofstätter Michael 208
Hohengasser Wirnsberger Architekten 56, 67, 172, 176, 181
Hohengasser Sonja 56, 67, 172, 176, 181
Hoinkes Stephan 159
Höller Harald 142, 154, 163
Hörl Andreas 82
Horvath Sebastian 21, 186
Hutter Jesco 62
HWP Planungsgesellschaft 118
ILIOVAarchitektur 155
Iliova Todorka 155
Imgang Architekten 130
Innauer Anja 190
Innauer Markus 45, 79, 148
Innauer Matt Architekten 45, 79, 148
INNOCAD Architektur 197
ir architektin iris reiter 28
Isele Alexandra 102
Ishigami Junya 205
Jabornegg Christian 168
Jabornegg & Pálffy Architecten 168
Jedinger Thomas 61, 154
Jehle Sebastian 80
Jell-Paradeiser Marko 31
Jenewein Marc 25
Jeschaunig Markus 76
Kaltenbacher ARCHITEKTUR 193, 194
Kaltenbacher Franz 193, 194
Karasek Michael 196
Kárász János 201
Karbasch Melanie 98
Katherl Günter 106
Kaufmann Hermann 132
Kaufmann Johannes 123
Kindermann Jörg 197
Kircher Christian 121, 134, 177
Klaura Markus 21, 186
Klein Peter 189
Kleinhapl Herwig 25
KMP ZT-GmbH 136
Knappl Ursula 68
Köberl Rainer 78
Kollmann Bernhard 149
Kornmüller Birgit 105
Kramps Thomas 80
KRIEGER Architekten | Ingenieure 57
Krieger Michael 57
Kristiner Irene 101
Kröss Daniela 78
KUESS Architektur 65
Kuess Nina 65
Kupfner Oliver 197
Kurrent Friedrich 94
Lackner Raffaela 206
Lammer Yvonne 21
Lammer Michael 21
Lechner Christine 59
Lechner Christoph 33
Lechner Horst 59
Lechner Paul 59
Lechner Tom 28, 29, 69, 95, 147, 153
Lendarchitektur 21, 186
Lengauer Erich 113
Lesjak Eva 197
Lesjak Martin 197
López Eva 130
LORENZATELIERS 158
Lorenz Peter 158
LOVE architecture and urbanism 25
LP architektur 28, 29, 69, 95, 147, 153
Ludescher + Lutz Architekten 36, 173

Ludescher Elmar 36, 173
Luger Maximilian 74, 111
Lüth Patrick 195
Lutz Philip 36, 173
Mackowitz Martin 83, 192
madritsch*pfurtscheller 54
Madritsch Reinhard 54
mahore architekten 82
Malin Markus 130
Manahl Richard 200
Marc Mimram Architecture & Associés 136
Marc Mimram Ingénierie S.A.S. 136
Marte.Marte Architekten 81, 112
Marte Bernhard 81, 112
Marte Stefan 81, 112
Mathoy Thomas 175
Matt Sven 45, 79, 148
Maul Franz 74
Maurer Christoph 61, 154
Maurer Ernst 61, 154
Mayer Alexander 178
Mechs Martin 180
mia2 Architektur 27, 207
Milborn Christoph 130
Mitiska Wäger Architekten 80
Mitiska Markus 80
Mitterberger Gerhard 75
Mitterhofer Stephan 30
mohr niklas architekten 133
Mohr Günter 133
Moitzi Michael 108
Moser Anna 85
MOSER UND HAGER Architekten 85
Moser Martin 31
Mostlikely Architecture 86, 96
Mugrauer Helga 125
Mugrauer Jochen 125
Münzer Michael 150
Nägele Elmar 130
Nagels Stijn 38
Nehrer Manfred 161
Neuner Christoph 122
Neuner Mark 86, 96
Neurauter Armin 171
Niedrist Walter 146
Niklas Markus 133
NMPB Architekten 161
NONA Architektinnen 190
Nussmüller Architekten 174
Nussmüller Stefan 174
Obermoser Johann 122
obermoser + partner architekten 122
Obrist Michael 41, 191
Österreicher Doris 149
Ostertag ARCHITECTS 137
Ostertag Markus 137
Pálffy András 168
Paintner Mario 41, 191
Parkkinen Tiina 33, 88, 188
PAUHOF Architekten 208
Pauzenberger Wolfgang 208
Pendlmayr Markus 24, 202
Pernkopf Christof 143
Pfurtscheller Robert 54
Philipp Dominik 22, 104
Pichler Christoph 140
Pichler & Traupmann Architekten 140
Plank Clemens 130
Plateau 108
Ploder Elemer 162
Poduschka Georg 34, 50
Pohl Herbert 161

Architekt*innen Architects

Popelka Anna 34, 50
PPAG architects 34, 50
Pschill Lilli 46
PSLA ARCHITEKTEN 46
Pühringer Andreas 113
querkraft architekten 89, 116
Rampula-Farrag Iris 18
Rauch Martin 192
Reichkendler Robert 82
Reiter Iris 28
riccione architekten 144
Riegler Florian 150
Riegler Riewe Architekten 150
Riepl Gabriele 143
Riepl Peter 143
RIEPL RIEPL ARCHITEKTEN 143
Riewe Roger 150
Ritter Gernot 35
Ritter Mascha 126
Ritzinger Hannes 52
Rockstroh Claudia 106
Rode Philipp 135
Rubin Eva 152, 183
Ruck Klaudia 72, 93, 210
Salem Peter 193
Sapp Peter 89, 116
Schartner Ulrike 204
Scheiberlammer Architekten 21
Scheich Richard 41, 191
Scheithauer Christoph 30, 38
Schienegger Hannes 110
Schier Helge 135
Schillinger Klemens 68
Schimmenti Viviana 97
Schlögl Hanno 122
Schmid Rainer 66
Schmid Roner Alexandra 130
Schneider Lengauer Pühringer Architekten 113
Schneider Peter 113
Schnetzer Günter 26
Schnetzer-Mörk Waltraud 26
Schnöll Hermann 164
Schöberl Gabriele 160
Schönherr Bernhard 25
Schrattenecker Herbert 120
Schreieck Marta 44
Schüller Florian 107
Schütz Josef 84
Schwaiger Peter 197
Seghatoleslami Ali 46
Seidl Juliana 106
Seiler Miriam 62
Siessl Jakob 107
Simon Petra 162
smartvoll Architekten 121, 134, 177
Snøhetta Studio Innsbruck 195
spado architects 110
Stättner Erwin 142, 154, 163
STEINBAUER architektur+design 193
Steinbauer Oliver 193
stijn nagels | architecture atelier 38
Story Christian 150
Streeruwitz Lina 209
Stremler Patrick 22, 104
Strukteur 106
Studio Colere 107
StudioVlayStreeruwitz 209
SWAP Architektur 179
Teherani Hadi 60
the next ENTERprise Architects 77
Thiltges Romain 189
Thorsen Kjetil Trædal 195

Thurnher Markus 156
Tinnacher Ulrike 102
Tischler Uli 180
.tmp architekten 180
Toell Corinna 142, 154, 163
trans_city 43
Traupmann Johann 140
Treberspurg Christoph 149
Treberspurg Martin 149
Treberspurg & Partner Architekten 149
Trippl Thomas 196
Troppan Dominik 101
Troy Juri 97
UNIT4 118
Unterhohenwarter Georg 179
Untertrifaller Much 22, 104
VIA Architektur 178
Vlay Bernd 209
Vogel Laurenz 182
Wäger Markus 80
Wagner Christian 135
Waibel Ernst 130
Walch Elias 64
Weber Harald 110
Weber Helena 100
Wehinger Roland 132
Weinberger Bernhard 40
wiesflecker archiekten 87
Wiesflecker Johannes 87
Wilhelm Gunar 27, 207
Wimmer Helmut 40
Wimreiter & Partner 57
Wimreiter Peter 57
Winkler Roland 72, 93, 210
Winkler + Ruck Architekten 72, 93, 210
Wirnsberger Jürgen 56, 67, 172, 176, 181
Wissounig Dietger 53
Wohofsky Johannes 18
Wortmeyer Volker 98
Wulz Raimund 155
WUP Architektur 40
X42 Architektur 31
Zehetner Gerald 105
Zeich Andrea 146
Zilker Markus 24, 202
Zoderer Peter 41, 191
zumtobel.architektur 42
Zumtobel Hannes 42
Zumtobel-Chiusole Alexandra 42
zwoPK Landschaftsarchitektur 135

Abbildungsnachweis Credits

Atelier Auböck + Kárász 201
Bacher Isabelle 82
Bernardo Bader Architekten 131 rechts unten
Barros Ana 44 links, 88
Bauarchiv Kärnten / Gerhard Maurer 94
Baukooperative / Michael Glechner 196
Berchtold Harald 42
Bereuter Adolf 45, 123
Bockhop Svenja 80
Bossi Simone 46, 47 oben
Brandstätter Christian 21, 67 links, 152, 172 rechts, 179, 181, 183, 186, 187
Defrancesco Roland 63
Ebenhofer Walter 74, 111
EMILBLAU / Martin Geyer 163
Faber David 160
Fink Tobias 119
Flatscher Christian 175, 195
Fürnkranz Romana 61, 177
Gamizov Dimitar 134
Gossow Katharina 203
Graf Gregor 85, 144, 145
Grandegger Julia 178
Gregor Hartl Photography 136
Gruber Stefan 120
GSD Gesellschaft für Stadt- und Dorferneuerung 37
Haberkorn GmbH 192
Hausdorf Architekten 92
Hämmerle Lukas 200
Häusler Christina 117 oben
Hawelka Daniel 33
he und du 64
Hehenberger Heinz 84
Heidi Horten Collection 77
Hejduk Pez 189
heshaohui.com 202
HGEsch Photography 60
Hilzensauer Leonhard 68, 182
Hoerbst Kurt 22, 27, 100, 113, 137
Höck Julian 59
Hohengasser Wirnsberger Architekten 56, 67 rechts, 172 links, 176
Horn Roland 81
Hurnaus Hertha 24, 34, 41, 50, 51, 106, 116, 117 links und rechts unten, 118, 141 links unten, 142, 161, 188, 191
Kaunat Angelo 155
Klomfar Bruno 143
Kuball Kurt 110, 154
Kubicek Markus 204
Kummer Dominic 148
Kürzi Stefan 57
Ling Khor Wei 66
Ludescher Elmar 36
Mackowitz Hanno 156, 157
Máté Gábor 32
Matthiessen David 104
Maurer Gerhard 206
Mostlikely Architecture 86
MW Architekturfotografie 194
Neubauer Konrad 170
Neumüller Ferdinand 210
Nguyen Monika 52
Nussbaumer Karin 130, 131 oben und links unten
Oberhofer Simon 76, 102, 127 oben und links unten, 174
Oberwalder Zita 75
Pandurevic Vanja 26
Panzer Christoph 109
Parlamentsdirektion / Hertha Hurnaus 168, 169
paul ott photografiert 35, 72, 112, 180, 197
Pfurtscheller Daniel 54
Phelps Andrew 164, 165
Pichlkastner Christian 44 rechts
Pierer Gunhild / Pierer Helmut 151 rechts unten
Premfors Katarina 89

Puiu Luiza 40, 209
Rappersberger Toni 140, 141 oben und rechts unten
Reich Christof 38, 39 links unten
Repnik Christian 65
Rosselli Paolo 150
Roth Fabienne 207
Sara Sera 96
Schaller Lukas 47 links und rechts unten, 78
Schels Sebastian 99, 132
Schnabel Albrecht Imanuel 23, 29, 55, 58, 62, 69, 95, 124, 147, 153
Schreyer David 18, 19, 28, 43, 53, 87, 101, 103, 107, 122, 126, 127 rechts unten, 133, 146, 151 oben und links unten, 159, 162, 190
Schuller Jasmin 25
smartvoll Architekten 121
Steiner Charly 31
STEINBAUER architektur + design 193
Steinkellner Martin 158
Suzuki Chikashi 205
Szalai Bence 83
Treberspurg Christoph 149
Trench Austria 125
Troy Juri 97
Unterhauser Josefine 30
Veigl Manfred 208
Wakolbinger Violetta 105
Wefers Nicolas 79
Welsch David 20
Wett Günter Richard 171
Willeit Gustav 173
Winkler + Ruck Architekten 73, 93
Wolfinger Bettina 108
Wortmeyer Volker 39 oben und rechts unten, 98
zwoPK Landschaftsarchitektur 135

Autor*innen Authors

Klaus-Jürgen Bauer *kjb*
Oliver Elser *Einleitungstext*
Robert Fabach *rf*
Barbara Feller *bf*
Eva Guttmann *eg*
Gudrun Hausegger *gh*
Manuela Hötzl *mh*
Anne Isopp *ai*
Gabriele Kaiser *gk*
Marion Kuzmany *mk*
Isabella Marboe *im*
Astrid Meyer-Hainisch *am*
Romana Ring *rr*
Robert Temel *rt*
Nicola Weber *nw*

Klaus-Jürgen Bauer
DI Dr., *1963 Wien, Architekturstudium in Wien und Weimar, Doktorat Thesis „Minima Aesthetica"; Lehrtätigkeit: Bauhaus Universität Weimar, Technische Universität Wien; Büros in Eisenstadt und Wien; Autor zahlreicher architekturtheoretischer Schriften.
Born in 1963 in Vienna. Studied architecture in Vienna and Weimar, doctoral thesis "Minima Aesthetica"; teaching positions at the TU Wien and Bauhaus University of Weimar; offices in Eisenstadt and Vienna; author of numerous essays on architecture theory.
www.bauer-arch.at

Oliver Elser
Kurator am Deutschen Architekturmuseum (DAM). Zuvor Architekturkritiker und Journalist u.a. für *Frankfurter Allgemeine Zeitung*, *Texte zur Kunst*, *Der Standard* und *profil*. Zahlreiche Ausstellungen am DAM u.a. *SOS Brutalismus. Rettet die Betonmonster!* (2017, im AzW 2018) und *Protest / Architektur. Barrikaden, Camps, Sekundenkleber* (2023 / 2024, in Kooperation mit dem MAK in Wien). 2016 Kurator von *Making Heimat. Germany, Arrival Country*, dem Deutschen Pavillon auf der Architekturbiennale von Venedig. 2021 Gastprofessor für Architekturtheorie am KIT in Karlsruhe. Co-Gründer des CCSA (Center for Critical Studies in Architecture).
Curator at the German Architecture Museum (DAM). Previously architecture critic and journalist for *Frankfurter Allgemeine Zeitung*, *Texte zur Kunst*, *Der Standard*, and *profil*, among others. Numerous exhibitions at the DAM, including *SOS Brutalism. Save the concrete monsters!* (2017, at the AzW 2018) and *Protest / Architecture. Barricades, Camps, Superglue* (2023 / 2024, in cooperation with the MAK in Vienna). 2016 curator of *Making Heimat. Germany, Arrival Country*, the German Pavilion at the Venice Architecture Biennale. 2021 Visiting Professor for Architectural Theory at KIT in Karlsruhe. Co-founder of the CCSA (Center for Critical Studies in Architecture).

Robert Fabach
Mag. arch., *1964 Leoben, Architekturstudium Hochschule für angewandte Kunst Wien, kultur- und architekturgeschichtliche Forschung im In- und Ausland. Seit 2001 Architekturbüro raumhochrosen in Bregenz und Wien. Seit 2012 Aufbau des Architekturarchivs Vorarlberg für das Vorarlberg Museum. Projektentwicklung, Publikation und Lehrtätigkeit im Bereich Architektur.
Born in 1964 in Leoben. Studied architecture at the University of Applied Arts Vienna; architectural and cultural history research in Austria and abroad. In 2001 Fabach co-founded the architecture firm raumhochrosen in Bregenz and Vienna, and in 2012 he established the Vorarlberg Architecture Archives of the Vorarlberg Museum in 2012. Active in architectural project development, writing, and lecturing.
www.raumhochrosen.com, www.robertfabach.com

Barbara Feller
Dr. phil., *Wien, Studium Geschichte und Pädagogik an der Universität Wien. 1996–2021 Geschäftsführerin der Architekturstiftung Österreich. Seit 2010 Obfrau von bink Initiative Baukulturvermittlung für junge Menschen. Arbeitsschwerpunkte: Architekturvermittlung für Kinder und Jugendliche, Stadt und Leben im 20. und 21. Jahrhundert, Autorin und Kuratorin.
Born in Vienna. Studied history and pedagogy at the University of Vienna. Director of the Architekturstiftung Österreich 1996–2021. Chairwoman of bink Initiative for Built Environment Education for Young People since 2010. Key areas of interest: architecture for children and youths, cities and living in the 20th and 21st century; author and curator.

Eva Guttmann
Mag. phil., DI, Studium Politikwissenschaften, Geschichte und Architektur in Innsbruck und Graz. 2004–2009 Chefredakteurin der Zeitschrift *Zuschnitt*. 2010–2013 Geschäftsführerin des HDA – Haus der Architektur Graz. Seit 2012 Vorsitzende der steirischen Ortsbildkommission. 2015–2021 Mitarbeiterin des Verlags Park Books, Zürich. Herausgeberin, Autorin und Lektorin im Fachbereich Architektur.
Studied political science, history, and architecture in Innsbruck and Graz. 2004–2009 editor in chief of *Zuschnitt* magazine; 2010–2013 director of HDA – Haus der Architektur, Graz; chair of the Styrian Townscape Committee since 2012; worked with Park Books Zurich 2015–2021; publisher, author, and editor in the field of architecture.

Gudrun Hausegger
Mag. phil., Studium Kunst- und Architekturgeschichte in Wien und an der University of California in Los Angeles. 1996–1998 Kommunikationsmanagement bei Coop Himmelb(l)au. 1998–2000 Assistentin an der Universität für angewandte Kunst in Wien. Projektleitungen und Betreuung von Publikationen im/für das Architekturzentrum Wien, redaktionelle Arbeit bei den Fachzeitschriften *Architektur & Bauforum* und *Zuschnitt*. 2016–2019 Redakteurin bei *architektur.aktuell*. Seit 2019 erneut bei Coop Himmelb(l)au.

Studied art and architecture history in Vienna and at the University of California in Los Angeles; 1996–1998 communications manager for Coop Himmelb(l)au; 1998–2000 assistant professor at the University of Applied Arts Vienna. Project management and publications coordinator at the Architekturzentrum Wien; editorial work for the magazines *Architektur & Bauforum* and *Zuschnitt*; 2016–2019 editor for *architektur.aktuell*; 2019 return to Coop Himmelb(l)au.

Manuela Hötzl
*1972 Graz, Studium der Architektur in Graz, Pretoria und London (MA in Research Architecture, Goldsmiths University). Architekturkritikerin und Kuratorin. Redakteurin für Buch- und Magazinproduktionen, Architekturbüros und Unternehmen. 2014–2020 Herausgeberin der Magazine *100 Häuser* und *100 Spaces*. Lebt und arbeitet in Wien.

Born in 1972 in Graz. Studied architecture in Graz, Pretoria, and London (MA in Research Architecture, Goldsmiths University). Architecture critic and curator. Editorial work for various books, magazines, architecture firms, and other businesses. 2014–2020 editor of the *100 Häuser* and *100 Spaces* magazines. Lives and works in Vienna.
www.redaktionsbuero-architektur.at

Anne Isopp
*1972 Köln, Architekturjournalistin und Podcasterin, Studium der Architektur in Graz und Delft. Seit 2005 als freie Journalistin in Wien tätig. 2009–2020 Chefredakteurin der Zeitschrift *Zuschnitt*. Seit 2020 Chefredakteurin der Zeitschrift *ARCH*. Seit 2022 Gründerin und Herausgeberin des Podcast *Morgenbau* – einem Podcast mit Gesprächen zum nachhaltigen Bauen.

Born in 1972 in Cologne. Architecture journalist and podcaster. Studied architecture in Graz and Delft. Freelance journalist and author in Vienna since 2005. Chief editor of *Zuschnitt* magazine 2009-2020. Since 2020 chief editor of *ARCH* magazine; since 2022 founder and editor of *Morgenbau*—a podcast for Sustainable Building.
www.anneisopp.at

Gabriele Kaiser
Mag. phil., Dr. phil., Architekturpublizistin und Kuratorin. 2002–2010 Kuratorin und Redakteurin im Architekturzentrum Wien. 2003–2010 Mitarbeit am Band III/3 des Führers *Österreichische Architektur im 20. Jahrhundert* von Friedrich Achleitner. 2010–2016 Leiterin des afo architekturforum oberösterreich. Lehraufträge an der Kunstuniversität Linz (seit 2009) und am Mozarteum in Salzburg (seit 2019).

Architectural journalist and curator; 2002–2010 curator and editor at Architekturzentrum Wien; 2003–2010 research and editorial work for the architectural guide *Österreichische Architektur im 20. Jahrhundert* (volume III/3) by Friedrich Achleitner; 2010–2016 director of afo architekturforum oberösterreich; lectureship at the University for Art and Industrial Design (Kunstuniversität Linz) since 2009 and at the Morzarteum in Salzburg since 2019.

Marion Kuzmany
Arch. DI, *1963 Wien, Architektin, Publizistin. 1993 Architekturdiplom TU Wien; Studium Produktgestaltung bei Carl Auböck Hochschule für angewandte Kunst; Postgraduate Architekturgeschichte bei Hiroyuki Suzuki, University of Tokyo. Praxis: Hermann Czech, Arata Isozaki. 2002–2012 angestellt im Architekturzentrum Wien. Baukulturreferentin bei Arch+Ing. 2015 Gründung ARCH ON TOUR. 2017 Gründung anylis architecture mit Michael Lisner.

Born in 1963 in Vienna. Graduated in architecture from the TU Wien in 1993; studied product design in Carl Auböck's masterclass at the University of Applied Arts; postgraduate studies in architecture history at the University of Tokyo; internship with Hermann Czech, Arata Isozaki; 2002–2012 employed at the Architekturzentrum Wien; building culture coordinator at Arch+Ing; 2015 founded ARCH ON TOUR; 2017 founded anylis architecture with Michael Lisner.
www.archontour.at, www.anylis.at

Isabella Marboe
DI, Architekturdiplom TU Wien, Bezalel University Jerusalem, katholische Medienakademie, Profil-Lehrgang Magazinjournalismus, Fotoschule Wien. Chefredaktion der deutschen *Domus* (mit Sandra Hofmeister) (2013–2014), stellvertretende Chefredakteurin bei H.O.M.E (2013–2014). Redakteurin bei *architektur.aktuell* (2014–2021), Lehrauftrag am Institut für Raumgestaltung und Entwerfen an der TU Wien. Freie Architekturjournalistin (u. a. *Der Standard, die Furche, architektur aktuell, DBZ, morgen, Vorarlberger Nachrichten, Augustin*). Konzeption des blogs *genau! Journal für architektur, mensch & wort*.

Degree in architecture from the TU Wien; studied at the Catholic Media Academy, *Profil* training course in magazine journalism, Fotoschule Wien. Chief Editor for the German edition of *Domus* (with Sandra Hofmeister) and assistant chief editor of *H.O.M.E* (2013–2014). Editor at *architektur.aktuell* (2014–2021). Teaches at the Institut für Raumgestaltung und Entwerfen TU Wien. Freelance architectural journalist (for *Der Standard, die Furche, architektur aktuell, DBZ, morgen, Vorarlberger Nachrichten, Augustin*). Developed the concept for the blog *genau! Journal für architektur, mensch & wort*
ww.genau.im, www.isabellamarboe.at

Astrid Meyer-Hainisch
DI, *1976, Architekturstudium an der TU Graz und IUAV (Venedig). Praxis in diversen Architekturbüros. 2006–2009 leitende Redakteurin des Fachmagazins „architektur". Seit 2009 freie Architekturjournalistin und Architekturvermittlerin. Co-Gründerin und Obfrau des Vereins KALT UND WARM. Seit 2019 Mitglied beim ARCHITEKTUR_SPIEL_RAUM_KÄRNTEN. 2023 Start des Podcasts BAUKUL/TOUR.

DI, *1976, studied architecture at TU Graz and IUAV (Venice). Practiced in various architectural offices. 2006-2009 managing editor of the specialist magazine "architektur". Freelance architecture journalist and architecture mediator since 2009. Co-founder and chairwoman of the association KALT UND WARM. Member of ARCHITEKTUR_SPIEL_RAUM_KÄRNTEN since 2019. 2023 launched the podcast BAUKUL/TOUR.
www.kalt-warm.org

Romana Ring
Arch. DI, *Wien, Studium der Architektur an der Technischen Universität Wien. 1993–2014 freischaffende Architektin in Leonding bei Linz. 2007–2021 Lehrende an der HTL1 Goethestraße in Linz. Seit 2022 Landwirtin. Verfasst Gutachten und Texte über Baukultur.

Born in Vienna. Studied architecture at the TU Wien; 1993–2014 freelance architect in Leonding; 2007–2021 teacher at the Goethestrasse Technical High School in Linz. In 2022 she became a farmer. Author of architectural articles and reports.
www.breiten9.at

Robert Temel
Architektur- und Stadtforscher sowie Berater in Wien. Seine Forschung und Beratung befasst sich mit der Nutzung und Herstellung von Architektur und Stadt mit Schwerpunkt auf Wohnbau, Stadtplanung und öffentlichen Raum.

Architecture and urban researcher and consultant in Vienna. His research and consulting work focuses on the use and production of architecture and the city, and specializes in housing, urban planning, and public space.
www.temel.at

Nicola Weber
*1973, Architekturstudium in Innsbruck, Wien und den USA. Lebt und arbeitet in Innsbruck. 2002–2014 als Architekturvermittlerin und in unterschiedlichen Kooperationen zum Schwerpunkt Stadtraum und Partizipation tätig. Seit 2010 freie Journalistin im Bereich Kultur, Stadt, Architektur und Design, seit 2015 Kuratorin bei WEI SRAUM Designforum Tirol, seit 2019 dort Geschäftsführerin.

Born in 1973. Studied architecture in Innsbruck, Vienna, and the USA. Lives and works in Innsbruck. 2002–2014 worked as an architectural educator and in various constellations on urban space and participation. Freelance journalist in the fields of culture, urbanism, architecture, and design since 2010; curator for WEI SRAUM Designforum Tirol since 2015 and managing director since 2019.

Impressum Imprint

Herausgegeben vom Published by Architekturzentrum Wien
Direktorin Director Angelika Fitz
Geschäftsführerin Executive director Karin Lux
Vorstand Board Hannes Swoboda (Präsident President)
Heide Schmidt (Vizepräsidentin Vice-President)
Thomas Höhne, Thomas Madreiter, Katharina Egger, Bernd Rießland,
Josef Schmidinger, Johannes Strohmayer

Konzeption und Redaktion Concept and editor Barbara Feller
Bildredaktion und Organisation Image editor and organization Gudrun Hausegger

Lektorat Copy editing Dorrit Korger (deutsch German), Elise Feiersinger (englisch English)
Übersetzungen deutsch-englisch Translations German – English Ada St. Laurent

Buchgestaltung Book design lenz + henrich gestalterinnen,
Gabriele Lenz und Elena Henrich
www.lenzhenrich.at
Bild- und Planaufbereitung Image and plan editing Elmar Bertsch,
Manfred Kostal, pixelstorm (Akteur*innen Actors)
Druck Printing Holzhausen Druck GmbH
Papier Paper LuxoArt Samt New, 150 g
Schrift Font Imago (1982 Günter Gerhard Lange)

© 2024 Architekturzentrum Wien und and Park Books, Zürich

Park Books
Niederdorfstrasse 54, 8001 Zürich
Schweiz Switzerland
www.park-books.com

Park Books wird vom Bundesamt für Kultur mit einem Strukturbeitrag für die Jahre 2021–2024 unterstützt.
Park Books is being supported by the Federal Office of Culture with a general subsidy for the years 2021–2024.

Alle Rechte vorbehalten; kein Teil dieses Werks darf in irgendeiner Form ohne vorherige schriftliche Genehmigung des Architekturzentrum Wien reproduziert oder unter Verwendung elektronischer Systeme verarbeitet, vervielfältigt oder verbreitet werden.
All rights reserved; no part of this publication may be reproduced, stored in a retrieval system or transmitted in any form or by any means, electronic, mechanical, photocopying, recording or otherwise, without the prior written consent of the Architekturzentrum Wien.

Printed in Austria
ISBN 978-3-03860-397-9

Best of Austria wird vom Bundesministerium für Kunst, Kultur, öffentlicher Dienst und Sport unterstützt. Best of Austria is supported by the Austrian Federal Ministry for Arts, Culture, Civil Service and Sport.

Bundesministerium
Kunst, Kultur,
öffentlicher Dienst und Sport

Gefördert von With funding from Bundeskammer der ZiviltechnikerInnen | Arch+Ing Federal Chamber of Architects and Chartered Engineering Consultants.

Unterstützt von Supported by

ARCHITECTURE LOUNGE
Architekturzentrum Wien

Die Architecture Lounge des Architekturzentrum Wien ist eine wichtige Plattform zum Gedankenaustausch zwischen Architektur, Wirtschaft und Politik.
The Architecture Lounge of the Architekturzentrum Wien is an important platform for the exchange of ideas between architecture, business and politics.